# RONDO 3/4



## Musiklehrgang für die Grundschule

**Herausgeber**

Wolfgang Junge

**Autoren**

Christian Crämer
Wolfgang Junge
Karl-Heinz Keller
Othmar Kist
Sabine Schaal

**Notensatz**

Susanne Höppner

**Illustrationen**

Elisabeth Lottermoser
Assen Münning

Mildenberger

# Inhalt

# Schön dich zu sehn

A 1

## BEGLEITUNG

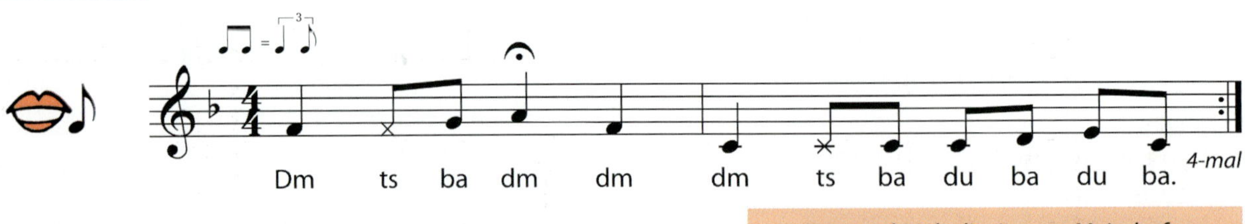


*Text und Melodie: Lorenz Maierhofer*

**1** Bildet zwei Gruppen und begrüßt euch mit diesem Lied (A 1). Experimentiert mit Tempo (schnell, langsam, schneller werdend . . .) und Lautstärke (leise, laut, leiser werdend …) und einigt euch dann auf einen gemeinsamen Ablauf.

**2** Singt das Lied im Kanon und denkt euch passende Bewegungen dazu aus.

**3** Erfindet als Begleitung eigene Silben-Texte („dum", „tschik", „da" …). Probiere allein mehrere Möglichkeiten aus. Tausche dich dann mit einem Partner aus. Hört euch zum Schluss die Ergebnisse an und legt eine gemeinsame Begleitung fest.

# Wenn einer sagt, ich mag dich

A 2

REFRAIN

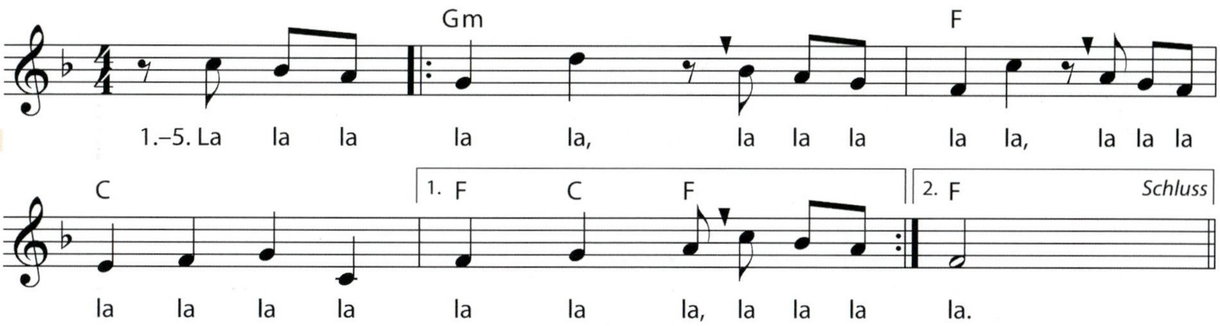


STROPHE

2. Wenn einer sagt: „Ich brauch dich, du; ich schaff es nicht allein."
   Dann kribbelt es in meinem Bauch, ich fühl mich nicht mehr klein.
3. Wenn einer sagt: „Komm geh mit mir; zusammen sind wir was!"
   Dann werd ich rot, weil ich mich freu, dann macht das Leben Spaß.
4. Gott sagt zu dir: „Ich hab dich lieb. Ich wär so gern dein Freund!
   Und das, was du allein nicht schaffst, das schaffen wir vereint."
   La la la la la …

*Text und Melodie: Andreas Ebert*

## BEGLEITUNG REFRAIN UND STROPHE

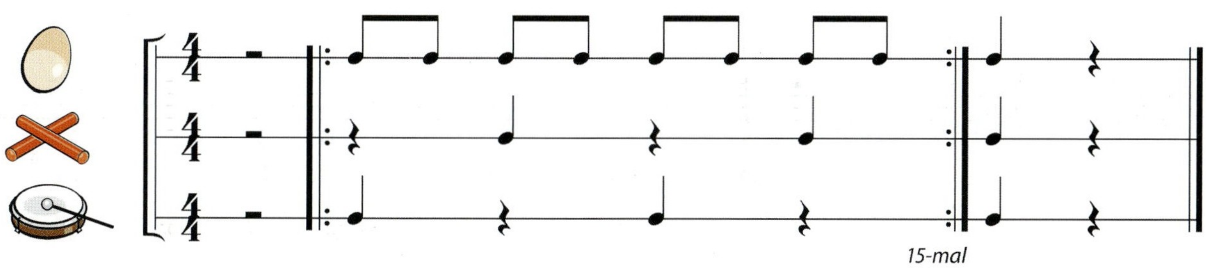


## BEGLEITUNG REFRAIN

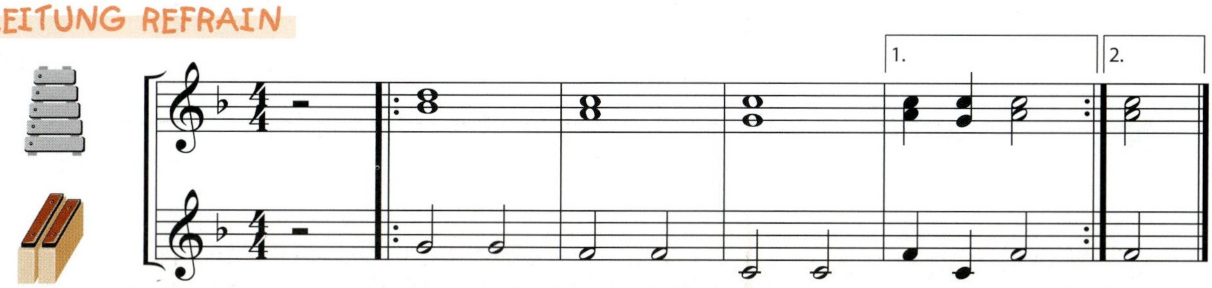


**1** Singt das Lied (A 2) ausdrucksvoll und tragt es auswendig vor.

**2** Wiederholt den Refrain am Schluss mehrmals hintereinander und werdet dabei immer leiser.

**3** Sprecht über den Text und überlegt, was das Lied bewirken soll.

# Ich bin ich und du bist du

A 3

2. Wenn du fällst, helf ich dir auf,
und du fängst mich, wenn ich lauf.
Wenn du kickst, steh ich im Tor,
pfeif ich Angriff, schießt du vor.

3. Spielst du pong, dann spiel ich ping,
und du trommelst, wenn ich sing.
All das kann man nicht allein,
miteinander ist es fein.

*Text: Irmela Brender Melodie: Verfasser unbekannt*

## VOR- UND ZWISCHENSPIEL

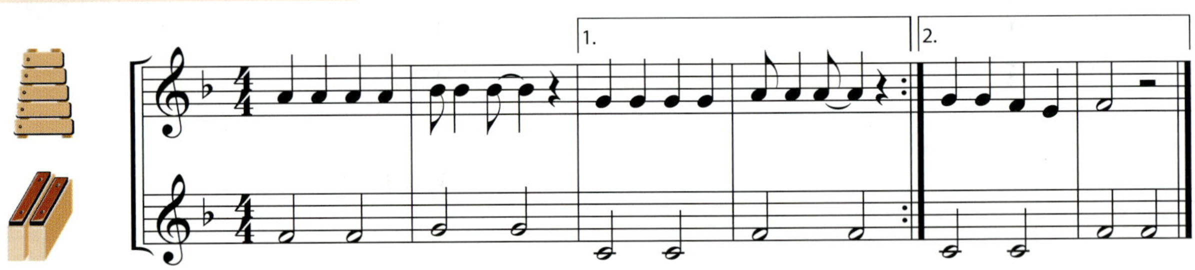


## BEGLEITUNG STROPHE

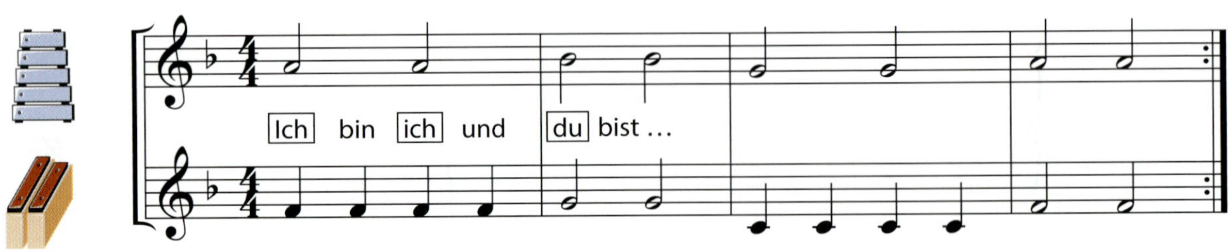


1. Singt das Lied (A 3) und zeigt den Melodieverlauf mit der Hand an. Vergleicht die Handbewegungen mit dem Notenbild.
2. Sprecht über den Text (Freundschaft, sich gegenseitig helfen …).
3. Erfindet weitere Strophen.
4. Übt Vor- und Zwischenspiel zunächst auf Körperinstrumenten (klatschen, patschen, schnipsen) und die Begleitung mithilfe des Textes ein.

# Schule ist für alle da

2. Wir malen, wir zeichnen, wir basteln etwas um.
   Wir schauen und wir reden drüber. Das ist gar nicht dumm. Ja!
3. Wir laufen, wir springen, wir turnen überall.
   Wir werfen und wir fangen bei den Spielen mit dem Ball. Ja!
4. Wir lesen, wir schreiben, wir lernen ein Gedicht.
   Dann spielen wir Theater, mal mit Wörtern und mal nicht. Ja!
5. Wir zählen, wir rechnen, wir zeichnen ein Quadrat.
   Wir laufen auf dem Kreis und rechnen, wie viel Grad er hat. Ja!
6. Wir machen gern Pause. Wir rennen gerne viel.
   Mal Basketball, mal Tischtennis: Für jeden gibt's ein Spiel. Ja!

*Text und Melodie: Meinhard Ansohn*

**1** Sprecht über die Schule (Erwartungen, Bedeutung, Freundschaft, Streit, Sorgen …).

**2** Sucht im Notenbild auf- und abwärtsführende Tonschritte und Tonsprünge. Übt diese in unterschiedlichem Tempo und auch auf Tonsilben ein.

**3** Denkt euch zum Refrain eine Begleitung mit Körperinstrumenten (klatschen, schnipsen, stampfen) aus.

**4** Singt das Lied (A 4) in unterschiedlichen Besetzungen (**Solo** – **Tutti**) auswendig und bereitet es für eine Aufführung vor.

# Zeig deinen Mut!

A 5

2. Wenn du den andern Schülern helfen willst
und man sich drüber lustig macht,
dann bleib entschlossen! Ja, du schaffst es auch!
Na los, das wäre doch gelacht!

*Text und Melodie: Helmut Maschke*

**1** Singt das Lied (A 5) und sprecht über den Text und über weitere Situationen, in denen ihr Mut zeigen könnt.

**2** Erfindet eigene Strophen.

**3** Denkt euch für den Refrain, die Strophen und den Schluss eine Begleitung mit Körperinstrumenten aus. Lasst euch dabei durch den Melodierhythmus des Lieds anregen.

**1** Sucht euch einen schönen Platz im Klassenzimmer und macht es euch dort bequem. Schließt die Augen, atmet ruhig und versucht, euch zu entspannen.

**2** Hört „Thoughts of Love" (A 6) und lasst die Musik auf euch wirken: Ihr könnt dabei träumen, euch etwas vorstellen, nachdenken …

**3** Drückt eure Gedanken und Gefühle in einem Bild oder einer Bewegung aus.

**4** Sprecht über die Musik (**Klangfarbe**, Instrumente, Tempo, Wirkung, Funktion).

# Die Stimme und ihre Helfer

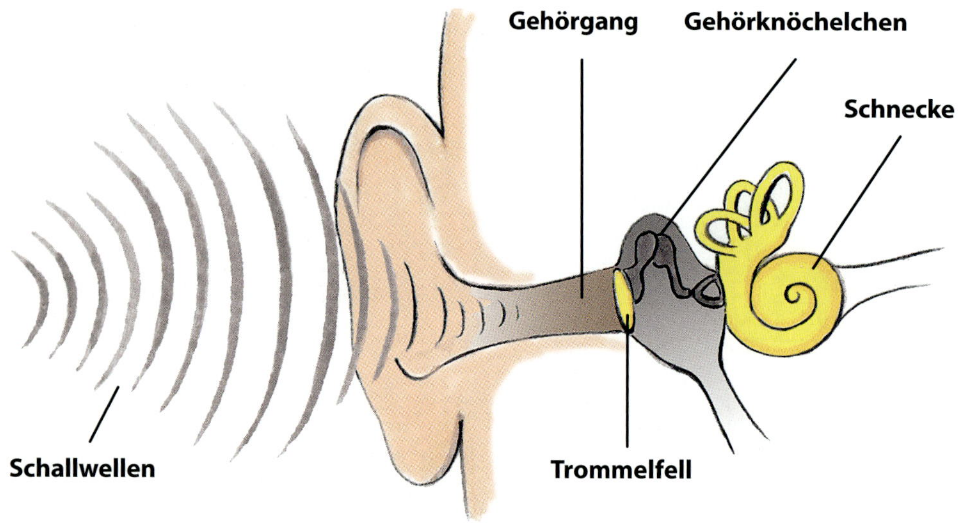


## DAS GEHÖR

Schallwellen gelangen durch den Gehörgang bis ans Trommelfell. Dort versetzen sie es in Schwingung. Die Gehörknöchelchen und die Schnecke leiten diese Schwingungen ins Gehirn weiter.

## DIE STIMME

Die Stimmbänder sind zwei Muskeln, die sich im Kehlkopf befinden.
Die aus den Lungen strömende Luft versetzt die Stimmbänder in Schwingung.
Damit die Stimme gut hörbar ist, braucht sie einen Resonanzkörper.
Das sind die Nasenhöhle, die Mundhöhle und der Rachenraum.
Beim Sprechen und Singen schwingt und klingt der ganze Körper.

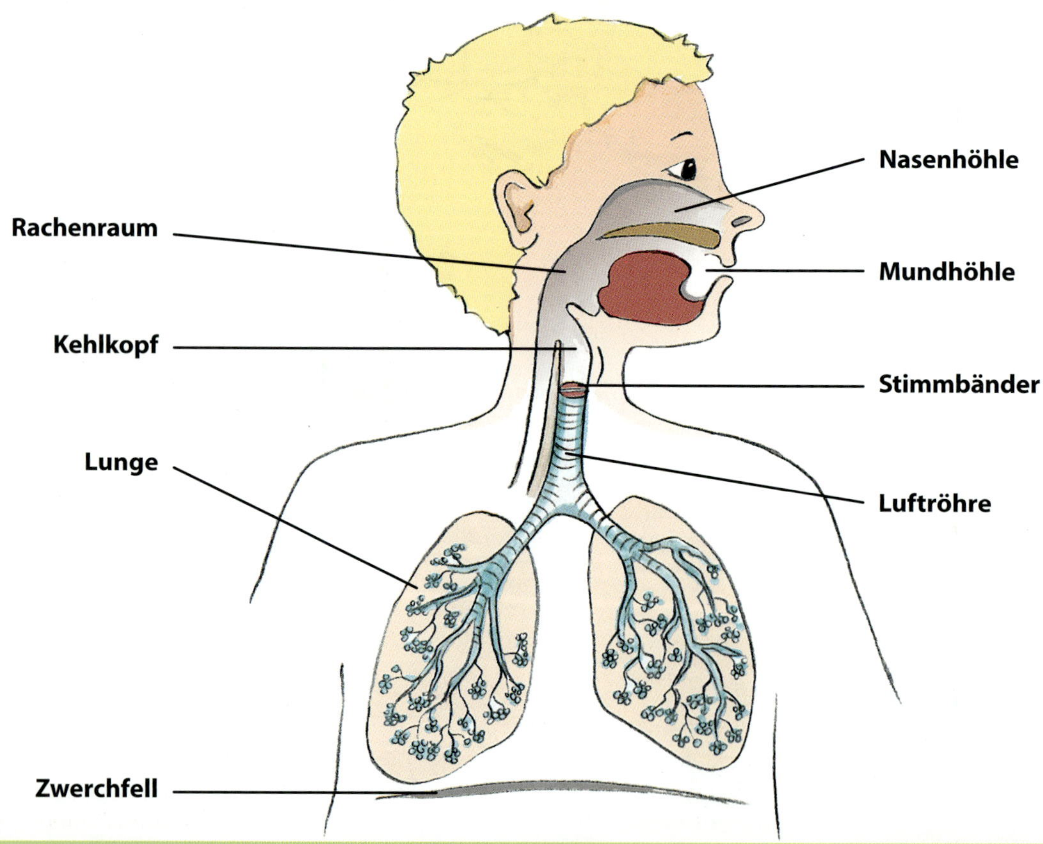


**1** Schließt die Augen und singt unterschiedliche Töne (laut, leise, hoch, tief, weich, hart). Achtet darauf, wo ihr eure Stimme dabei spürt.

**2** Singt Vokale (a, e, i …) und Konsonanten (k, p, t …) auf einer beliebigen Tonhöhe. Legt die Hände an Hals, Kopf, Brustkorb und Bauch, um die Töne in eurem Körper zu spüren.

**3** Findet heraus, warum das Gehör für die Stimme wichtig ist.

**4** Sprecht über Gefahren für Stimme und Gehör und überlegt, wie man diese Gefahren vermeiden kann.

# Hörübungen und Hör-Spiele

## 1 GERÄUSCHE WAHRNEHMEN

Macht es euch im Klassenzimmer an einem Platz eurer Wahl bequem. Verhaltet euch ganz still und schließt die Augen. Welche Geräusche hört ihr? Schreibt vier Geräusche auf und imitiert sie mit eurer Stimme.
Vergleicht dann die Geräusche untereinander und sprecht über Gemeinsamkeiten und Unterschiede.

## 2 RICHTUNGSHÖREN

Nehmt euch verschiedene Instrumente und bildet einen Sitzkreis. Ein Kind steht mit verbundenen Augen in der Mitte des Kreises. Ein anderes Kind ist der Dirigent und zeigt an, wer wann spielen soll.
Das Kind in der Mitte findet heraus, aus welcher Richtung der Klang kommt, und benennt das Instrument.

## 3 IM DUNKLEN WALD

Eine Gruppe stellt einen Wald dar, eine zweite Gruppe Nachtwanderer. Jedes „Wald“-Kind sucht sich mit einem Instrument einen Platz im Raum. Wenn der „Wald“ zu musizieren beginnt, gehen die Nachtwanderer mit geschlossenen Augen durch den Wald und versuchen dabei, nirgendwo anzustoßen.

1 Spielt die drei Hör-Spiele.

☆ 2 Verändert die Hörübungen und Hör-Spiele (andere Instrumente, gleichzeitige Richtungsklänge …) oder wandelt bekannte Spiele in Hör-Spiele um, z.B. „Topfschlagen“: Ruft nicht „laut“ oder „leise“, sondern spielt laut oder leise auf Instrumenten. Denkt euch auch eigene Hörübungen aus.

# Atemübungen und Atem-Spiele

Haare föhnen

Einen schmerzenden Finger anpusten

Wie Schlangen züngeln

Wie ein Specht klopfen

Staunen

Mit offenem Mund hecheln

Jemanden erschrecken

Wie ein Wassertropfen gleiten und herabfallen

laut

leise

Indianer-Geheul mit Echo nachmachen

**1** Stellt euch aufrecht hin und atmet ruhig durch die Nase ein und langsam durch den Mund aus. Spürt, wie euer Atem fließt.

**2** Führe allein die Atemübungen und Atem-Spiele aus. Suche dir dann mit einem Partner einige Übungen aus. Achtet gegenseitig auf Atmung, Lautbildung, Mundstellung und Körperhaltung. Schreibt eure Erkenntnisse auf Wortkarten. Besprecht zum Schluss die Wortkarten in der Klasse.

**3** Baut die Übungen und Spiele in selbst erfundene Handlungen oder kurze Geschichten ein.

# *Stimmübungen und Stimm-Spiele*

A 7, 8

## 1 DIE KLINGENDEN LUFTBALLONS

## 2 DIE RICHTIGE SINGHALTUNG

## 3 SPRECHVERS

Zwei zischende Schlangen sitzen zwischen zwei spitzen Steinen.

## 4 STIMMÜBUNG

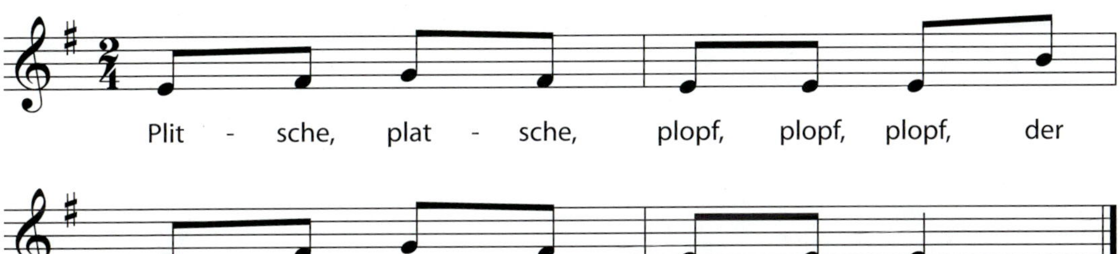

*Text und Melodie: Friedhilde Trüün*

## 5 KANON

*Text und Melodie: Carl Orff / Gunild Keetman*

1. Probiert anhand der Übungen 1 bis 4 die Ausdrucksmöglichkeiten eurer Stimme (hoch, tief, laut, leise, müde, fröhlich, traurig, erstaunt) aus. Nehmt die Übungen auf und sprecht über die Ergebnisse.
2. Ändert beim Sprechvers das Tempo, die Lautstärke und die Tonhöhe und achtet auf eine deutliche **Artikulation**. Sucht in Büchern oder im Internet nach weiteren Sprechversen und tragt sie vor.
3. Wiederholt die Stimmübung (A 7) mehrmals. Werdet nach jedem Durchgang um einen Halbtonschritt höher. Kehrt dann in Halbtonschritten zurück zum Ausgangston der Stimmübung.
4. Achtet beim Singen der Stimmübung und des Kanons (A 8) auf eine korrekte Tonbildung und eine genaue **Artikulation**. Sucht im Notenbild nach Tonsprüngen und singt sie auf Tonsilben („dong“ oder „na“).

# Hört ihr den Ton?

2. Manchmal läuft er munter durch die Straßen
und dann wieder schleicht er durch das Haus.
Manchmal kann er wie ein Vogel fliegen
und dann wieder ruht er still sich aus.

*Text und Melodie: Wilfried Behrendt*

**1** Singt das Lied (A 9) und setzt die Stabspiel-Instrumente an den vorgegebenen Stellen ein.

**2** Sucht Töne aus, die ihr gut singen könnt. Verwendet dabei unterschiedliche Tonsilben, Vokale und Konsonanten. Singt das Lied erneut und ersetzt dabei die Stabspiel-Stellen durch eure Töne. Achtet auf eine gleichbleibende Tonhöhe.

**3** Passt den Stimmausdruck dem Textinhalt des Lieds an.

# Stimmlagen im Chor

A 10

Ich singe im Sopran. Das ist die hohe Frauenstimme im Chor.

Ich singe im Tenor. Das ist die hohe Männerstimme im Chor.

Ich singe im Bass. Das ist die tiefe Männerstimme im Chor.

Ich singe im Alt. Das ist die tiefe Frauenstimme im Chor.

ABLAUF

Sopran
Alt
Tenor
Bass

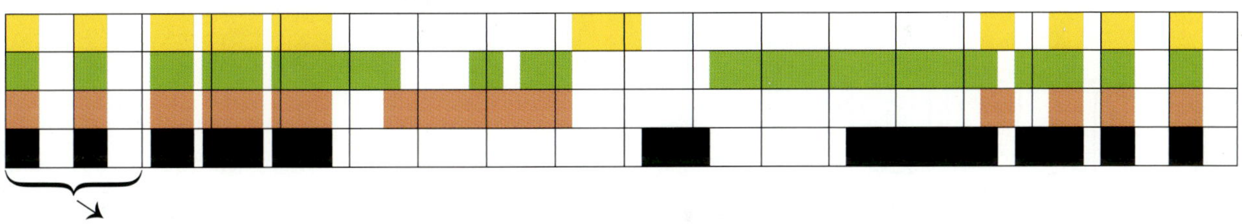

TUTTI

*Text: aus der Bibel* *Melodie: Georg Friedrich Händel*

**1** Hört „For unto us a child is born" (A 10) aus „Messiah" von Georg Friedrich Händel und findet heraus, wann Sopran, Alt, Tenor und Bass singen.

**2** Verfolgt den Chorgesang am Ablaufplan. Sprecht über eure Höreindrücke (**Klangfarbe**, Ausdruck, Wirkung). Findet heraus, wo die Wiederholung der Melodie beginnt.

**3** Stellt euch wie ein Chor auf und ordnet euch dem Sopran, Alt, Tenor oder Bass zu. Wählt einen Dirigenten. Setzt die Musik pantomimisch um. Singt die Sopranstimme („Wonderful Counselor") mit.

**4** Informiert euch über Chöre in eurer Umgebung. Plant Interviews mit den Sängern. Sucht im Internet nach weiteren Chören und stellt sie vor.

# Sonnenaufgang

**1** Sprecht über den Sonnenaufgang (Vorgang, Stimmung, Farben …).

**2** Erfindet eine musikalische Gestaltung für einen Sonnenaufgang. Beachtet dabei Instrumentenauswahl, Instrumentenanzahl, Lautstärke, Tonhöhe, Tempo und Spieltechnik.

**3** Haltet eure Ergebnisse in einer grafischen **Partitur** fest. Verwendet auch **dynamische Zeichen**.

**4** Präsentiert eure Klanggestaltungen.

**5** Setzt einen Sonnenuntergang musikalisch um. Fasst diese Ergebnisse ebenfalls grafisch zusammen und verwendet dabei auch wieder **dynamische Zeichen**.

## RICHARD STRAUSS

Der Komponist Richard Strauss (1864 – 1949) hat mehrere Werke geschrieben, denen jeweils ein bestimmtes Programm zugrunde liegt.
In seinem Werk „Eine Alpensinfonie" beschreibt Strauss musikalisch eine ganztägige Bergwanderung. Dieses sehr erfolgreiche Werk wurde 1915 in Berlin uraufgeführt. Es spielten über 100 Musiker mit. Auch heute noch wird „Eine Alpensinfonie" oft aufgeführt.

**6** Malt vier Bilder zum Thema Sonnenaufgang. Erstes Bild: dunkle Nacht; zweites Bild: erste Sonnenstrahlen; drittes Bild: die Sonne wird sichtbar; viertes Bild: die Sonne strahlt vom Himmel. Schreibt dazu eine kurze Geschichte.

**7** Hört „Nacht" und „Sonnenaufgang" (A 11) aus „Eine Alpensinfonie" von Richard Strauss und sprecht über eure Höreindrücke (**Klangfarbe**, Tempo, Lautstärke, Melodieverläufe, **Cluster** und **Klangdichte**).

**8** Legt die Bilder auf den Fußboden und hört die Musik. Findet heraus, an welchen Stellen der Musik ein Bildwechsel stattfindet. Betrachtet dazu die Bilder, geht passend zur Musik von Bild zu Bild oder legt euch auf den Boden und richtet euch langsam auf, bis ihr am Ende mit ausgestreckten Armen steht.

# Sonnenaufgang

## NACHT

## ERSTE SONNENSTRAHLEN

**9** Findet in der **Partitur** Hinweise zu Lautstärke, Tempo und **Klangfarbe**. Achtet dabei auch auf die Melodieverläufe, **Motive** und **Vortragsbezeichnungen**.

**10** Hört die Musik (A 11) und verfolgt ihren Verlauf in der **Partitur**. Achtet dabei auf einzelne Stimmen, z. B. Violine oder Glockenspiel, und zeigt an, wo die Töne höher oder tiefer werden. Benennt die Instrumente, die ihr am deutlichsten hören könnt.

**11** Fasst schriftlich zusammen, wie Richard Strauss den Sonnenaufgang musikalisch gestaltet hat.

## DIE SONNE WIRD SICHTBAR

## DIE SONNE STRAHLT VOM HIMMEL

*Richard Strauss*

# Guten Morgen

A 12

2. Bonjour, bonjour,
sagt die Sonne zu dir.
Bonjour, bonjour,
mein Licht schenk ich dir!
Bonjour …

3. Buenos días, buenos días,
sagt der Baum zu dir.
Buenos días, buenos días,
mein Grün schenk ich dir!
Buenos días …

4. Kalimera, kalimera,
sagt das Meer zu dir.
Kalimera, kalimera,
meine Wellen schenk ich dir!
Kalimera …

5. Günaydin, günaydin,
sagt die Blume zu dir.
Günaydin, günaydin,
mein Rot schenk ich dir!
Günaydin …

6. Dobar dan, dobar dan,
sagt der Stein zu dir.
Dobar dan, dobar dan,
mein Grau schenk ich dir!
Dobar dan …

7. Buon giorno, buon giorno,
sagt die Wolke zu dir.
Buon giorno, buon giorno,
mein Weiß schenk ich dir!
Buon giorno …

8. Good morning, good morning,
sagt der Vogel zu dir.
Good morning, good morning,
mein Lied schenk ich dir!
Good morning …

*Text und Melodie: Dorothée Kreusch-Jacob*

ZWISCHENSPIEL

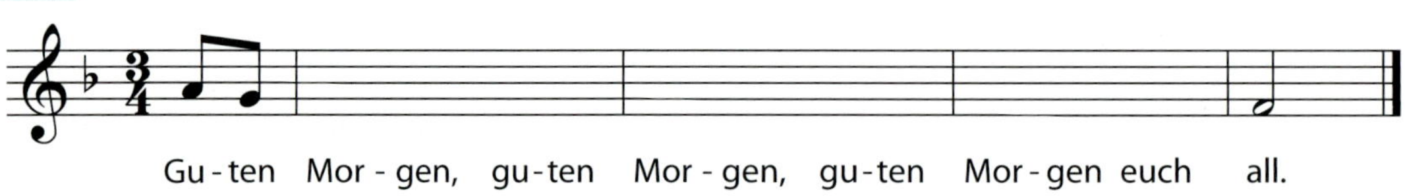


**1** Sprecht über den Liedtext: Worum geht es in dem Lied? Welche Sprachen kennt ihr?

**2** Sprich den Text des Zwischenspiels im Melodierhythmus des Lieds und klatsche leise dazu. Erfinde dann mit einem Partner Zwischenspiele mit den Tönen A, G und F. Beachtet dabei den Rhythmus des Textes. Besprecht zum Schluss die Ergebnisse in der Klasse und legt sieben Zwischenspiele fest.

**3** Erfindet Zwischenspiele mit der Stimme. Sprecht im Rhythmus des Textes auf einem oder auf zwei Tönen. Setzt auch Melodieinstrumente ein. Verwendet die Töne A, G und F.

# Der Mond ist aufgegangen – Herr, bleibe bei uns

2. Wie ist die Welt so stille
und in der Dämmrung Hülle
so traulich und so hold!
Als eine stille Kammer,
wo ihr des Tages Jammer
verschlafen und vergessen sollt.

3. Seht ihr den Mond dort stehen?
Er ist nur halb zu sehen
und ist doch rund und schön.
So sind wohl manche Sachen,
die wir getrost belachen,
weil unsre Augen sie nicht sehn.

4. So legt euch denn, ihr Brüder,
in Gottes Namen nieder;
kalt ist der Abendhauch.
Verschon uns, Gott, vor Strafen
und lass uns ruhig schlafen
und unsern kranken Nachbarn auch.

*Text: Matthias Claudius  Melodie: Johann Abraham Schulz*

*Text: aus der Bibel  Melodie: Albert Thate*

**1** Übt beide Lieder (A 13, 14) ein. Zeigt den Melodieverlauf mit der Hand an und vergleicht eure Handbewegungen mit dem Notenbild.

**2** Sprecht über die Wirkung beider Lieder. Untersucht auch den Zusammenhang von Text und Melodie.

**3** Singt „Herr, bleibe bei uns“ im dreistimmigen Kanon. Eine vierte Gruppe singt dann als vierten Einsatz zum Kanon das Lied „Der Mond ist aufgegangen“. Beendet dieses **Quodlibet** (A 15) nach einer der vier Strophen. Ihr könnt auch auf Tonsilben, z. B. „ma“ oder „no“, leiser werdend zu einem gemeinsamen Schluss kommen.

# Abend auf dem Lande

A 16

THEMA A

THEMA B

*Béla Bartók*

**1** Hört „Ein Abend auf dem Lande“ (A 16) aus „Bilder aus Ungarn“ von Béla Bartók und vergleicht die Stimmung und die Wirkung der Musik mit dem Bild oben. Begründet eure Aussagen.

**2** Erstellt zum Verlauf der Musik eine grafische Notation und vergleicht die Ergebnisse mit den Notenbildern. Ordnet dann **Thema** A und **Thema** B der Musik zu.

| | TEIL 1 | TEIL 2 | TEIL 3 | TEIL 4 | TEIL 5 |
|---|---|---|---|---|---|
| Thema A oder Thema B | | **Thema B** | | | |
| Eigenschaften der Musik | **ruhig** | | | | |
| Tempo | | | | **schnell** | |
| Melodieführendes Instrument | | | **Oboe** | | |
| Spieltechnik der Streicher | | **zupfen** | | | |

**Thema A** **lebhaft** **langsam** **Piccoloflöte** **Querflöte** **Klarinette** **streichen**

## BÉLA BARTÓK

Béla Bartók wurde 1881 in Ungarn geboren. Den ersten Klavierunterricht erhielt er von seiner Mutter. Schon mit acht Jahren komponierte er kleine Musikstücke. Als Zehnjähriger gab er sein erstes Klavierkonzert. Mit 18 Jahren begann er sein Musikstudium in Budapest, der Hauptstadt Ungarns.

Bartók reiste viele Jahre durch ländliche Gegenden in Ungarn und Rumänien, um Volkslieder und Tänze zu sammeln. Er schrieb die Lieder und Musikstücke entweder selbst auf oder nahm sie mit einem Phonographen auf.

1940 zog Bartók in die USA. Dort starb er 1945 einsam und verarmt in New York.

## PHONOGRAPH

## AUFNAHME MIT EINEM PHONOGRAPHEN

**3** Schreibt die Tabelle ab und ergänzt sie Zeile für Zeile. Hört dabei mehrmals die Musik. Vergleicht eure Ergebnisse.

**4** Lest den Text über Béla Bartók und sprecht über sein Leben.

**5** Bittet Menschen aus anderen Ländern, euch Musikstücke und Lieder aus ihrer Heimat zu zeigen, und nehmt diese auf.

# Bunt sind schon die Wälder

A 17

2. Wie die volle Traube
aus dem Rosenlaube
purpurfarbig strahlt!
Am Geländer reifen
Pfirsiche mit Streifen:
rot und weiß bemalt.

3. Flinke Träger springen,
und die Mädchen singen,
alles jubelt froh!
Bunte Bänder schweben
zwischen hohen Reben
auf dem Hut von Stroh.

4. Geige tönt und Flöte
bei der Abendröte
und im Mondesglanz.
Junge Winzerinnen
winken und beginnen
ihren Ringeltanz.

*Text: Johann G. von Salis-Seewis* *Melodie: Johann F. Reichardt*

**1** Sprecht den Liedtext im Melodierhythmus. Geht im **Grundschlag** und klatscht dazu auf die Zählzeiten 1 und 4.

**2** Singt das Lied (A 17) und zeigt den Melodieverlauf mit der Hand an. Vergleicht eure Handbewegungen mit dem Notenbild. Übt einzelne Stellen auf Tonsilben.

**3** Findet Zusammenhänge zwischen Text und Lied. Zu welchen Gelegenheiten könnte dieses Lied gut passen?

**4** Malt zu jeder Strophe ein Bild. Lernt das Lied mithilfe dieser Bilder auswendig.

**5** Denkt euch eine Begleitung mit Körperinstrumenten (patschen, klatschen …) zum Lied aus.

# Hejo, spann den Wagen an

A 18

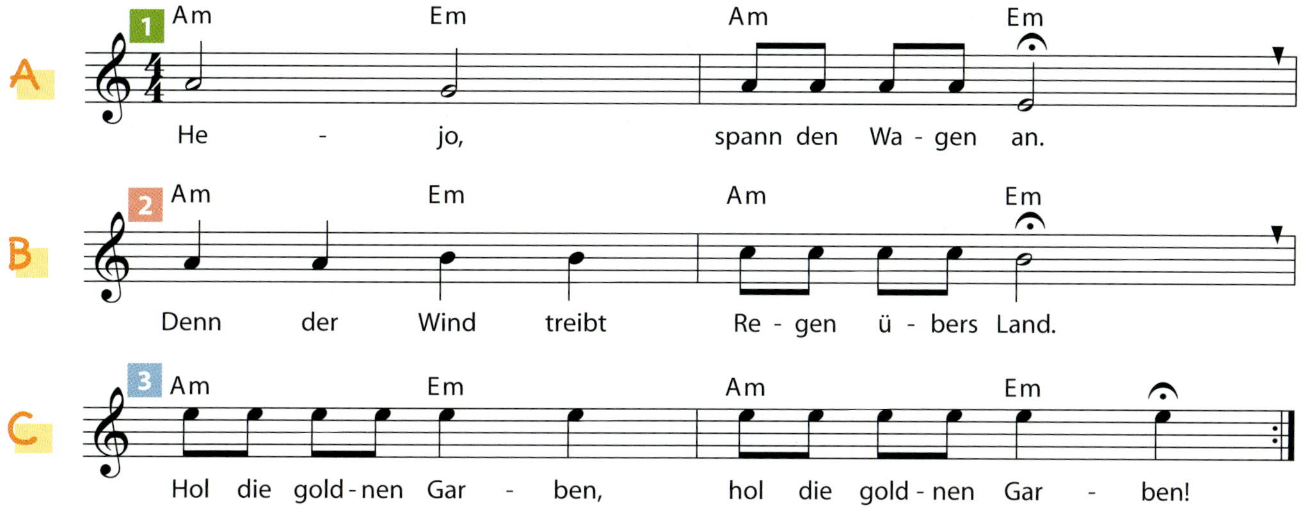


*Text: volkstümlich Melodie: aus England*

## BEGLEITUNG

## KANON-KARTEN

| | | | | | |
|---|---|---|---|---|---|
| Hejo, spann den Wagen an. | Denn der Wind treibt Regen übers Land. | Hol die goldnen Garben, hol die goldnen Garben! | Hejo, spann den Wagen an. | Denn der Wind treibt Regen übers Land. | … |
| | Hejo, spann den Wagen an. | Denn der Wind treibt Regen übers Land. | Hol die goldnen Garben, hol die goldnen Garben! | Hejo, spann den Wagen an. | … |
| | | Hejo, spann den Wagen an. | Denn der Wind treibt Regen übers Land. | Hol die goldnen Garben, hol die goldnen Garben! | … |

1. Singt das Lied (A 18) im Kanon. Schreibt dazu den Text versetzt auf eine Papierbahn oder benutzt unterschiedliche Farbkarten.
2. Sprecht über die Erntezeit: Ernte früher und heute, gute und schlechte Ernte, Erntedank …
3. Erfindet zu jedem Liedteil (A, B, C) unterschiedliche Begleitungen mit Körperinstrumenten.
4. Sprecht und singt den Text der Begleitung als Hilfe zum Einüben der Xylofonstimme. Achtet bei der mehrstimmigen Metallofonstimme auf die Abstände zwischen den Tönen (→ **Quinte**).

# Herbstwaldmusik

## HERBSTBLÄTTER

Langsam fällt jetzt Blatt für Blatt
von den bunten Bäumen ab.
Jeder Weg ist dicht besät
und es raschelt, wenn man geht.
Bunte Blätter falln vom Baum,
schweben sacht, man hört es kaum.
Plötzlich trägt ein Wind sie fort,
wirbelt sie von Ort zu Ort.
Wie sie flattern, wie sie fliegen,
sinken und am Boden liegen.

*Erna Fritzke*

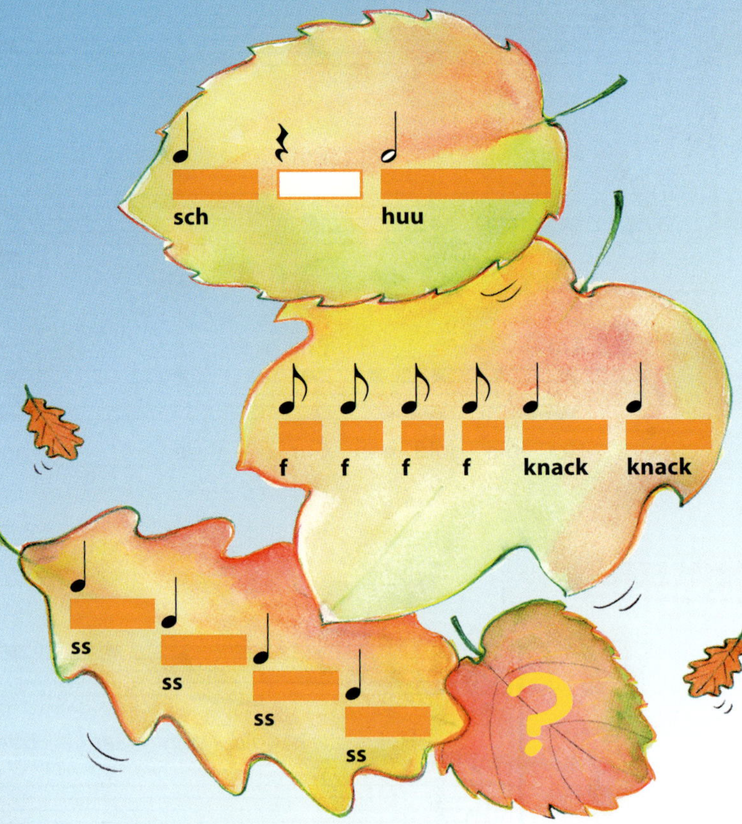

**1** Geht gemeinsam in den Wald und achtet dort auf die Geräusche.

**2** Sammelt Blätter, trockene Zweige, Kastanien, Eicheln und Bucheckern und erkundet ihre Klang-Eigenschaften durch Wedeln, Aneinanderreiben, Reißen, Schütteln, Fallenlassen …

**3** Entwickelt mit diesen Gegenständen kleine Herbstwald-Musikstücke. Überlegt euch unterschiedliche Situationen wie Herbstwald im Regen oder in der Nacht. Bezieht auch eure Stimme mit ein. Notiert eure Stücke grafisch.

**4** Vertont das Gedicht „Herbstblätter" und verwendet dazu die Ideen aus euren Musikstücken. Setzt auch Rhythmus- und Melodieinstrumente ein.

**5** Tragt das Gedicht vor. Achtet dabei auf Tempo, Ausdruck und Lautstärke.

# Der Winter

A 19, 20

## ANTONIO VIVALDI

Antonio Vivaldi (1678 – 1741) komponierte vier Konzerte mit dem Namen „Die vier Jahreszeiten“. Zu jedem Konzert schrieb er einen kurzen Text, um dem Zuhörer die Musik leichter verständlich zu machen. Zum 2. Satz des Konzerts „Der Winter“ schrieb er: „Glücklich und zufrieden verbringt man die Tage am Feuer, während draußen der Regen in Strömen fällt.“

## MELODIE

**Solo-Violine**

**Violine 1 gezupft**

*Antonio Vivaldi*

## MITSPIELSATZ

**1** Höre den 2. Satz aus dem Konzert „Der Winter“ von Antonio Vivaldi (A 19). Sprich dann mit einem Partner über die Musik (Tempo, Instrumente, Stimmung, Wirkung). Schreibt eure Ergebnisse auf Wortkarten auf. Vergleicht zum Schluss die Wortkarten in der Klasse und sprecht darüber, warum das Musikstück „Der Winter“ heißt.

**2** Bildet zwei Gruppen. Macht beim Hören der Musik den Melodieverlauf der **Solo**-Violine mit fließenden Handbewegungen nach (Gruppe 1). Macht die Stimme der 1. Violine durch leises Klopfen auf den Tisch nach (Gruppe 2). Sprecht über die Spieltechnik der Violinen (**legato ←→ pizzicato**).

**3** Welche Stimme stellt den Regen und welche die Wärme am Kamin dar? Begründet eure Aussagen.

**4** Spielt den Mitspielsatz zur Musik (A 20).

# Unser Schneemann

A 21, 22

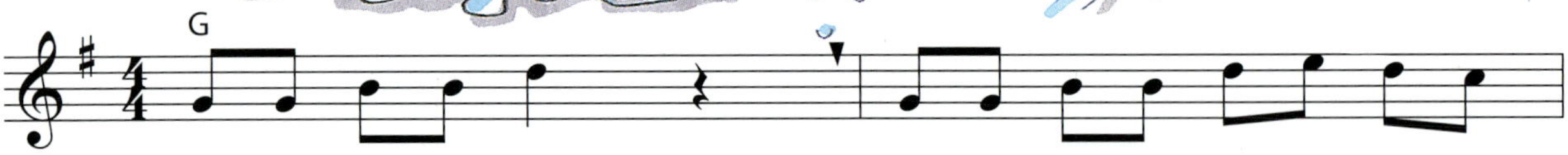


1. Kom - met all und seht! Vor dem Hau - se steht ein di - cker

Mann und lacht, der ist aus Schnee ge - macht.

2. Einen blauen Topf hat er auf dem Kopf,
   das ist sein neuer Hut, und der gefällt ihm gut.

3. Unser Schneemann weint, wenn die Sonne scheint,
   das ist ihm gar nicht recht, denn das bekommt ihm schlecht.

*Text und Melodie: Hans Poser*

## BEGLEITUNG

1. Singt das Lied (A 21) mit passendem Ausdruck (neugierig, überrascht, fröhlich …).
2. Erfindet eine Schneefall-Musik auf Stabspielinstrumenten mit den Tönen D, E, G, A und H (Schlusston: G). Sprecht darüber, wie ihr große und kleine Schneeflocken und schnellen, langsamen, gleichmäßigen und ungleichmäßigen Schneefall musikalisch umsetzen könnt.
3. Spielt zum Lied die Begleitung und setzt eure Schneefall-Musik als Vor-, Zwischen- und Nachspiel ein. Füllt die Pausen im Lied mit Klatschen oder mit einem Rhythmus-Instrument aus.
4. Nehmt die Musik auf und besprecht die Ergebnisse.
5. Hört einen Auszug aus der Oper „King Arthur" (A 22) von Henry Purcell. Wie stellen die Streicher und der Sänger die Kälte und das Frieren der Menschen dar?

# Der Winter ist vorüber

A 23, 24

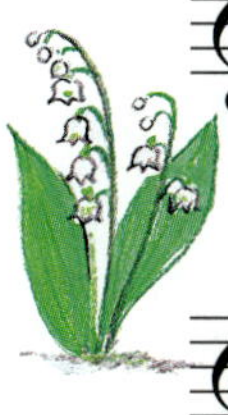

2. Da droben in den Bergen sind Eis und Schnee getaut,
im Walde sucht der Kuckuck ein Nest, das schon gebaut.
Kuckuck, Kuckuck, sind Eis und Schnee getaut,
im Walde sucht der Kuckuck ein Nest, das schon gebaut.

2. Lassù per le montagne, la neve non c'è più,
cominicia far il nido il povero cucù.
Cucù, cucù, la neve non c'è più,
cominicia far il nido il povero cucù.

*Text und Melodie: aus der Schweiz dt. Text: Kurt Suttner*

## FRAGE-ANTWORT-SPIEL

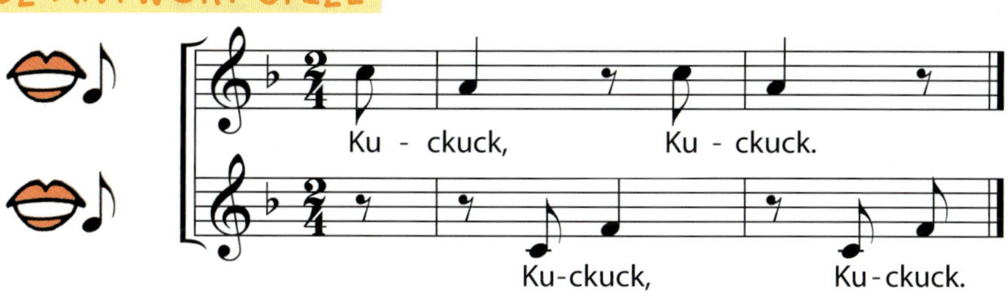

## BEGLEITUNG

1. Findet heraus, welcher Stimmausdruck am besten zum Lied (A 23 und 24) passt. Begründet eure Entscheidung.
2. Singt das Lied auf Tonsilben und zeigt den Melodieverlauf mit der Hand an. Vergleicht eure Handbewegungen mit dem Notenbild. Welche Liedzeile kommt zweimal vor? Ordnet den vier Liedzeilen drei unterschiedliche Farben zu und schreibt den Text dann in diesen Farben ab. Welche Textzeilen haben dieselbe Farbe?
3. Übt die Begleitung ein. Sprecht dazu den Liedtext. Findet heraus, bei welchen Wörtern oder Silben ihr spielt.
4. Macht zu den Kuckucksrufen im Lied ein Frage-Antwort-Spiel (mit der Stimme, mit Melodieinstrumenten, Tempelblocks, unterschiedlich gefüllten Wasserflaschen …).

# Es tönen die Lieder

A 25, 26

Text und Melodie: volkstümlich

## VORSPIEL

## TANZ

**Takt 1 bis 4**

**Nach links gehen**

**Takt 5 bis 8**

**Sich am Platz drehen**

**Takt 9 bis 12**

**Seitgalopp nach rechts**

1. Singt und tanzt den Kanon in drei Gruppen. Spielt auch das Vorspiel dazu.
2. Bildet einen Außenkreis, einen Mittelkreis und einen Innenkreis (konzentrische Kreise → Seite 187). Singt das Lied einmal einstimmig und tanzt dazu. Beginnt dann im Kanon zu singen und zu tanzen.
3. Hört zwei unterschiedliche Fassungen (A 25 und 26) des Lieds und vergleicht sie miteinander.

# Ich lieb' den Frühling

A 27

2. Ich lieb' den Sommer, ich lieb' den Sand, das Meer.
Sandburgen bauen und keinen Regen mehr,
Eis essen, Sonnenschein, so soll's immer sein.
Di dum …

3. Ich lieb' die Herbstzeit, stürmt's auf dem Stoppelfeld.
Drachen, die steigen, hoch in das Himmelszelt.
Bunte Blätter fallen von dem Baum herab.
Di dum …

4. Ich lieb' den Winter, wenn es dann endlich schneit,
hol' ich den Schlitten, denn es ist Winterzeit.
Schneemann bau'n und Rodeln geh'n, ja das find'
ich schön. Di dum …

*Text 1. Strophe und Melodie: mündlich überliefert*

*Text 2.–4. Strophe: Heike Schrader*

## BEGLEITBAUSTEINE

1
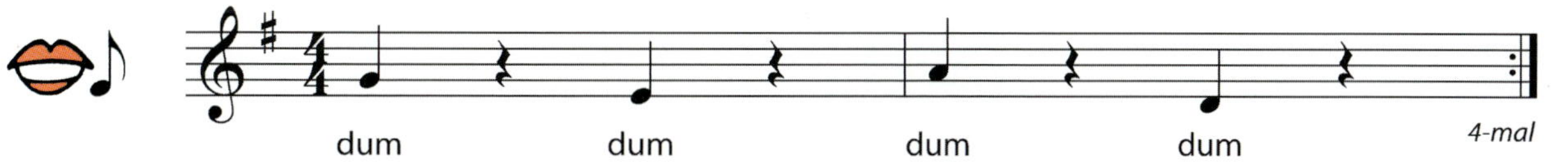


2

3
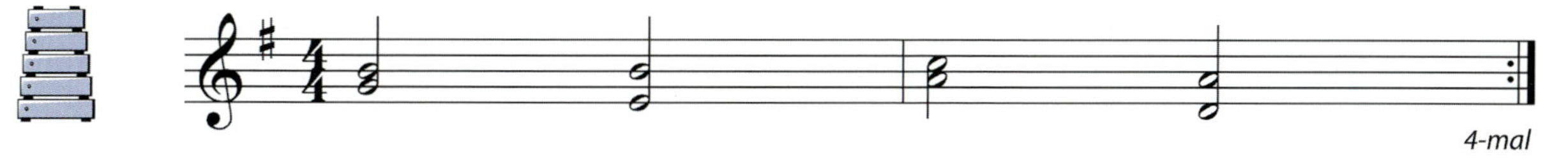


## BEGLEITUNG

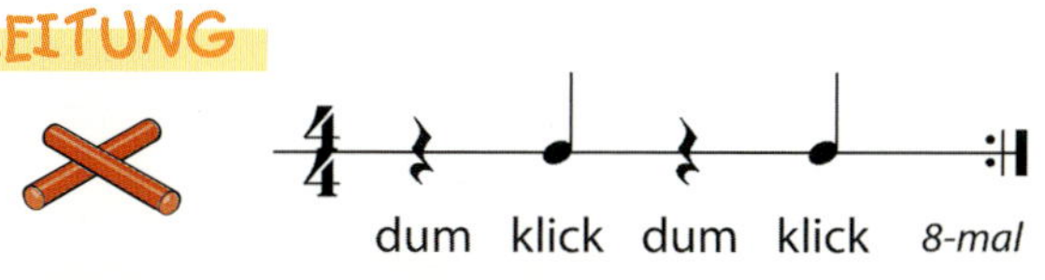


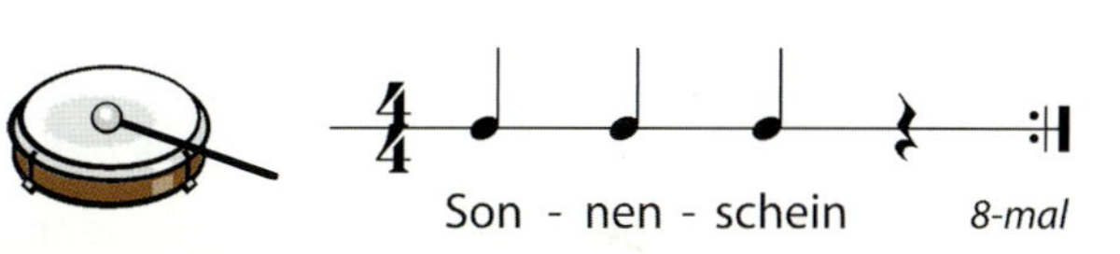


**1** Begleitet das Lied (A 27) mit den Begleitbausteinen 1 und 2. Erfindet ein Vorspiel und ein Nachspiel mit den Begleitbausteinen 1, 2 und 3.

**2** Setzt beim Einüben der Begleitung die Hilfswörter oder Körperinstrumente ein.

**3** Singt das Lied auswendig und auch im Kanon. Ihr könnt den Kanon zusätzlich auf Englisch singen. Sucht den englischen Text („I like the flowers") in der Bücherei oder im Internet.

# Frühlingsstimmung

A 28 bis 32

1 Haltet Chiffontücher mit euren Händen umschlossen. Hört „Blumen blühen“ (A 28) von Christian Crämer und öffnet dazu langsam eure Hände, sodass sich die Chiffontücher zu schönen Blüten entfalten können.

2 Filmt eure Gestaltung und besprecht die Ergebnisse.

3 Ahmt Vogelstimmen in unterschiedlicher Tonhöhe und Lautstärke nach. Notiert diese Stimmen grafisch und stellt sie zu einer Vogelkonzert-**Partitur** zusammen. Teilt euch in „Blumen-Kinder“ und „Vogel-Kinder“ auf und führt beides zusammen auf.

4 Hört das **Präludium** „Gli uccelli“ (A 29) von Ottorino Respighi und zeigt an, wann ihr eine Vogelstimme erkennt. Benutzt unterschiedliche Handzeichen für Lautstärke und Tonhöhe.

5 Ordnet die Bilder A, B und C drei Musikausschnitten aus „Gli uccelli“ (A 30 bis 32) zu und begründet eure Entscheidungen.

# Klangwiese

**1** Spielt auf verschiedenen Instrumenten Klänge und kleine **Motive**, die zum Frühling passen. Achtet dabei auf Lautstärke, Tonhöhe, Tempo und **Klangfarbe**.

**2** Gestaltet eine Klangwiese: Wählt einen Dirigenten und verteilt euch mit den Instrumenten im Raum. Wartet still, bis der Dirigent euch antippt, und beginnt dann zu spielen. Tippt euch der Dirigent noch einmal an, hört ihr wieder auf zu spielen.

**3** Nehmt eure Klangwiese auf. Hört euch die Aufnahme an und besprecht das Ergebnis.

**4** Tauscht die Instrumente, wählt einen neuen Dirigenten und gestaltet eine neue Klangwiese.

**5** Gestaltet eine Klangwiese mit euren Stimmen. Sprecht über eure Erfahrungen.

# Lachend kommt der Sommer – Sommer-Rhythmical

A 33, 34

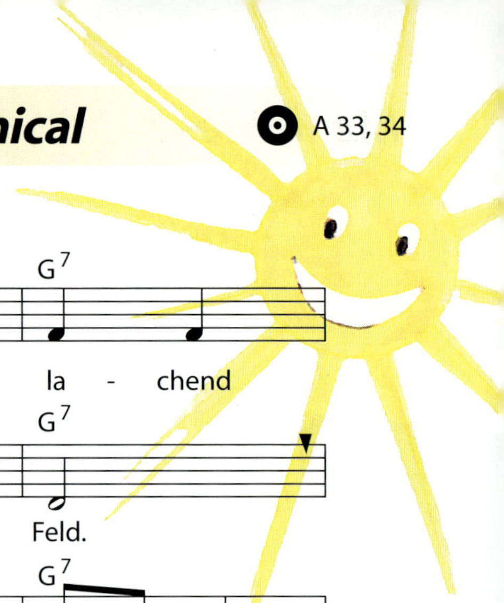

## KANON

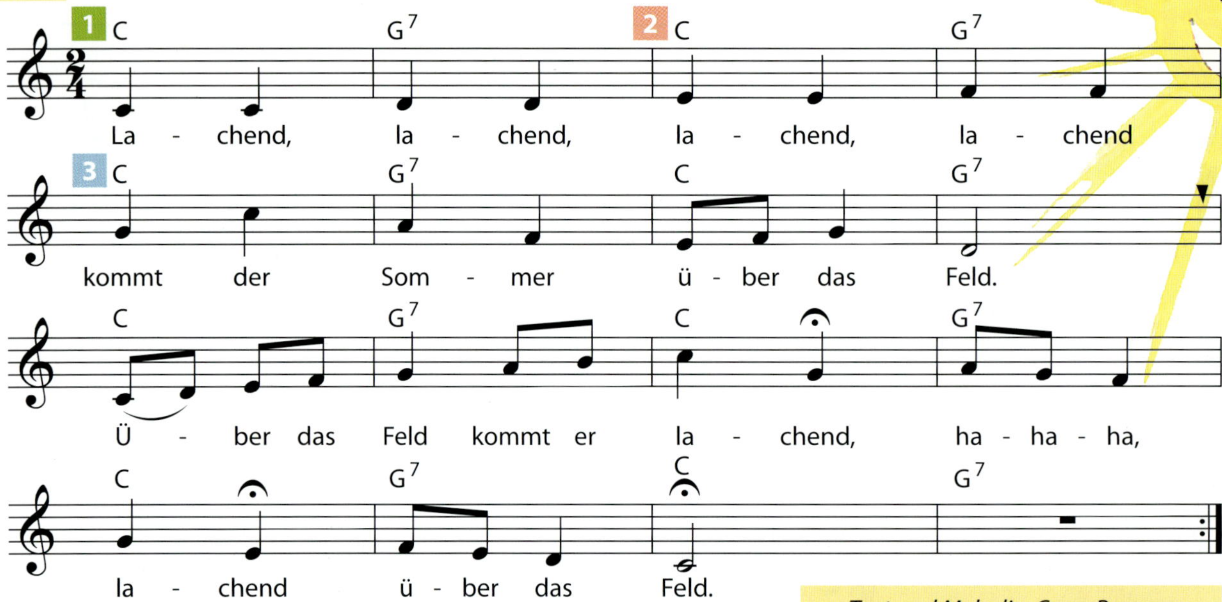


*Text und Melodie: Cesar Bresgen*

## SOMMER-RHYTHMICAL

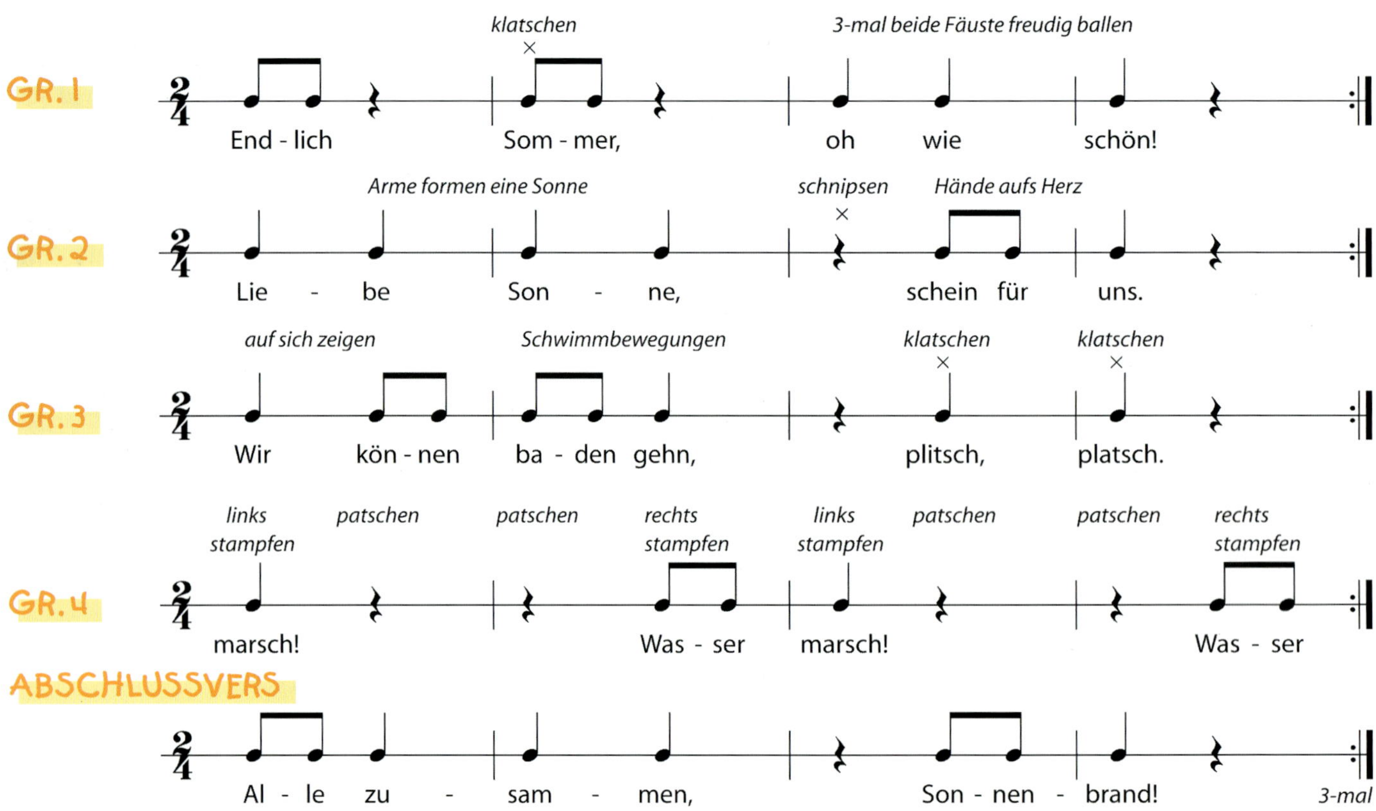


*Text und Rhythmus: Christoph Studer*

1. Singt das Lied (A 33) einstimmig und im Kanon. Erfindet mit den Tönen C, E und G ein Vor- und Nachspiel dazu.
2. Übt das Sommer-Rhythmical (A 34) ein. Achtet dabei auf eine deutliche Aussprache. Achtung: Gruppe 4 beginnt mit dem **Auftakt** (→ Seite 85) „Was-ser"! Denkt euch andere Texte als Abschlussvers aus.
3. Verbindet das Lied, das Vor- und Nachspiel und das Rhythmical zu einer Sommer-**Kantate**. Sucht auch aus der Bücherei oder dem Internet ein Sommergedicht und fügt es dazu.

# Marsch, in die Ferien!

A 35, 36

## RADETZKY-MARSCH

Dieser berühmte Marsch wurde von Johann Strauss (Vater) (1804 – 1849) komponiert.
Der Marsch ist dem Feldmarschall Josef Wenzel Graf Radetzky von Radetz gewidmet. Nach der siegreichen Schlacht bei Custozza 1848 sangen seine Soldaten diese Melodie beim Einzug in Wien. Johann Strauss (Vater) hörte dies und komponierte daraus den „Radetzky-Marsch".
Die Wiener Philharmoniker beenden damit jedes Jahr ihr Neujahrskonzert.

*Text: Christian Crämer Melodie: Johann Strauss (Vater)*

## BEGLEITUNG ZUM LIED

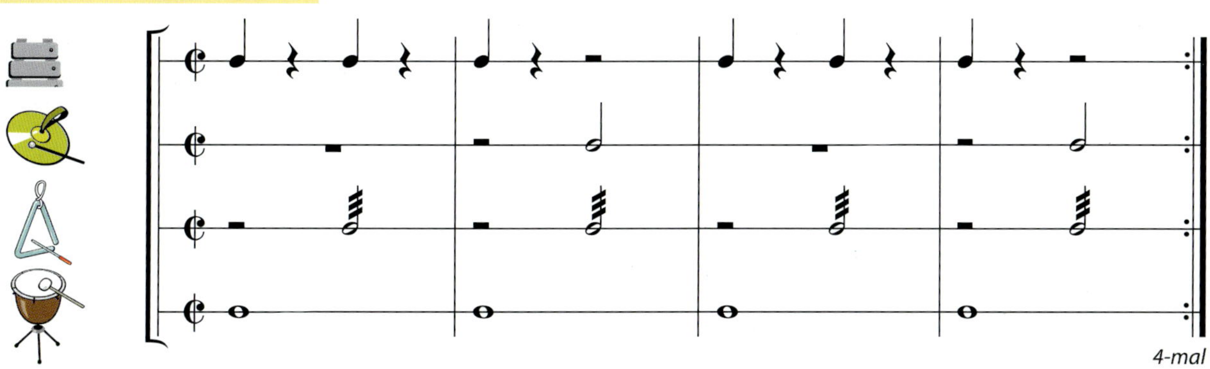


## ABLAUF

| Vorspiel | Teil A | Teil A' | Teil B | Teil A | Teil A' |
|---|---|---|---|---|---|

**1** Hört und singt das Lied (A 35) und marschiert dazu. Wann müsst ihr mit dem Marschieren anfangen?

**2** Spielt die Begleitung zum „Radetzky-Marsch" (A 36) von Johann Strauss (Vater).

**3** Erfindet zum B-Teil aus dem Ablaufplan des „Radetzky-Marsches" einen eigenen Text. Hört euch dazu die Musik an.

# Sommergewitter

A 37 bis 43

3

In der Ferne zieht ein Gewitter auf.

C

Flöten und hohe Streichinstrumente spielen im Wechsel kurze Töne. Dazu spielen tiefe Streichinstrumente einen langen Ton.

E

?

1

Der Donner grollt.

5

Das Gewitter bricht gewaltig los.

B

Tiefe Streichinstrumente spielen zweimal eine schnelle Tonfolge. Dazwischen spielen die Flöten jeweils eine kurze Tonfolge.

D

Streichinstrumente spielen schnelle Tonfolgen, begleitet von der Pauke. Dazwischen spielen die Holzblasinstrumente eine Melodie.

F

?

2

Es beginnt stark zu regnen.

4

Das Gewitter lässt nach, es regnet.

6

Das Gewitter ist vorbei.

A

Zuerst spielen die Streichinstrumente und dann die Flöten kurze Töne. Dann spielen tiefe Streichinstrumente schnelle Tonfolgen dazu.

**1** Hört die „Temporale" (A 37) von Gioacchino Rossini. Beschreibt, mit welchen Mitteln (Instrumente, Tonhöhe, Lautstärke, Tempo und **Klangdichte**) Rossini ein Gewitter darstellt.

**2** Hört die sechs Ausschnitte (A 38 bis 43) aus der „Temporale" und vergleicht das Gehörte mit den Beschreibungen auf den Kärtchen A bis D. Findet eigene Beschreibungen für die Karten E und F.

**3** Ordnet mithilfe der Ausschnitte die Karten A bis F den Bildern 1 bis 6 zu.

**4** Gestaltet eine Gewittermusik mit Stimmen und Instrumenten. Lasst euch dabei von Rossinis „Temporale" anregen. Nehmt eure Ergebnisse auf.

# Sommerkinder

A 44

2. Sie träumen von alten Freunden,
die sich wiederseh'n,
und Sommerferien,
die nie zu Ende geh'n.

*Text und Melodie: Rolf Zuckowski*

## BEGLEITUNG REFRAIN

## BEGLEITUNG STROPHE

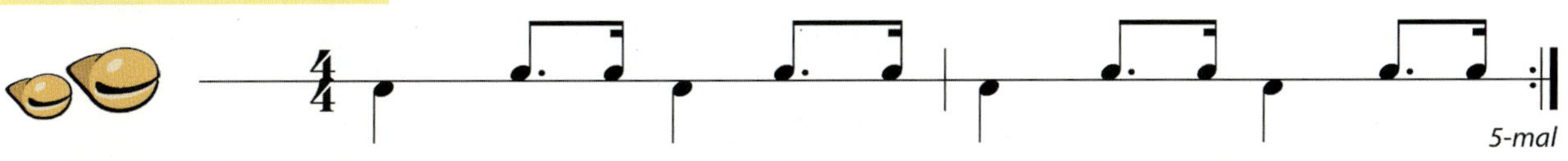


**1** Sprecht über die Sommerferien und eure Pläne.

**2** Schaut euch das Bild an. Was habt ihr beim Baden schon erlebt?

**3** Begleitet den Refrain mit einem Stimm-**Ostinato** und die Strophen mit Instrumenten.

**4** Hört das Lied (A 44) und übt das Pfeifen des Vorspiels ein. Erfindet ähnliche Vorspiele zum Lied.

# An meinem Fahrrad ist alles dran

A 45

REFRAIN

STROPHE

2. Mein Katzenauge, das strahlt zurück,
auch an den Füßen, die Pedale leuchten auf beim ersten Blick.
In meinen Speichen ist was drin:
Vier Reflektoren blinken gelb, damit ich gut zu sehen bin.

3. Zwei große Strahler, die leuchten hell,
nach vorne weiß, nach hinten rot, ja, die sieht wirklich jeder schnell.
Und weil die Technik mir sonst nichts nützt,
fahr´ ich so sicher, wie ich kann, und bin mit einem Helm geschützt.

*Text und Melodie: Rolf Zuckowski*

**1** Singt das Lied (A 45) und achtet dabei besonders auf die Stellen, die schwer zu singen sind (hohe Töne, Tonsprünge). Übt diese Stellen gesondert ein, indem ihr den Melodieverlauf mit der Hand anzeigt, auf Tonsilben singt und das Tempo wechselt.

**2** Welche Teile eines Fahrrads werden im Lied genannt? Malt sie auf, bringt die Bilder in die richtige Reihenfolge und lernt den Text mithilfe der Bilder auswendig.

**3** Informiert euch, welche weiteren Teile für ein verkehrssicheres Fahrrad vorgeschrieben und welche empfohlen sind.

# Ferien

A 46

STROPHE

REFRAIN

2. Annette freut sich auf das Wandern.
Der höchste Gipfel macht ihr keine Müh'.
Sie steigt von einem Berg zum andern
und oben singt sie: „Hollaratirü!"

3. Der Maxi sagt: „Wir fahrn zum Baden;
im Meereswasser plansch ich wie verrückt.
Und letztes Jahr – wer kann's erraten? –
hat mich ein frecher Krebs ins Bein gezwickt!"

4. Elisa meint: „Ich bleib zu Hause.
Das ist nicht schlimm, ich bin sehr gerne hier.
Ich mach mir eine Himbeerbrause
und les ein Buch – dann
kommt die Welt zu mir."

*Text und Melodie: Helmut Maschke*

**1** Singt das Lied (A 46) und sprecht über die Ferienzeit, eure Erwartungen und Pläne.

**2** Teilt das Lied in Abschnitte ein. Orientiert euch dabei an den Melodiebögen und den Atemzeichen. Singt die Abschnitte einzeln und zeigt den Melodieverlauf mit der Hand an.

**3** Notiert den Melodieverlauf grafisch und vergleicht die Grafik mit dem Notenbild. Was fällt euch auf (Wiederholungen, aufwärtsführende Melodie, abwärtsführende Melodie)?

**4** Erfindet neue Strophen, die zu den Herbstferien, den Winterferien oder den Osterferien passen.

# Große Uhren schlagen ding dong

A 47 bis 49

1

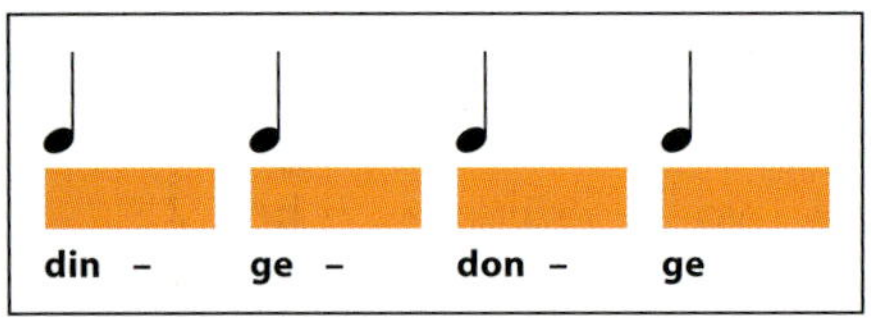


2

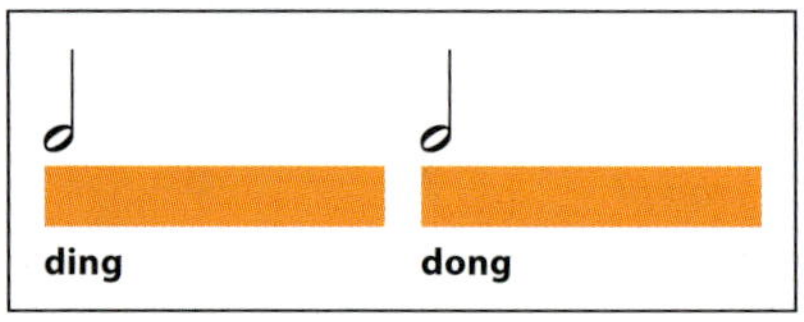


4

3

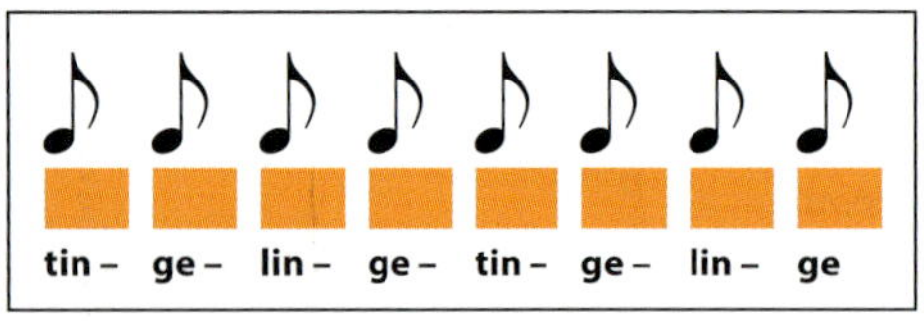


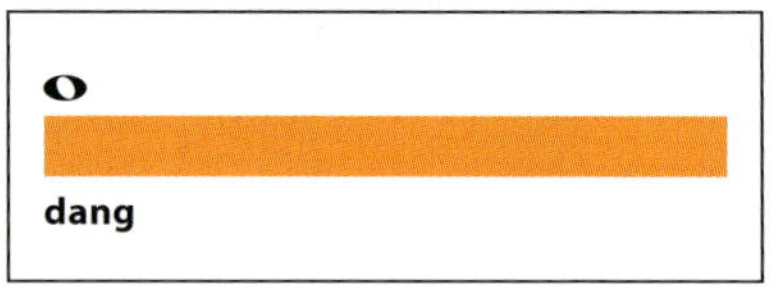


A

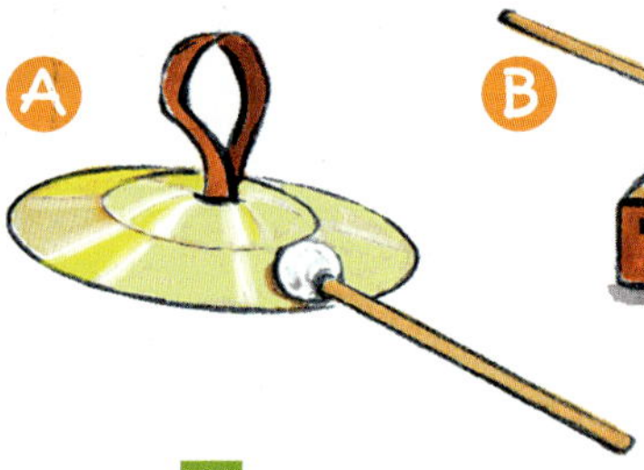

B

C

D

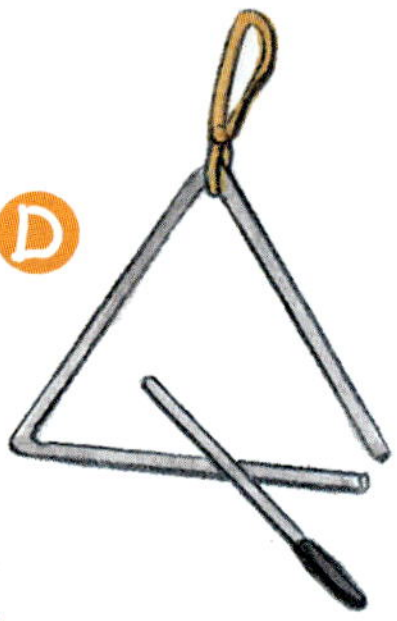

*Text: Heidi Köhler Melodie: Karl Karow*

**1** Ordnet die Instrumente den Uhren zu. Macht das Ticken der Uhren mit den Instrumenten und mit der Stimme nach. Lasst die „Uhren" auch gleichzeitig erklingen.

**2** Singt das Lied (A 47) und begleitet es einstimmig und mehrstimmig mit den Rhythmusbausteinen.

**3** Hört einen Ausschnitt aus der Sinfonie Nr. 101 (A 48) von Joseph Haydn. Findet heraus, warum diese Sinfonie „Die Uhr" genannt wird.

**4** Vergleicht den Ausschnitt aus der Sinfonie mit „The Syncopated Clock" (A 49) von Leroy Anderson.

# Die Uhr

A 48

## BEGLEITUNG MIT DEN HÄNDEN

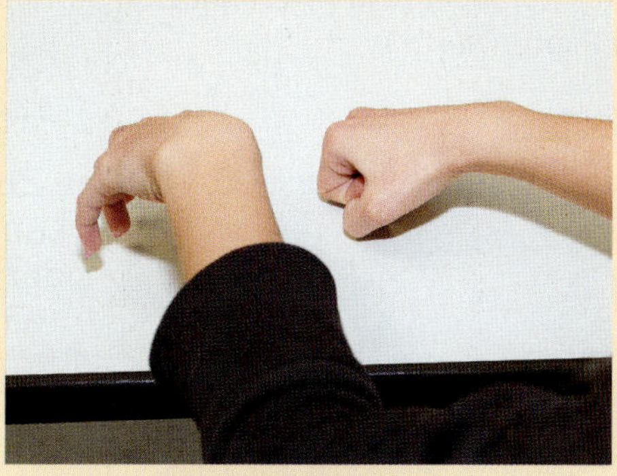

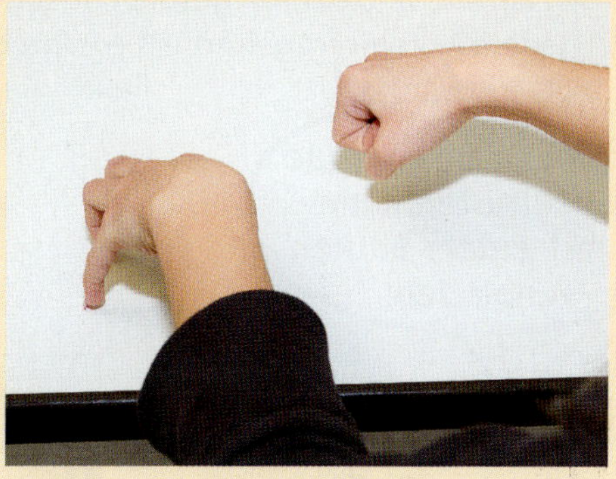

## MITSPIELSATZ

A

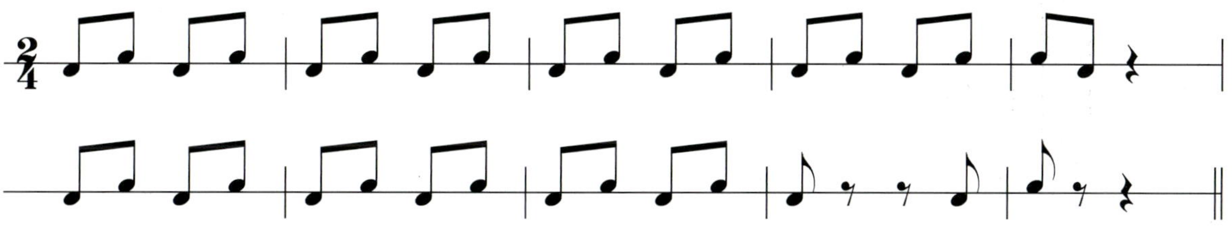

B

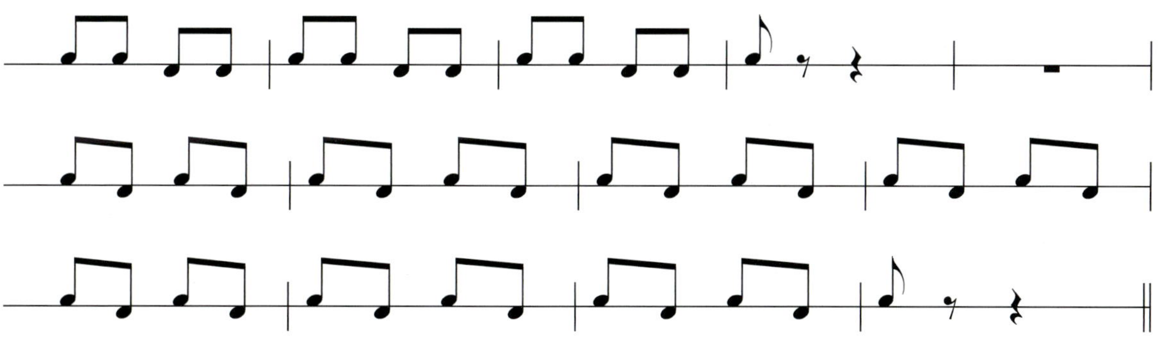

A'

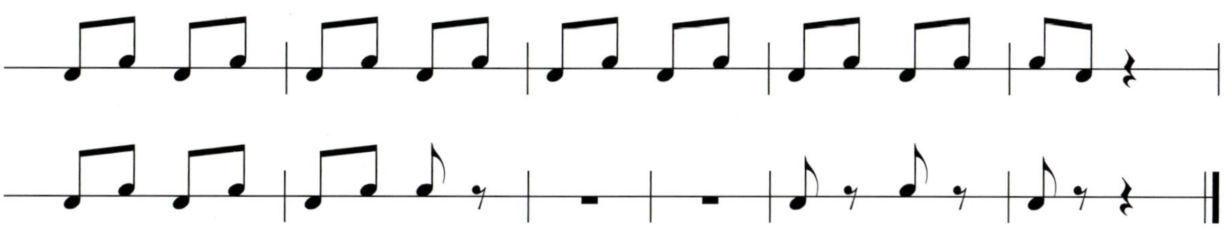

*Rhythmus: Othmar Kist / Edgar Zens*

## ABLAUF

| | | | | | |
|---|---|---|---|---|---|
| Teil A | Teil A | Teil B | Teil A' | Teil B | Teil A' |

**1** Begleitet den Ausschnitt aus der Sinfonie „Die Uhr“ (A 48) mit abwechselndem Klopfen der rechten Hand (tief) und Tippen der linken Hand (hoch).

**2** Sucht passende Instrumente und Alltagsgegenstände und spielt damit den Mitspielsatz. Sprecht den Mitspielsatz auch („tock“ – „tick“). Achtet dabei auf ein gleichmäßiges Tempo und auf die Einhaltung der Pausen. Zählt die Pausen durch oder füllt sie mit Bewegungen.

**3** Vergleicht die Noten- und Pausenwerte mit denen auf Seite 42.

# Notenwerte und Pausenwerte

## NOTENWERTE

Notenwerte zeigen an, wie lang ein Ton gespielt oder gesungen wird. Jeder Notenwert hat eine bestimmte Form und einen Namen. Zu jedem Notenwert gehört ein entsprechender Pausenwert.

## RHYTHMUS-BAUSTEINE

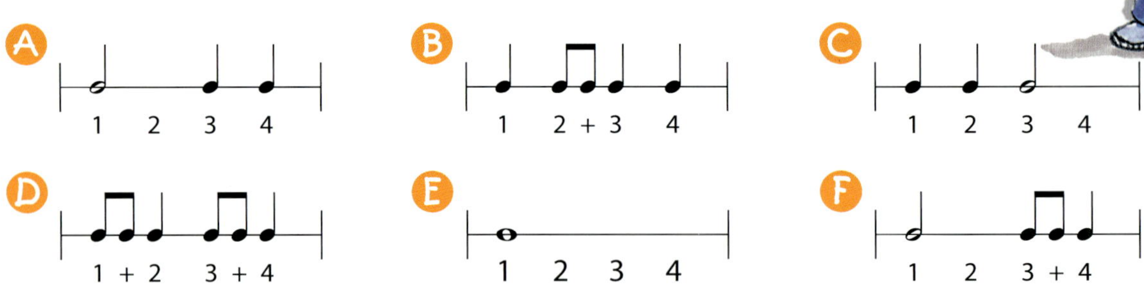


**1** Sprecht über die Formen und Namen der Notenwerte und Pausenwerte.

**2** Sucht diese Notenwerte und Pausenwerte auch auf anderen Seiten im Buch.

**3** Findet für die Notenwerte passende Rhythmusinstrumente (Langklinger, Kurzklinger). Spielt die Noten und zählt dazu.

**4** Spielt in Gruppen die Bausteine A bis F mit Körper- und Rhythmusinstrumenten oder singt sie auf Tonsilben. Spielt den **Grundschlag** dazu.

**5** Stellt mit den Bausteinen A bis F kleine Musikstücke zusammen.

# Besuch vom Planeten Perkussius

Die Bewohner des Planeten Perkussius suchen schon lange den Kontakt zu den Menschen auf der Erde. Aber bisher konnten sie sich nicht verständlich machen, denn kein Mensch versteht ihre Rhythmussprache. Vielleicht klappt es ja heute …

**1** Stellt euch vor, ihr seid die Perkussius-Wesen: Sprecht wie sie und experimentiert dabei mit der Stimme (hoch, tief, laut, leise), mit dem Stimmausdruck (fröhlich, überrascht …) und mit dem Tempo.

**2** Bildet zwei Gruppen: die Perkussius-Wesen und die Erdenmenschen. Setzt die vorgegebenen, aber auch eigene Bausteine zu Begrüßungen oder Frage- und Antwortspielen zusammen. Schreibt die Ergebnisse auf.

**3** Legt ein Thema fest und erfindet einstimmige und mehrstimmige Sprechstücke.

# Bim bam brommel

A 50

## SPRECHVERS

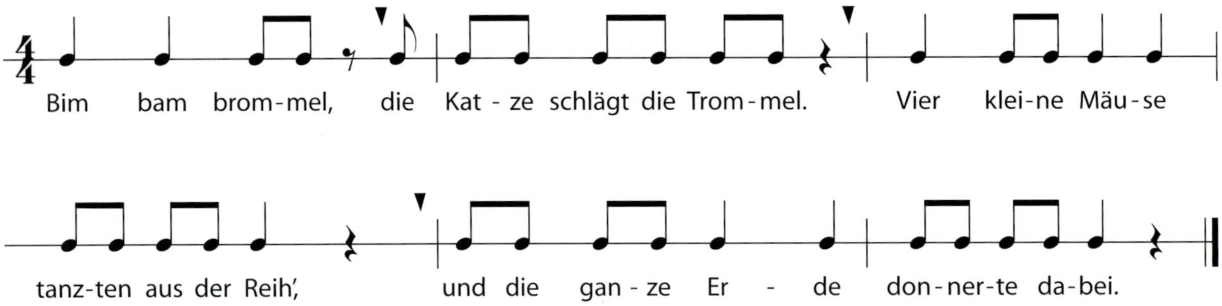


Text und Rhythmus: mündlich überliefert

## BEGLEITUNG MIT ALLTAGSGEGENSTÄNDEN

## BEGLEITUNG MIT KÖRPERINSTRUMENTEN

1. Verändert beim Sprechen des Sprechverses (A 50) euren Stimmausdruck, die Lautstärke und das Tempo.
2. Begleitet den Sprechvers mit Alltagsgegenständen und mit Körperinstrumenten.
3. Sucht nach weiteren Sprechversen oder denkt euch selbst welche aus.
4. Erfindet eigene Rhythmusbausteine und schreibt sie auf. Gestaltet damit eine Begleitung für „Bim bam brommel" oder die erfundenen Sprechverse.
5. Bringt Musik von zu Hause mit und spielt die vorgegebenen oder eure eigenen Begleitungen dazu.

# Steppin' Out

A 51

## ZUM TANZ

Bei diesem Tanz werden von Durchgang zu Durchgang immer mehr Teile in der Musik durch Pausen ersetzt. Im 3. Durchgang setzt die Musik sogar bis zum Ende von Teil B ganz aus. Dennoch wird die ganze Zeit weiter getanzt.

## ABLAUF

| | 1. Durchgang | | | | 2. Durchgang | | | | 3. Durchgang | | | |
|---|---|---|---|---|---|---|---|---|---|---|---|---|
| Intro | A | A | B | A | A | A | B | A | A | A | B | A |
| 1x8 | 4x8 | 4x8 | 4x8 | 4x8 | 4x8 | 4x8 | 4x8 | 4x8 | 4x8 | 4x8 | 4x8 | 4x8 |

## TEIL A

**Zählzeit (Zz) 1–8**

**Zz 1**
**links 1 Schritt seitwärts**

**Zz 2 und 4**
**Brush mit rechts:**
**vorn – kreuz – vorn**

**Zz 5 und Zz 7**
**rechts 1 Schritt seitwärts**

**Zz 6 und Zz 8**
**links kreuzt hinter rechts**

**Zählzeit 1–8 mit gegengleichen Schritten wiederholen.**
**Alle Zählzeiten von Teil A wiederholen.**

## TEIL B

**Zählzeit (Zz) 1–8**

**Zz 1–8**
**4 Schritte vorwärts**
**mit links beginnen**

**Zählzeit (Zz) 1–8**

**Zz 1**
**links 1 Schritt vorwärts**

**Zz 2–4**
**mit rechter Fußspitze**
**Kreis beschreiben,**
**dabei 1/2 Drehung**

**Zz 5–8**
**3 Schritte am Platz**
**(rechts – links – rechts),**
**Pause**

**Alle Zählzeiten von Teil B wiederholen.**

**1** Höre „Steppin' Out" (A 51) und gehe dazu in gleichmäßigen Schritten durch den Raum. Halte den Grundschlag auch in den Pausen ein. Übe dann mit einem Partner den Tanz mithilfe der Abbildungen ein. Tanzt den Tanz zum Schluss gemeinsam.

**2** Findet heraus, was euch beim Einhalten der Pausen geholfen hat.

# Punktierte Noten

A 52 bis 56

## LIED

*Text und Melodie: Karl-Heinz Keller*

## PUNKTIERTE NOTEN

Punktierte Noten erkennt man am Punkt hinter den Noten. Der Punkt zeigt an, dass der Ton um die Hälfte seines Werts verlängert wird. Ein Punkt kann hinter jedem Notenwert gesetzt werden.

**punktierte Halbe Note** **punktierte Viertelnote** **punktierte Achtelnote**

## BAUSTEINE

A

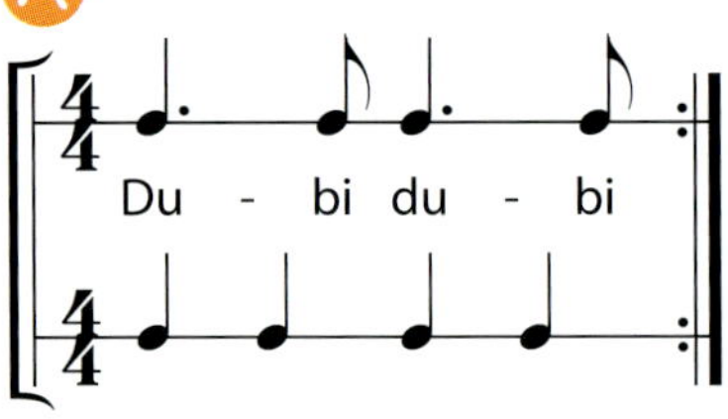


B

C

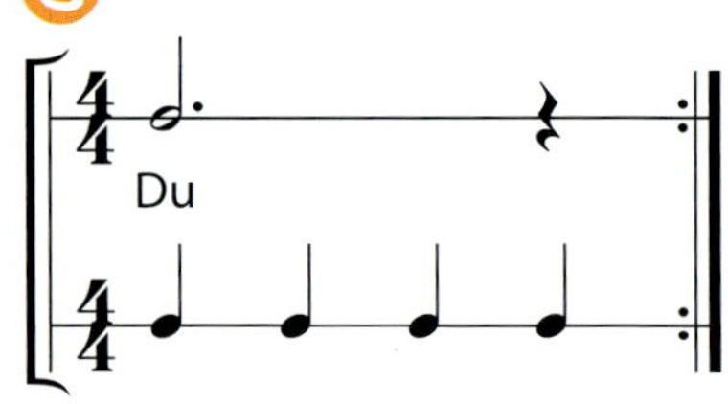


D

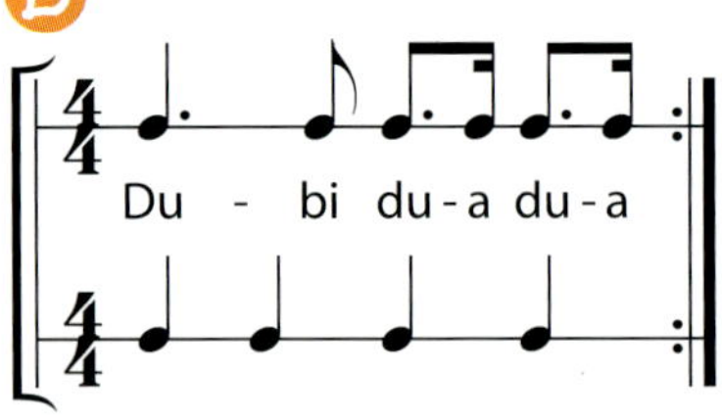

1. Übt das Lied (A 52) in zwei Gruppen ein: Die erste Gruppe singt, die zweite Gruppe klatscht Viertelnoten und zählt leise dazu. Tauscht dann die Rollen.
2. Beschreibt die Bausteine A bis D und hört sie euch an (A 53 bis 56). Sucht die Bausteine im Lied.
3. Übt die Bausteine im langsamen Tempo durch Sprechen, Gehen, Hüpfen, Singen auf Tonsilben, Musizieren und Zählen ein. Findet heraus, warum das Klatschen von Viertelnoten hilfreich ist. Betrachtet dazu auch die Anordnung der Noten untereinander.
4. Sucht aus anderen Liedern Bausteine mit punktierten Noten. Sprecht den Text im Rhythmus der Bausteine und klatscht Viertelnoten dazu.

## Besen-Rhythmus



### SPIELMÖGLICHKEITEN

### MUSIKSTÜCK

1
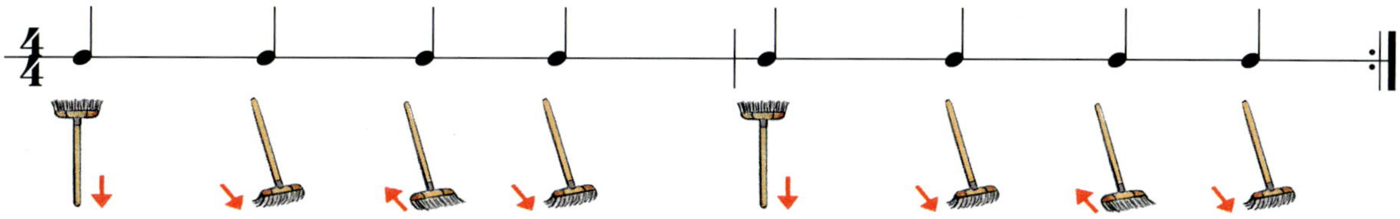

2
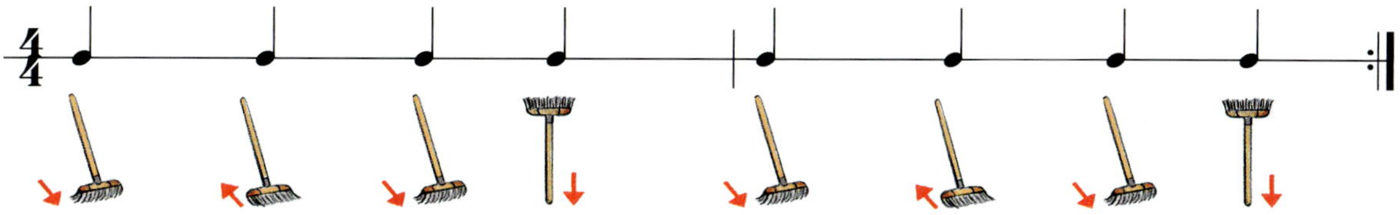

3

4
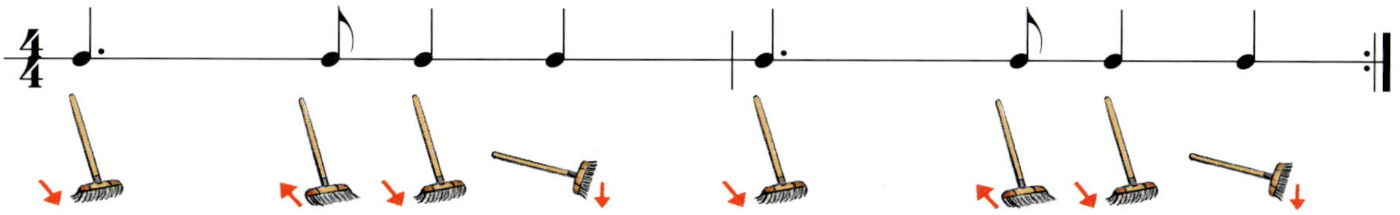

5
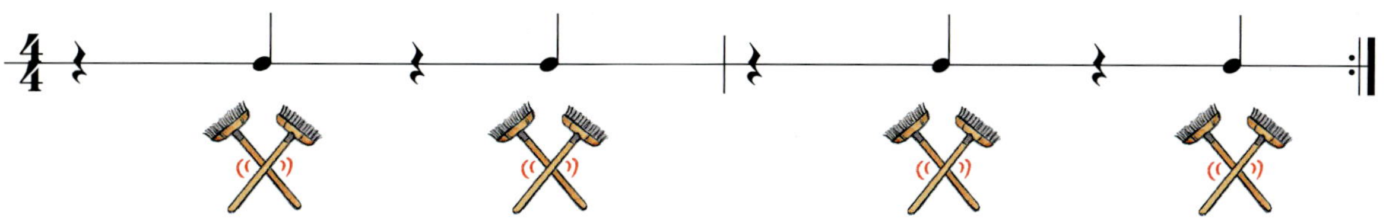

### BESEN-RONDO

| | | | | | | |
|---|---|---|---|---|---|---|
| A | B | A | C | A | D | A |

1. Übt die Rhythmen 1 bis 5 (A 57) durch Klatschen, Sprechen („tick“, „tock“, „sch“, „klack“, „mpf“) und Bewegungen ein.
2. Benutzt die Besen, wie auf den Bildern dargestellt. Spielt die Rhythmen ein- und mehrstimmig.
3. Erfindet eigene Besen-Rhythmen und schreibt sie auf.
4. Gestaltet ein Besen-**Rondo** mit einem gemeinsamen Teil A und **Couplets** (B, C und D) dazwischen.

# Tumba

A 58

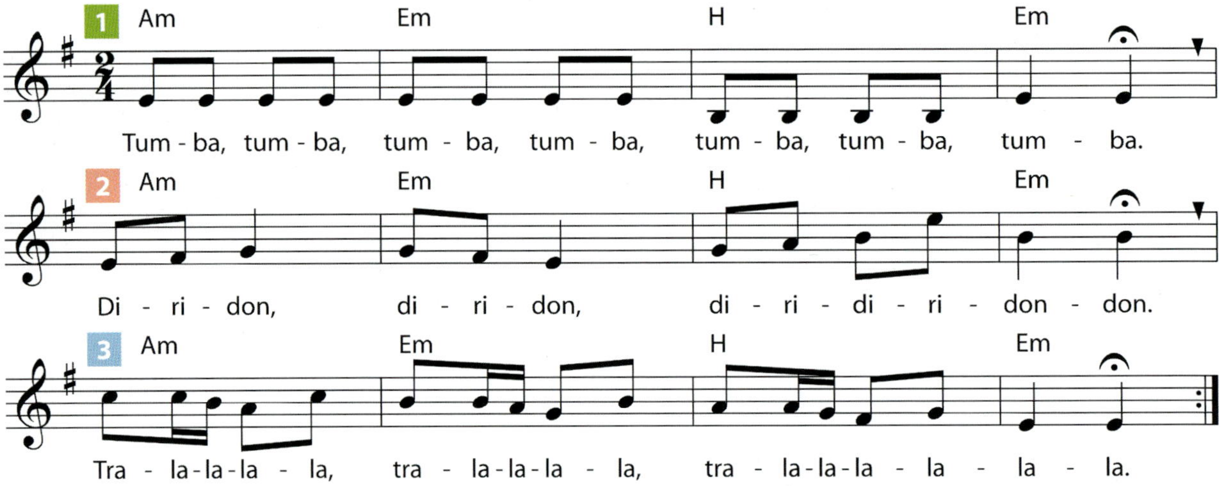


*Text und Melodie: aus den Niederlanden*

1

**8 Schritte am Platz, sich langsam beugen und wieder aufrichten. Die Hände abwechselnd nach unten drücken.**

2

**4 Nachstellschritte nach rechts**

3

**7-mal Seitgalopp nach rechts. 1-mal auf der Stelle hüpfen, dabei in die Hände klatschen.**

1 Bildet einen Kreis und tanzt gemeinsam zum Lied „Tumba“ (A 58).

2 Singt und tanzt „Tumba“ im Kanon. Stellt euch zuerst in drei Kreisen auf. Legt fest, welche Gruppe wann einsetzt. Übt den Tanz auch in konzentrischen Kreisen (→ Seite 187).

3 Bildet zwei Gruppen: Gruppe 1 singt und spielt den Melodierhythmus auf Plastikschüsseln. Gruppe 2 singt und tanzt. Legt einen Ablauf fest.

# Black Nag

A 59, 60

## ZUM TANZ

Dieser Kontratanz ist ursprünglich ein englischer Gruppentanz.
Der Engländer John Playford veröffentlichte den Tanz 1650 in der Tanzsammlung „The English Dancingmaster".
„Black Nag" gehörte zu den Volkstänzen, ein typischer Schritt ist der schnelle Seitgalopp.
Der Ausdruck „Black Nag" kann mit „Schwarze Kunst" oder „Das Teufelspferd" übersetzt werden.

## ABLAUF

| 1. Durchgang | | | | 2. Durchgang | | | | eigene Gestaltung | | | |
|---|---|---|---|---|---|---|---|---|---|---|---|
| A | A | B | B | A | A | B | B | A | A | B | B |

## 1. DURCHGANG

### TEIL A (Zählzeit 1 x 8)

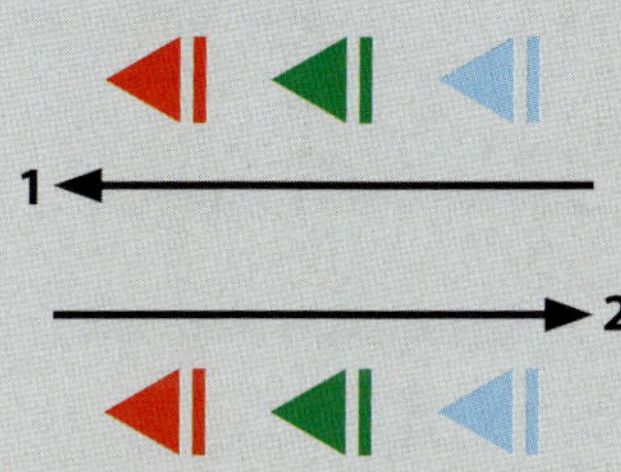


**In offener Fassung 4 Schritte vorwärts und 4 Schritte rückwärts**

### TEIL B (Zz 2 x 8)

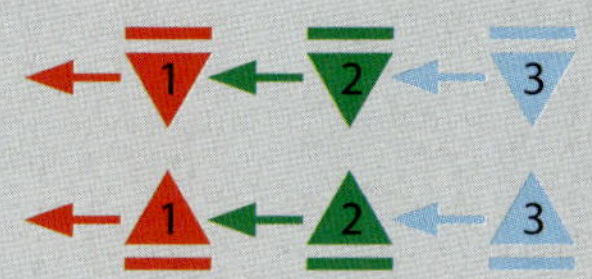


**4-mal Seitgalopp mit Zweihandfassung in die angegebene Richtung, erst Paar 1, dann 2, dann 3**

**Eine ganze Drehung am Platz mit 4 Schritten; dann Teil B von vorne in die andere Richtung, Paar 3 beginnt**

## 2. DURCHGANG

### TEIL A (Zz 1 x 8)

**4 kleine Schritte aufeinander zu und 4 kleine Schritte zurück**

### TEIL B (Zz 2 x 8)

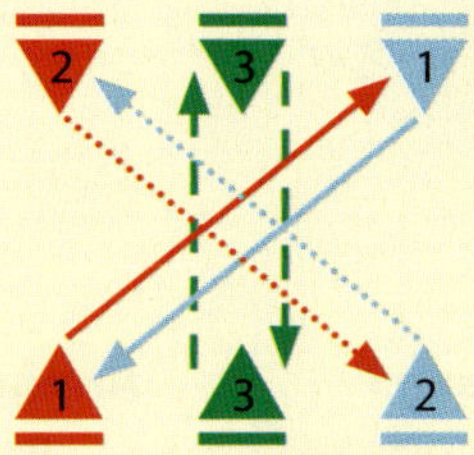


**Paarweise in der vorgegebenen Reihenfolge im Seitengalopp linksschultrig aneinander vorbeitanzen**

**Eine ganze Drehung am Platz mit 4 Schritten; dann Teil B von vorne wiederholen**

1 Höre „Black Nag" (A 59) und verfolge die Musik am Ablaufplan. Tanze dann mit einem Partner zur Musik (A 59) mit Gehschritten und Seitgalopp frei durch den Raum. Stellt euch zum Schluss in 6er-Gruppen zu je drei Paaren auf und übt den Tanz mithilfe der Abbildungen ein.

2 Denkt euch für den 3. Durchgang eine eigene **Choreografie** aus. Verwendet dabei die Drehung von Teil C.

3 Hört euch „Black Nag" in der langsamen Version (A 60) an und tanzt dazu alle drei Durchgänge.

# Waka Waka

B 1

## TANZ-BAUSTEINE

### NACHSTELLSCHRITT MIT TIPP

**Zählzeit (Zz) 1 – 8**

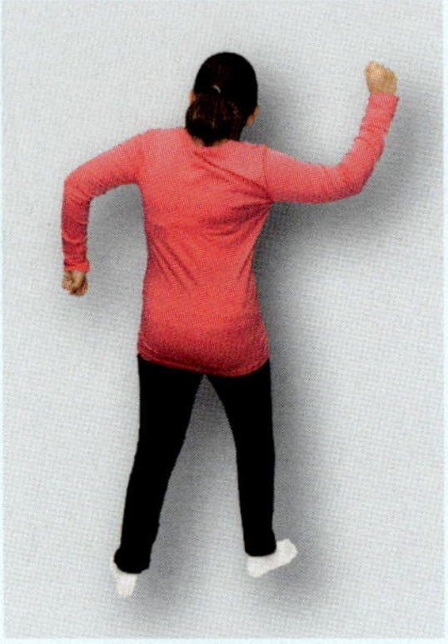

**Zz 1**
**Arme rechtwinklig: rechts oben, links unten**
**Fuß rechts seit**

**Zz 2**
**Arme rechtwinklig: links oben, rechts unten**
**Fuß links ran**

**Zz 3**
**Arme rechtwinklig: rechts oben, links unten**
**Fuß rechts seit**

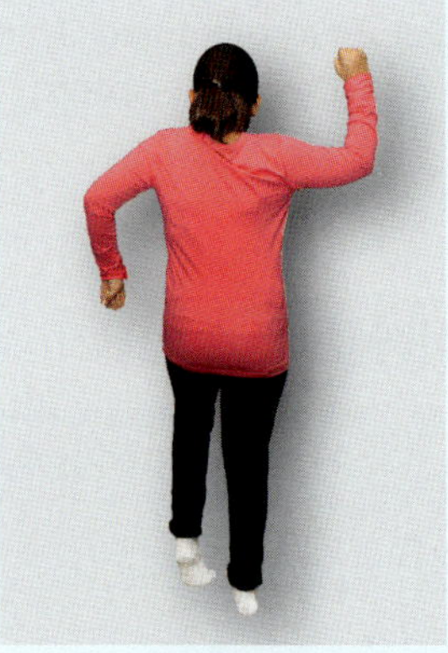

**Zz 4**
**Arme rechtwinklig: rechts oben, links unten**
**Fuß links ran Tipp**

**Zz 5 – 8: Schritte gegengleich wiederholen.**

### WAKA-WAKA-SCHRITT

**Zählzeit 1 – 8**

**Zz 1 – 4**
**Schultern abwechselnd rückwärts kreisen: links – rechts – links – rechts**
**4 Schritte am Platz: rechts – links – rechts – links**

**Zz 5 – 6**
**Armkreisen mit beiden Armen vorwärts**
**2 Schritte am Platz: rechts – links**

**Zz 7 – 8**
**Arme rechtwinklig 2-mal nach hinten wippen**
**2 Schritte am Platz: rechts – links**

**1** Hört den Ablauf (Intro, Strophe 1, Refrain, Zwischenspiel, Strophe 2, Refrain, Zwischenspiel, Refrain, Outro) von „Waka Waka" (B 1) heraus. Zählt dabei immer bis 8. Notiert eure Ergebnisse.

**2** Übt die Tanz-Bausteine in Pop-Formation zur Musik ein. Ergänzt die Bausteine mit Drehungen und Platzwechsel.

**3** Erfindet eine **Choreografie** mit den vorgegebenen und eigenen Bausteinen. Holt euch hierfür Anregungen von den Seiten 186/187 oder aus dem Internet.

# Sternpolka



## ABLAUF

| $\frac{2}{4}$-Takt | Intro | A | B | C | A | B | C | A | B | C | A |
|---|---|---|---|---|---|---|---|---|---|---|---|
| | 4 | 16 | 16 | 16 | 16 | 16 | 16 | 16 | 16 | 16 | 16 |

## BEGLEITUNG

A

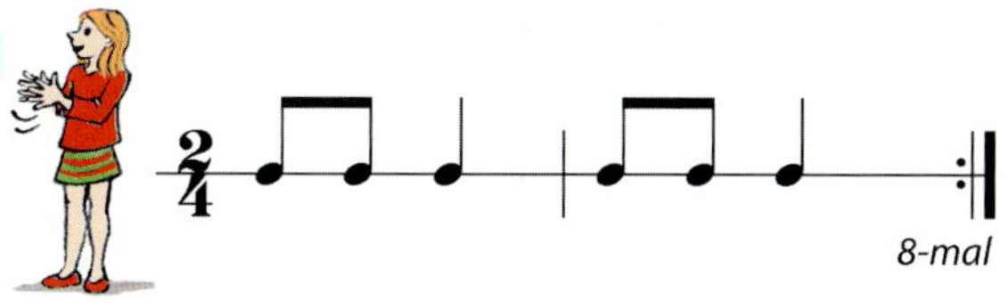


B

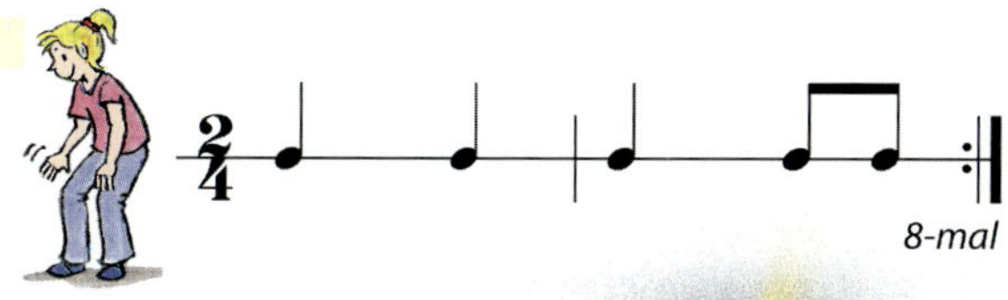


C

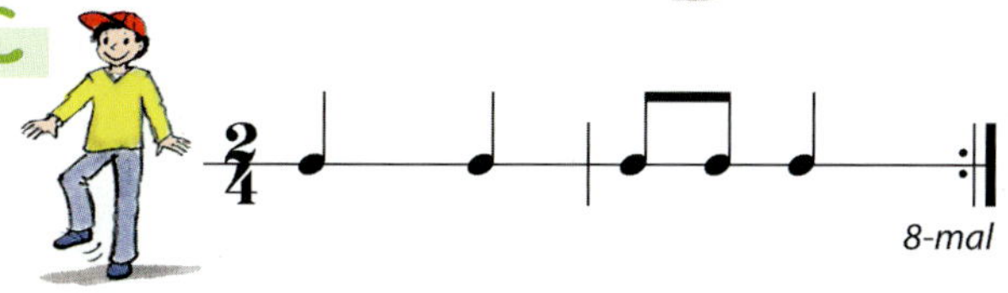


### TEIL A

**Im zugewandten Paarkreis mit Zweihandfassung im Seitgalopp**

### TEIL B

**Im Paarkreis mit offener Fassung gehen, Innenkreistänzer führen ihre Hände in der Mitte zusammen und bilden den Stern, Außentänzer winken**

### TEIL C

**Innenkreis klatscht Rhythmus der Cabasa, Außenkreis hüpft um Innenkreis herum**

1. Hört die „Sternpolka" (B 2) und denkt euch zu jedem Teil Schritte (gehen, hüpfen, schleichen, trippeln, galoppieren …) aus.
2. Übt die „Sternpolka" mithilfe der Bilder ein. Spielt mit Körperinstrumenten dazu.
3. Tanzt die „Sternpolka" sowohl im großen Kreis als auch in mehreren kleinen Kreisen. Denkt euch für Teil C verschiedene Varianten aus.

# Knips Mixer

B 3

## ZUM TANZ

Der Knips Mixer ist ein Volkstanz aus den USA. Bei diesem Paartanz wechseln in Teil B beim Dosado-Schritt immer die Partner. Der Knips Mixer wird in Kreisaufstellung getanzt: In Teil A schauen alle Tänzer zur Kreismitte, in Teil B stehen sich die Partner gegenüber.

## ABLAUF

| | 6 Durchgänge | | | |
|---|---|---|---|---|
| Intro | A | A | B | B |
| 1x8 | 1 x 8 | 1 x 8 | 1 x 8 | 1 x 8 |

## TEIL A (insgesamt 2 x)

**Zählzeit (Zz) 1 – 4: Schritt – Tipp (2 x)**

**rechts 1 Schritt vorwärts**

**links 1 Tipp vorwärts**

**links 1 Schritt rückwärts**

**rechts 1 Tipp rückwärts**

**Zz 1 – 8: Geh – Tipp (1 x)**

**3 Schritte vorwärts, rechts – links – rechts**

**links 1 Tipp vorwärts**

**3 Schritte rückwärts, links – rechts – links**

**rechts 1 Tipp neben links**

## TEIL B (insgesamt 2 x)

**Zählzeit 1 – 8: Handrunde rechts**

**Mit 8 Schritten eine ganze Drehung**

**Zz 1 – 8: Dosado**

**Mit 8 Schritten um einen neuen Partner herumgehen**

**1** Hört den „Knips Mixer" (B 3) und gestaltet den Tanz. Achtet dabei auf die Einhaltung der Tanzform Intro und 6 x AABB. Tanzt die Schritte immer über 8 Zählzeiten.

☆ **2** Erfindet auch eigene Tanzschritte.

# Büffeltanz der Prärie-Indianer

B 4

## ZUM TANZ

Musik und Tanz war im indianischen Alltag sehr wichtig. Die Prärie-Indianer glaubten fest daran, dass sie mit ihrer Musik und ihrem Tanz zu den Geistern und den Kräften der Natur sprechen könnten.
Manche Indianerstämme leben auch heute noch in Reservaten in Nordamerika.
Den Büffeltanz tanzten die Prärie-Indianer immer dann, wenn der Stamm nicht genug zu essen hatte. Denn mit dem Tanz forderten sie die Geister auf, ihnen Büffel zum Jagen zu schicken.
Der Büffeltanz war stets erfolgreich, denn er wurde immer so lange getanzt, bis die Büffel auftauchten. Das konnte manchmal mehrere Tage und Nächte dauern.
Begleitet wurde der Büffeltanz von Trommeln, Rasseln und Gesang.

## DER TIPP-STAMPF-SCHRITT

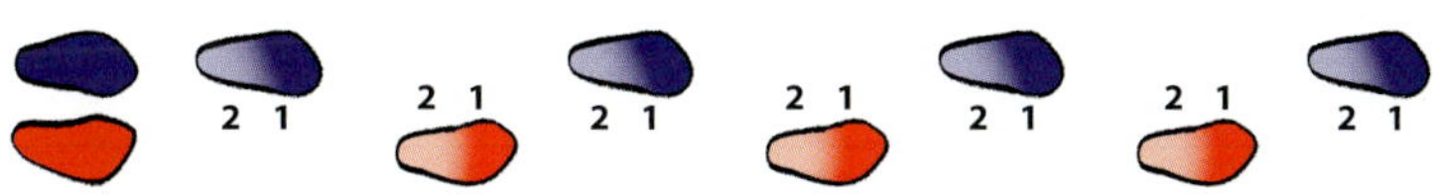


**links Tipp, links stampf – rechts Tipp, rechts stampf …**

## DER HALBMONDSCHRITT

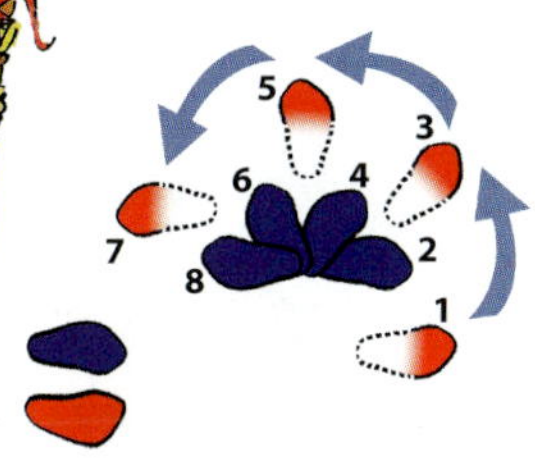

## DER KREUZ-SEIT-SCHRITT

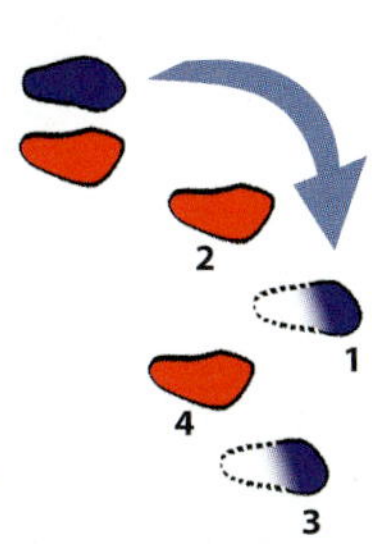


1. Schaut euch die Schritte des Büffeltanzes an und versucht diese frei im Raum zu tanzen.
2. Hört den Büffeltanz (B 4) und tanzt die Schritte zur Musik.
3. Die Tänzer geben euch Anregungen für Schrittvarianten. Probiert sie aus und findet weitere Varianten (Tipp-Stampf-Schritt rückwärts, Vollmondschritt, Kreuzschritt rückwärts …).
4. Bastelt euch Büffelmasken und tanzt den Büffeltanz im Stirnkreis um ein Feuer aus Tüchern.

# Viel Glück und viel Segen

B 5

## KANON

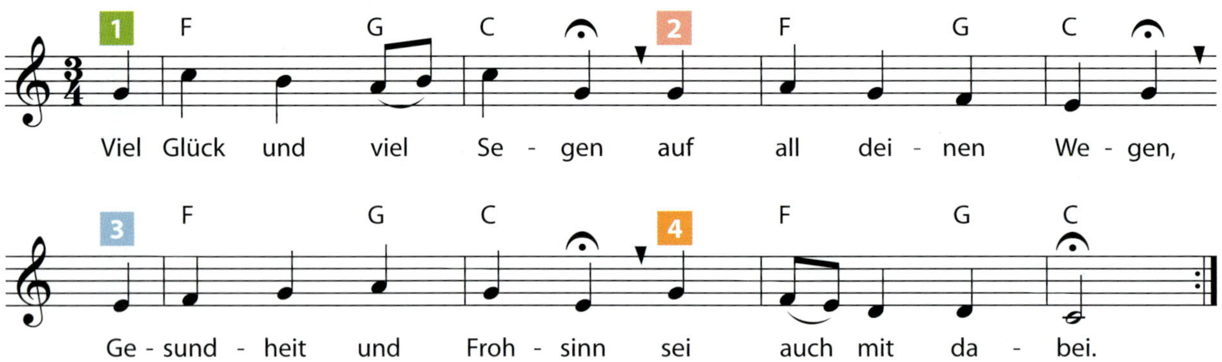


*Text und Melodie: Werner Gneist*

## BEGLEITUNG

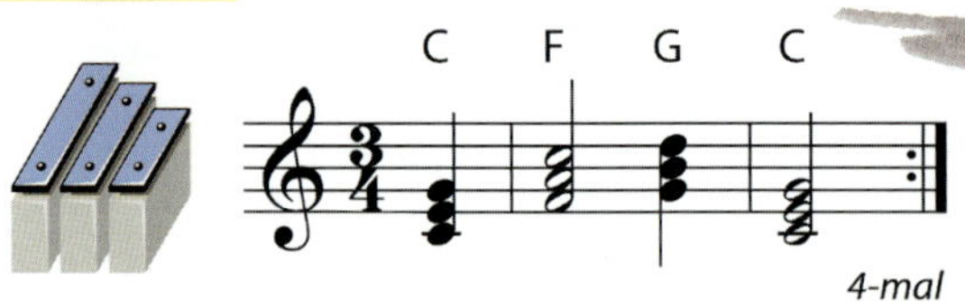


1. Bildet vier Vierergruppen und schneidet für jede Gruppe vier Geburtstagstorten aus. Schreibt den Liedtext auf die Torten.
2. Singt das Lied (B 5) im Kanon. Haltet jedesmal die Geburtstagstorten hoch, wenn ihr von vorne einsetzt.
3. Marschiert während des Singens im **Metrum** des Lieds um ein Geburtstagskind herum. Beendet den Kanon, indem ihr auf der **Fermate** (𝄐) langsamer werdet (**ritardando**), und übergebt dem Geburtstagskind kleine Geschenke.
4. Spielt den Kanon auch mit Instrumenten: Das Lied wird mit einem Melodieinstrument gespielt und das Geburtstagskind dirigiert die Begleitung mit den klingenden Stäben.

# I-A-Osterhase

B 6

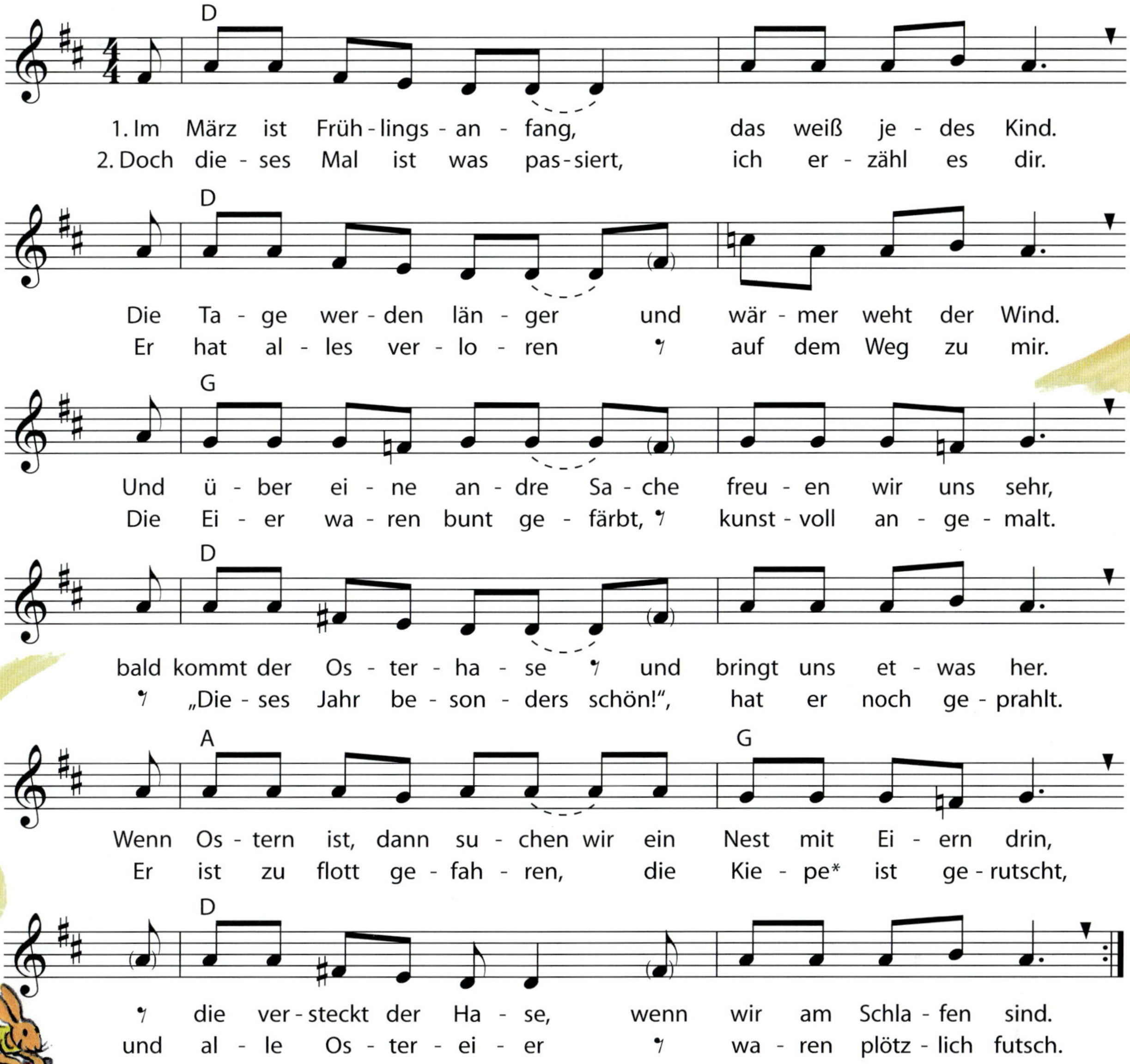

*gesprochen:* I-A-Osterhase, ist denn alles klar?
Wo sind all' die Eier hin? Sie sind nicht mehr da!

3. Da sieht er fern ein Häuschen
und steuert darauf zu.
Dort wohnen Kater Rosa,
fünf Hühner und 'ne Kuh.
Der Hase ist ganz traurig,
erzählt, was ihm geschah.
Da schreien alle Tiere
fast im Chor: „Aha!
Wir wissen, wo die Eier sind!",
berichten ihm sodann:
„Die hat das Huhn Elvira
und gibt damit schwer an!"

*gesprochen:* I-A-Osterhase, jetzt ist alles klar!
Dort sind all' die Eier hin. Sie sind wieder da!

4. Am nächsten Morgen zieht er los
zu Elviras Hof.
Die stolziert darin umher und quäkt:
„Ich bin 'ne Show!"
Der Hase, der muss lachen
und kriegt sich nicht mehr ein.
Elvira ist beleidigt und fragt:
„Was fällt dir ein?"
Der Hase sagt: „Es freut mich,
nun kann ich endlich ruh'n.
Ab heute tu' ich nix mehr,
du bist jetzt Osterhuhn!"

* Eine Kiepe ist ein Korb, den man auf dem Rücken trägt.

*Text und Melodie:*
*Karl Parchow / Eckehard Ruschmeier*

**1** Singt das Lied (B 6) in verteilten Rollen (Sprecher, Osterhase, Elvira, Tiere auf dem Bauernhof).

**2** Füllt die Pausen der gesprochenen Teile mit Körperinstrumenten.

☆ **3** Malt ein Bild von Elviras Hof.

# Faschings-Polonaise

B 7, 8

*Text: M. Jud/W. Böhm-Thorn Melodie: W. Böhm-Thorn*

**1** Sprecht den Liedtext im Melodierhythmus und fühlt den **Grundschlag** (durch den Raum gehen, klatschen …). Achtet dabei auf den Auftakt (➜ Seite 85) und auf die Betonung (Zählzeiten 1 und 3).

**2** Lies den Text der „Faschings-Polonaise" und schreibe Stichwörter zum Text auf. Höre dann mit einem Partner die „Polonaise von Blankenese" (B 7). Vergleicht den Text mit dem Text der „Faschings-Polonaise" (B 8) und schreibt eure Ergebnisse auf Wortkarten. Vergleicht zum Schluss die Wortkarten miteinander und sprecht in der Klasse über die Faschingszeit.

**3** Erfindet zur „Faschings-Polonaise" weitere Strophen.

**4** Plant und gestaltet eine Faschingsfeier. Sucht dazu passende Lieder und Musikstücke aus.

# Polonaise – heute und früher

B 8, 9

1. Legt eine Reihenfolge der Figuren fest und tanzt dann zur „Faschings-Polonaise“ (B 8).
2. Denkt euch weitere Figuren aus. Malt und schreibt sie auf. Erfindet für die Tänzer eigene Symbole.
3. Tanzt die Figuren 1 bis 5 auch zur „Polonaise“ von Anna Magdalena Bach (B 9). Drückt diese andere Art von Musik in euren Bewegungen aus.

# Blechblasinstrumente

B 10 bis 13

Posaune

Horn

Trompete

Tuba

## BLECHBLASINSTRUMENTE

Posaune, Horn, Trompete und Tuba gehören zu der Instrumentenfamilie der **Blechblasinstrumente**.
Die Schallröhre der Trompete ist etwa 1,30 m, die der Tuba über 4 m lang. Die Schallröhren sind gebogen und aufgewickelt.
Wenn man auf einem Blechblasinstrument einen **Ton erzeugen** will, muss man durch die **gespannten Lippen** Luft in das **Mundstück** pressen. Die schwingenden Lippen bringen die **Luft** in der Schallröhre zum Schwingen und es entsteht ein Ton.
Die **Tonhöhe** hängt von der Spannung der Lippen und der Länge der Schallröhre ab. Je länger die Röhre, umso tiefer der Ton.
Die Länge der Schallröhre lässt sich mit **Ventilen** verändern.
Die Posaune hat statt der Ventile einen Zug, wie das Foto zeigt.

Alle Ventile sind geschlossen.

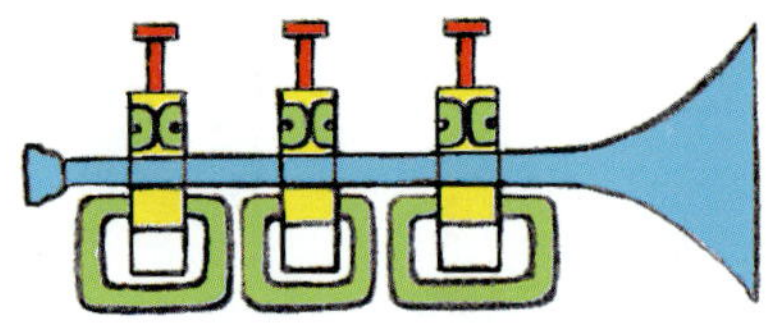

Der Musiker drückt auf die erste Ventilklappe. Das Ventil ist geöffnet. Die Schallröhre ist jetzt länger. Die Trompete klingt nun …?

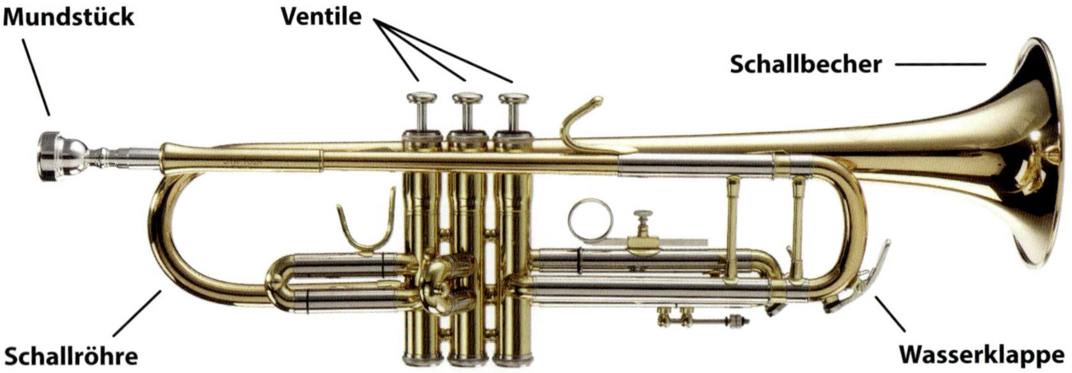


**1** Beschreibt die oben abgebildeten Instrumente und vergleicht sie miteinander.

**2** Hört die Hörbeispiele (B 10 bis 13) zu Posaune, Horn, Trompete und Tuba. Sprecht über eure Höreindrücke.

**3** Sucht einen Grund dafür, warum die Schallröhren gebogen und aufgewickelt sind.

**4** Lasst euch zeigen, wie man mit einem Blechblasinstrument einen Ton erzeugt. Erzeugt selbst Töne mit einem Mundstück oder selbst gebauten Instrumenten (→ Seite 61).

**5** Sammelt Informationen über Blechblasinstrumente (Name, Größe, Material, Tonerzeugung) und schreibt Steckbriefe dazu.

# Hornkonzert: Rondo

B 14

## MATTHIAS BERKEL

Solo-Hornist der Bremer Philharmoniker

Ich bin 1980 in Detmold geboren. Mit sechs Jahren bekam ich Klavierunterricht bei meinem Vater. Mit elf Jahren habe ich mit dem Hornunterricht begonnen, das Lieblingsinstrument meiner Mutter. Als Schüler übte ich anfangs täglich 20 bis 30 Minuten, während meines Studiums dann 3 bis 5 Stunden. Heute übe ich auch noch jeden Tag, sogar an meinen freien Tagen. Nach meinem Studium spielte ich in verschiedenen Orchestern in Deutschland und Finnland.
Als Solo-Hornist spiele ich bei den Hörnern die erste Stimme und organisiere das Zusammenspiel der Hornisten im Orchester.
Das Hornkonzert Nr. 2 von Mozart habe ich schon oft gespielt. Ich spiele es sehr gerne.

## THEMA

*Wolfgang Amadeus Mozart*

## KLANG-PARTITUR

## BEGLEITUNG MIT KÖRPERINSTRUMENTEN (THEMA)

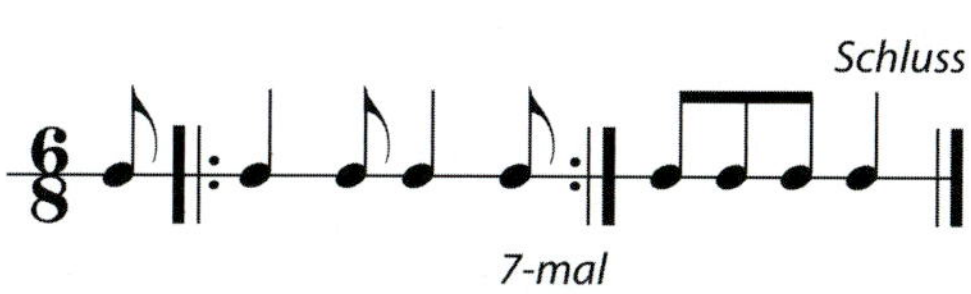


1. Hört den 3. Satz aus dem Hornkonzert Nr. 2 (B 14) von Wolfgang Amadeus Mozart. Sprecht über den Aufbau des Stücks, Wiederholungen, Unterschiede, die **Klangfarbe**, das Tempo und die Rolle von Orchester und Horn.
2. Verfolgt die Musik am Notenbild (= **Thema**) und an der Klang-**Partitur**. Schreibt den Aufbau des **Rondos** mit Buchstaben (A, A', B, C, D) auf. Findet heraus, mit welchen Buchstaben ihr das **Thema** und die **Couplets** bezeichnen müsst.
3. Begleitet das **Thema** mit Körperinstrumenten.
4. Erkundigt euch in eurer Umgebung nach Hornisten und führt mit ihnen ein Interview.

# Holzblasinstrumente

B 15 bis 19

Querflöte

Saxofon

Oboe

Fagott

## HOLZBLASINSTRUMENTE

Querflöte und Saxofon werden aus Metall gebaut, gehören aber dennoch zu den **Holzblasinstrumenten**.
Denn die Querflöte wurde früher aus Holz hergestellt, und das Saxofon hat ein für Holzblasinstrumente typisches Rohrblatt.
Oboe, Fagott und Klarinette sind aus Holz.
Bei allen Holzblasinstrumenten werden zur Veränderung der Tonhöhe **Grifflöcher** geschlossen oder geöffnet und **Töne überblasen**.

Klarinette

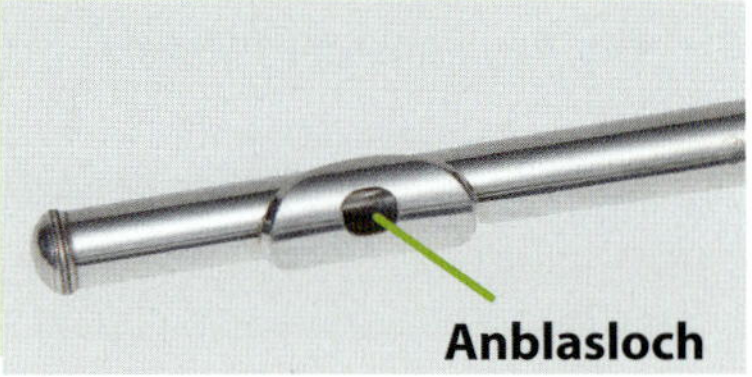


## QUERFLÖTE

Beim Anblasen wird ein schmaler Luftstrom gegen die Kante des **Anblaslochs** der Querflöte geleitet. Dadurch wird die Luft in der Schallröhre in Schwingung versetzt und es entsteht ein Ton.
Die Tonerzeugung ist ähnlich wie beim Blasen auf Flaschen.

## KLARINETTE UND SAXOFON

Klarinette und Saxofon haben ein einfaches **Rohrblatt**.
Das Mundstück besteht aus einem festen Teil, dem Schnabel. Darauf wird das Rohrblatt befestigt.
Das Rohrblatt wird beim Spielen mit den Zähnen und Lippen gegen den Schnabel gedrückt und durch den Luftstrom in Schwingung versetzt.

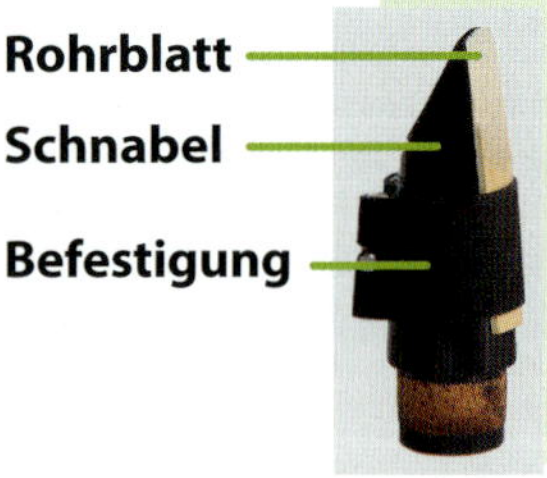


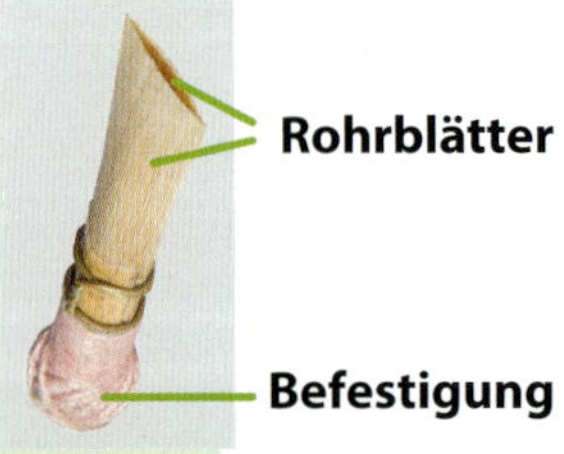


## OBOE UND FAGOTT

Bei der Oboe und beim Fagott werden die Töne mit einem **Doppelrohrblatt** erzeugt. Es besteht aus zwei aufeinandergebundenen Rohrblättern.
Beim Spielen wird das Doppelrohrblatt zwischen die Lippen genommen und mit dem Luftstrom zum Schwingen gebracht.

**1** Findet heraus, welche Informationen von Seite 58 auch für die Holzblasinstrumente gelten.

**2** Die Schallröhre des Fagotts ist 2,60 m lang. Aber das Instrument ist nur 1,35 m lang. Betrachtet das Fagott-Foto und findet eine Erklärung dafür.

**3** Probiert die Technik der Tonhöhenveränderung und das Überblasen eines Tones mithilfe der Blockflöte: Greift den Ton G. Blast einmal leicht und einmal kräftig in das Mundstück. Sprecht über eure Ergebnisse.

**4** Lernt den Klang der Holzblasinstrumente mithilfe der Hörbeispiele (B 15 bis 19) kennen.

# Blasinstrumente bauen

## KLEINE KAMMERMUSIK

| | | | | | |
|---|---|---|---|---|---|
| Alle ohne Flöte | Solo  | Alle ohne Fagott | Solo  | Alle ohne Klarinette | Solo  |
| Alle ohne Oboe | Solo  | Alle ohne Horn | Solo 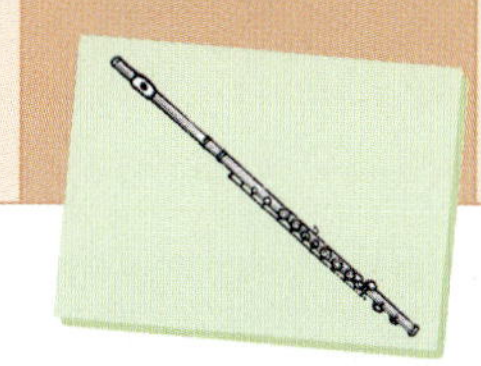 | Alle | Solo  |

**1** Denkt euch weitere Blasinstrumente aus und baut sie.

**2** Ordnet die selbst gebauten Instrumente den Blechblasinstrumenten (→ Seite 58) und Holzblasinstrumenten (→ Seite 60) zu. Achtet dabei auf Aussehen, Klang und Spielweise. Gebt euren Instrumenten Namen.

**3** Versuche mit den selbst gebauten Instrumenten tiefe und hohe Töne zu erzeugen. Höre dann mit einem Partner den 4. Satz aus dem **Quintett** „Kleine Kammermusik“ (B 20) von Paul Hindemith.
Welches Instrument spielt jeweils das Solo? Ordnet die selbst gebauten Instrumente den Soloteilen zu.
Spielt zum Schluss den Ablauf von „Kleine Kammermusik“ mit euren selbst gebauten Instrumenten.

# Meine kleine Eisenbahn

B 21, 22

Melodie: Eckart Vogel

**1** Zeigt beim Hören des Stücks „Die kleine Eisenbahn von Caipira“ (B 21) von Heitor Villa Lobos an, wann es schneller (**accelerando**), langsamer (**ritardando**), lauter (**crescendo**) und leiser (**decrescendo**) wird.

**2** Sprecht über die Wirkung dieser **Vortragsbezeichnungen** und macht sie mit Instrumenten und mit der Stimme nach.

**3** Schreibt zur Musik eine Geschichte aus der Sicht eines Reisenden (Start – Zwischenstopp – Beobachtungen während der Fahrt – Ankunft).

**4** Übt das Stück „Meine kleine Eisenbahn“ (B 22) von Eckart Vogel ein. Schreibt den vorgegebenen oder einen eigenen Ablauf mit passenden **Vortragsbezeichnungen** auf.

**5** Erfindet für den **Tutti**-Teil eine Begleitung mit Bassklangstäben mit den Tönen C, D und G.

# Echolied

B 23

*Text und Melodie: Wolfgang Spode*

**1** Singt das Lied (B 23) in zwei Gruppen und beachtet dabei die **dynamischen Zeichen**.

**2** Macht Echospiele mit der Stimme, mit Körperinstrumenten und mit Instrumenten und verwendet diese für ein Vor- und Nachspiel zum Lied. Oder spielt die Melodie auf Stabspielinstrumenten und achtet dabei wieder auf die **dynamischen Zeichen**.

**3** Denkt euch ein Echospiel aus: Stellt pantomimisch sprechen, flüstern, schreien, rufen und das jeweilige Echo dazu dar.

# La Réjouissance

B 24

## FEUERWERKSMUSIK

Die „Feuerwerksmusik“ zählt zu Georg Friedrich Händels bekanntesten Orchesterwerken.
Der englische König plante im Jahre 1748 aus Freude über das Ende eines langen Krieges ein Fest mit einem großen Feuerwerk. Händel sollte die Musik dazu komponieren.
Als die „Feuerwerksmusik“ in London uraufgeführt wurde, spielten insgesamt 100 Bläser und Streicher.
An das Fest erinnern bis heute die Namen der Stücke aus der „Feuerwerksmusik“, wie „La Paix“ (Der Friede) und „La Réjouissance“ (Die Freude).

## INSTRUMENTENFAMILIEN

**Streichinstrumente (S)**

**Blasinstrumente (B)**

## MOTIV A

## MOTIV B

*Georg Friedrich Händel*

## ABLAUF

| | A | A | B | B | A | A | B | B | A | A | B | B |
|---|---|---|---|---|---|---|---|---|---|---|---|---|
| **S** | | | | | **?** | | | | | | | |
| **B** | | | | | **?** | | | | | | | |

**1** Lest den Text über die Feuerwerksmusik und sprecht darüber.

**2** Male den Ablaufplan ab. Höre dann mit einem Partner „La Réjouissance“ (B 24) von Georg Friedrich Händel. Sprecht über eure Höreindrücke (Wirkung, Instrumente, Wiederholungen…) und füllt den Ablaufplan aus. Bildet zum Schluss zwei Gruppen: Streicher und Bläser. Macht beim Hören der Musik die Spielweise der Instrumente nach. Wählt einen Dirigenten, der euch die Einsätze gibt.

# Norwegischer Tanz

## EDVARD GRIEG

Edvard Grieg wurde 1843 als viertes von fünf Kindern in Norwegen geboren. Von seiner Mutter, die Klavierlehrerin war, erhielt er mit sechs Jahren den ersten Klavierunterricht.
Mit neun Jahren begann er zu komponieren.
Edvard hatte keine glückliche Schulzeit, denn er fühlte sich oft unverstanden.
Mit fünfzehn Jahren ging er nach Leipzig und studierte dort Musik.
Erst mit neunzehn Jahren kam er zurück in seine Heimat. In den folgenden Jahren machte er viele Konzertreisen durch ganz Europa.
1907 starb er in seiner Heimatstadt Bergen.

### TEIL A

**Oboe**

### TEIL B

**Oboe**

*Edvard Grieg*

**1** Geht zu dem Stück „Norwegischer Tanz Nr. 2“ (B 25) von Edvard Grieg frei durch den Raum. Bewegt euch dabei passend zur Musik (langsam – schnell, laut – leise, **legato** – **staccato**).

**2** Verfolgt beim Hören der Musik die Melodie der Oboe mithilfe der Noten.

**3** Informiert euch auf den Seiten 188/189 oder im Internet über die Bedeutung der **Vortragsbezeichnungen**, die ihr hier seht.

# Fang mit mir den Regenbogen

B 26

*Text: Dorothe Schröder   Melodie: Reinhard Horn*

## BEGLEITUNG TEIL B

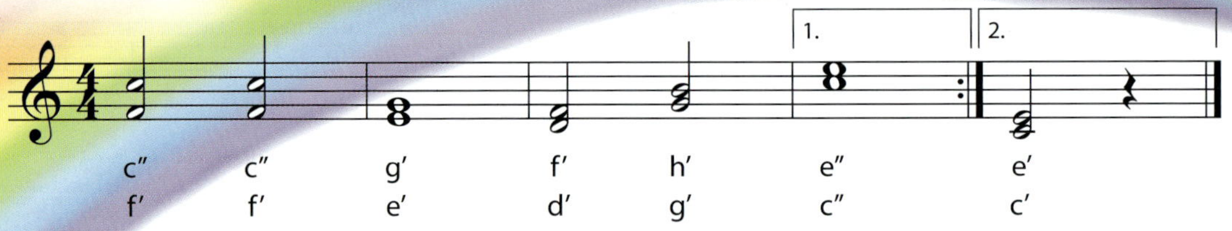


**Takt 1 (Zählzeit 1 und 3)**

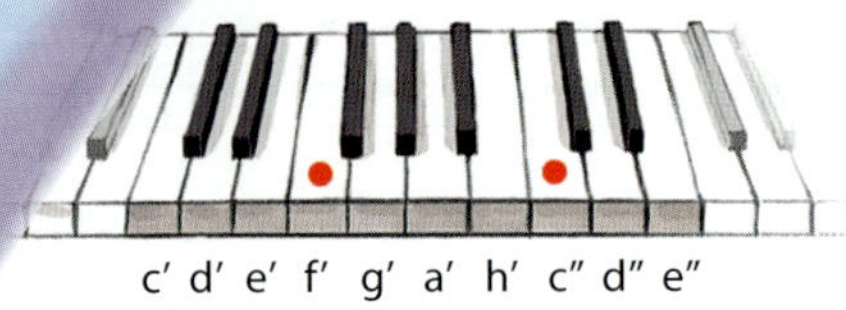


**Takt 2**

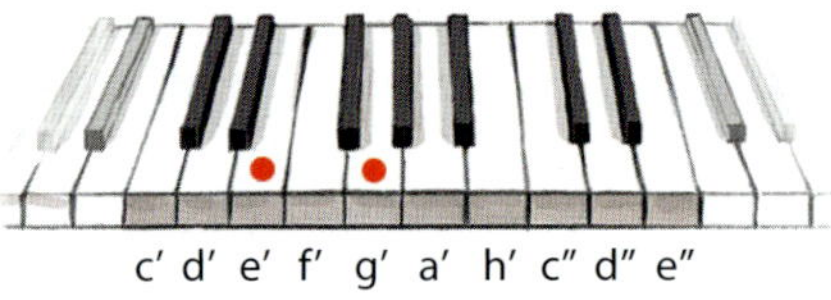


**Takt 3 (Zz 1)**

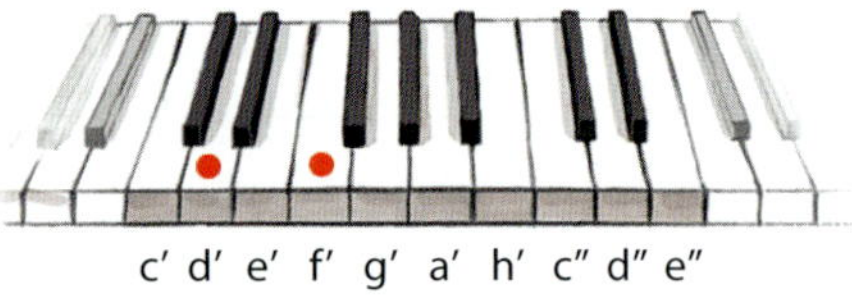


**Takt 3 (Zz 3)**

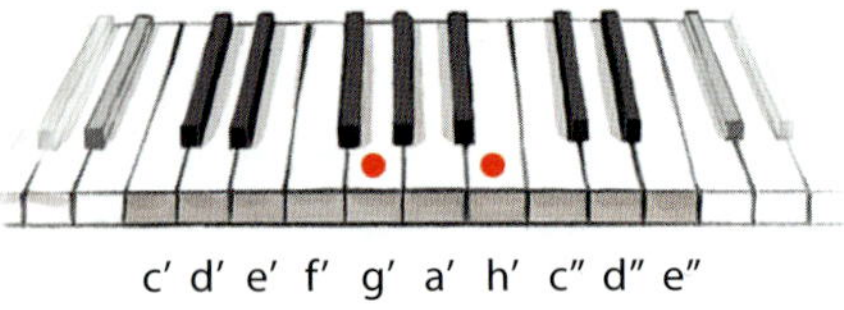


**Takt 4 (1. Durchlauf)**

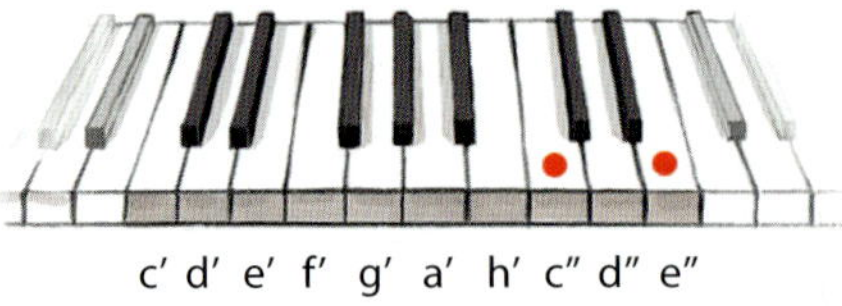


**Takt 4 Zz 1 (2. Durchlauf)**

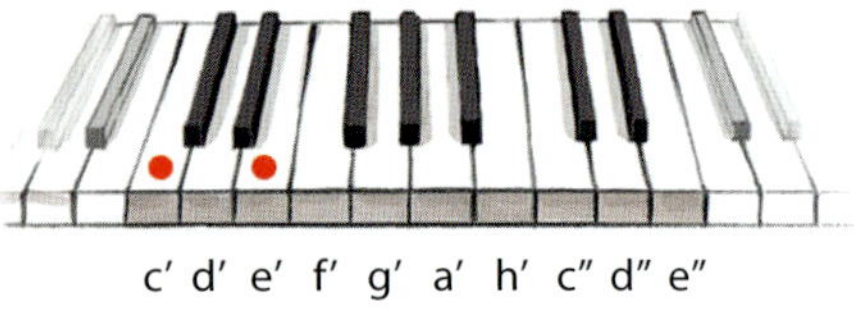


1. Sprecht über den Textinhalt und die Gefühle, die ihr beim Singen des Lieds (B 26) empfindet.
2. Zeigt beim Singen den Melodieverlauf mit der Hand an.
3. Singt das Lied und begleitet den Teil B mit Keyboards.
4. Teilt euch die Keyboard-Stimmen auf oder spielt in unterschiedlichen **Oktaven**.
5. Erfindet ein Vorspiel: Spielt auf zwei Keyboards einen **Bordun** mit den Tönen C, E und G und mit anderen Instrumenten Melodien mit denselben Tönen.

# App-Rap

B 27, 28

## TEXT-BAUSTEINE ZUM THEMA MUSIKUNTERRICHT

… Glockenspiele haben wir viele … … Musik entdecken, Begabungen wecken …

1. Hört den „App-Rap" (B 27).
2. Erfindet einen eigenen Text zum Grundbeat (B 28). Wählt euch ein Thema und schreibt den Text, während ihr die Musik hört. Verwendet auch die angebotenen Text-Bausteine.
3. Sprecht eure eigenen Texte in unterschiedlichen Ausdrucksformen (wütend, gelangweilt, spöttisch …).
4. Tauscht euch über den Umgang mit Smartphones aus. Besprecht, welche Musik-Apps ihr kennt und nutzt.

# Die Schildkröten tanzen Cancan

B 29, 30

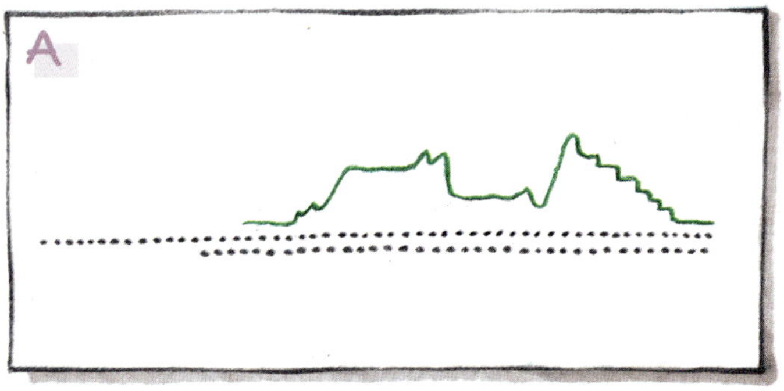


## CANCAN

Jacques Offenbach (1819 – 1880) komponierte 1858 die Operette „Orpheus in der Unterwelt". In dieser Operette ist auch ein Cancan zu hören.
Der Cancan ist ein schneller Tanz, der als Gesellschaftstanz um 1830 in Frankreich sehr beliebt war. Bei vielen Tanzwettbewerben und Schautänzen wird der Tanz wegen seiner Lebendigkeit und Fröhlichkeit immer wieder gerne getanzt.

## DIE SCHILDKRÖTEN

Camille Saint-Saëns (1835 – 1921) komponierte 1886 den „Karneval der Tiere". Er wollte damit die Musikwelt seiner Zeit verspotten.
In dem Stück „Die Schildkröten" macht er sich über Offenbachs „Cancan" lustig, indem die Streichinstrumente den eigentlich schnellen Cancan langsam, fast einschläfernd und schleppend spielen. Statt der fröhlichen Tänzerinnen tanzen hier behäbige und müde Schildkröten.

## ABLAUF CANCAN

| Formteile | Einleitung | A | B | C | A' | Schluss |
|---|---|---|---|---|---|---|
| $\frac{2}{4}$-Takte | 16 | 16 | 16 | 16 | 16 | 9 |

## WORTKARTEN

ernst

fröhlich

traurig

?

ausgelassen

?

1. Hört den „Cancan" (B 29) von Jacques Offenbach und „Die Schildkröten" (B 30) von Camille Saint-Saëns. Bewegt euch passend zur Musik. Filmt euch dabei und sprecht über die Ergebnisse.
2. Stellt die Unterschiede in euren Bewegungen fest. Sucht in der Musik (Tempo, Lautstärke, **Klangfarbe**) Gründe für diese Unterschiede.
3. Welche Gefühle lösen die Musikstücke in euch aus? Haltet eure Ergebnisse auf Wortkarten fest.
4. Findet mithilfe des Ablaufplans heraus, welche Melodie Saint-Saëns für „Die Schildkröten" übernommen hat.
5. Ordnet die grafischen Notationen A und B dem „Cancan" und den „Schildkröten" zu.

# Der Hilferuf des Tamino

B 31

## WOLFGANG AMADEUS MOZART

Der Komponist Wolfgang Amadeus Mozart wurde 1756 in Salzburg geboren.
Bereits im Alter von vier Jahren erhielt er vom Vater Unterricht in den Fächern Klavier, Violine und Komposition.
Ein Jahr später komponierte Mozart sein erstes Werk. Mit fünf Jahren gab er sein erstes Konzert.
„Die Zauberflöte" ist Mozarts letzte Oper. Er beendete sie kurz vor seinem Tod im Jahre 1791.
„Die Zauberflöte" zählt weltweit zu den bekanntesten Opern.
Die Arie „Zu Hilfe" wird gleich zu Beginn der Oper vom Prinzen Tamino vorgetragen.

*Text: E. Schikaneder*
*Melodie: W. A. Mozart*

**1** Höre Taminos **Arie** „Zu Hilfe" aus Wolfgang Amadeus Mozarts Oper „Die Zauberflöte" (B 31). Verfolge während des Hörens den Text. Höre dann mit einem Partner die **Arie** erneut und verfolgt während des Hörens die Noten. Sprecht zum Schluss über die Gefühlslage, in der sich Tamino befindet. Durch welche Mittel (Text, Tempo, Wiederholungen, auf- und abwärtsführende Melodie) erreicht Mozart diesen Gefühlsausdruck?

**2** Malt ein Bild, das Taminos Stimmung deutlich macht.

**3** Spielt die Szene mit verteilten Rollen (Tamino, Schlange, drei Damen) und passenden **Requisiten** nach.

# Der Schneemann

Es war ein kalter Wintertag. Draußen schneite und schneite es. Gärten, Felder und die fernen Hügel waren von Schnee bedeckt.

Da baute ein Junge einen Schneemann. Es wurde ein großer, stattlicher Bursche. Mit Augen aus Kohle und einer Rübennase. Der Junge band ihm ein grünes Halstuch um und setzte ihm einen alten Hut auf.

Als der Mann aus Schnee fertig war, trat der Junge einige Schritte zurück und musterte ihn. Beide konnten zufrieden sein.
Der Junge ging wieder in das Haus. Der Schneemann blieb einsam draußen zurück.

Der Junge schlüpfte ins Bett und schlief ein. Doch um Mitternacht wurde er wach.

Er schlich die Treppe hinunter. Vor dem Haus stand der Schneemann.

Und plötzlich kam der Mann aus Schnee auf ihn zu. „Willst du nicht reinkommen?“, fragte der Junge. „Aber gern!“, rief der Schneemann und folgte dem Jungen.

„Komm ins Spielzimmer!“, sagte der Junge. Dort stand eine Spieluhr. Diese zogen sie auf – und dann tanzten sie zur Musik.

Sie tanzten, bis ihnen der Atem wegblieb. Dann fielen sie auf den Teppich und ruhten sich aus.

„Mir fällt noch was ein!“, meinte da der Junge nach einer Weile.

Draußen stand nämlich Vaters Motorrad mit einer dunklen Plane bedeckt. Sie gingen die Treppe hinunter und schlüpften ins Freie.

Der Junge griff nach der Plane und zog sie weg. Er schaltete die Zündung ein, machte das Licht an und startete den Motor.

Der Schneemann schwang sich in den Sattel, der Junge nahm hinter ihm Platz – und nun brausten sie miteinander los.

Das Motorrad war ihnen aber nicht schnell genug. Sie stellten es wieder an seinen Platz.

Da begannen sie Hand in Hand loszurennen. Schneller und immer schneller liefen sie. Über Hügel und Berge hinweg – bis sie merkten, dass sie nicht mehr liefen, sondern flogen.

Sie flogen durch die Nacht und schwebten auf des Mondes Schein hoch über Land und Meer, über Dorf und Stadt, Hügel und See, Wälder und Strom, über Berg und Tal.

Sie landeten schließlich hoch oben im Norden.

Irgendwo in der Ferne hörten sie plötzlich Musik und irgendwo brannten Lichter. Sie folgten ihnen und kamen zu einer Lichtung im Föhrenwald.

Lauter Schneemänner hatten sich da versammelt.

Und mitten unter den vielen Schneemännern saß der Weihnachtsmann. „Ihr kommt gerade im richtigen Augenblick“, sagte er. „Gleich beginnt hier der Tanz der Schneemänner.“

Als der Tanz zu Ende war, schenkte der Weihnachtsmann dem Jungen einen blauen Wollschal.

Dann wurde es Zeit, wieder nach Hause zu fliegen.

Der Junge fiel müde in sein Bett und schlief ein.

Am nächsten Morgen rannte er hinaus in den Garten. Und was sah er da? Der Schneemann war zusammengeschmolzen.

Sollte alles nur ein Traum gewesen sein?

Aber dann merkte der Junge plötzlich, dass er den blauen Wollschal, den der Weihnachtsmann ihm geschenkt hatte, um den Hals trug.

*Text: Otfried Preußler*

1. Lest die Geschichte „Der Schneemann“ und besprecht die einzelnen **Szenen**. Beschreibt, wie sich die Gefühle des Jungen im Laufe der Geschichte verändern.
2. Findet zu den Bildern passende Überschriften und schreibt sie auf.
3. Probiert verschiedene Klangmöglichkeiten mit unterschiedlichen Instrumenten aus. Erfindet eine eigene, zu den Bildern passende Schneemannmusik und schreibt sie als grafische Notation auf.
4. Hört fünf Ausschnitte (B 32 bis 36) aus dem Werk „Der Schneemann“ von Howard Blake. Sprecht über eure Höreindrücke (Instrumente, Melodien, Lautstärke, **Klangfarbe**). Ordnet die Musikausschnitte den **Szenen** in der Geschichte zu.

# Der Schneemann

B 37, 38

## WE'RE WALKING IN THE AIR

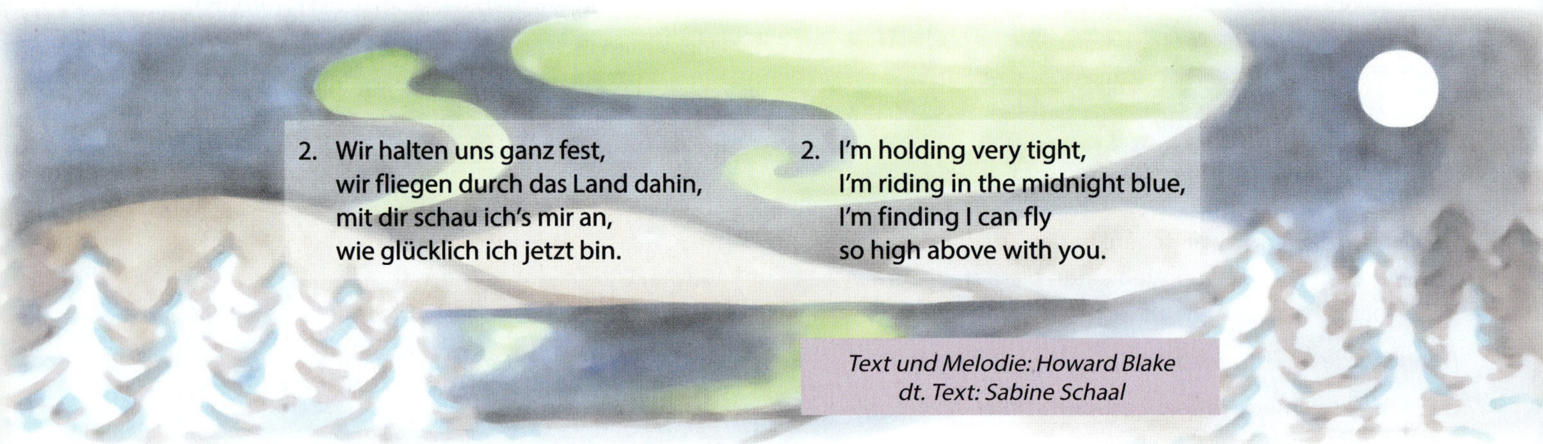

2. Wir halten uns ganz fest,
wir fliegen durch das Land dahin,
mit dir schau ich's mir an,
wie glücklich ich jetzt bin.

2. I'm holding very tight,
I'm riding in the midnight blue,
I'm finding I can fly
so high above with you.

*Text und Melodie: Howard Blake*
*dt. Text: Sabine Schaal*

## BEGLEITUNG

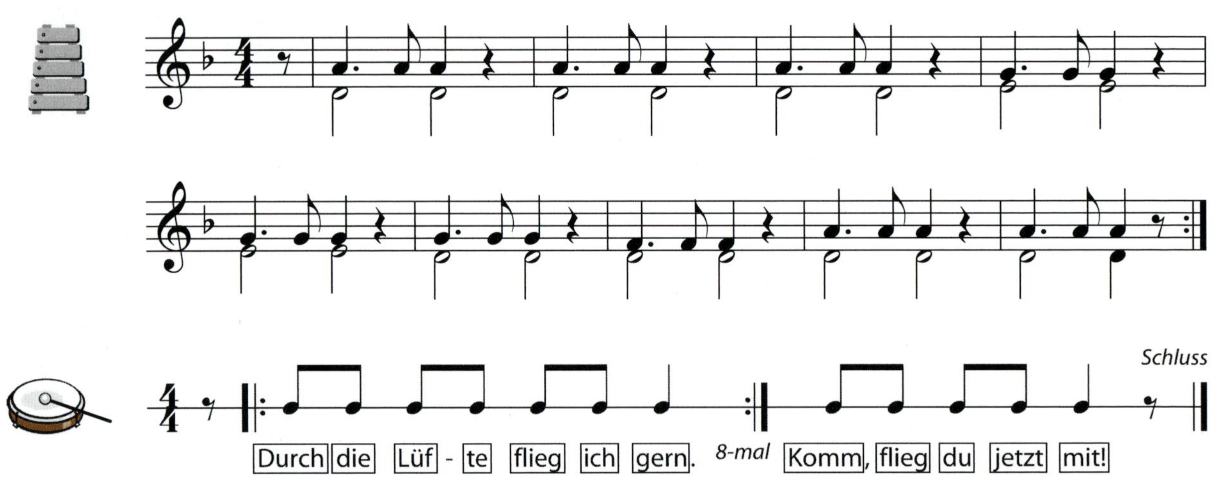


**5** Singt das Lied in der deutschen und in der englischen Fassung (B 37 und 38).

**6** Probiert mit der Stimme, mit Körperinstrumenten oder Rhythmusinstrumenten unterschiedliche „Luftklänge" aus (flüstern, Handflächen aneinander reiben, mit den Fingern über eine Trommel wischen …).

**7** Erfindet eine eigene einstimmige Begleitung und spielt sie zum Lied.

# TANZ DER SCHNEEMÄNNER

## ABLAUF

| A 1 | B | A 2 | **C** | A 1 | B | A 3 |
|---|---|---|---|---|---|---|
| 4 x 8 | 4 x 8 | 2 x 8 | **8 x 8** | 4 x 8 | 4 x 8 | 3 x 8 |

## TEIL C: DIE KETTE

### ÜBUNG 1 (ZÄHLZEIT 8 x 8)

**Innenkreis geht in Tanzrichtung und zeigt abwechselnd mit rechter und linker Hand auf Außenkreis. Beim 6. Kind 4-mal klatschen. Danach macht Außenkreis dasselbe gegen die Tanzrichtung.**

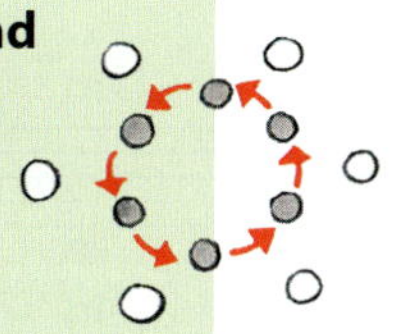

### ÜBUNG 2 (Zz 8 x 8)

**Innen- und Außenkreis gehen gleichzeitig und greifen dabei abwechselnd mit rechts und links die Hände. Beim 6. Kind klatschen alle 4-mal.**

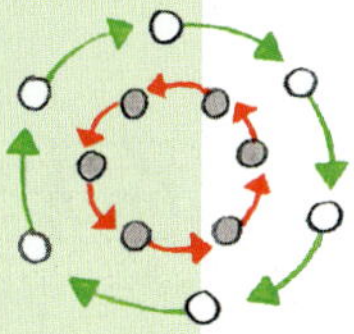

### ÜBUNG 3 (Zz 8 x 8)

**Innenkreis geht in Tanzrichtung im Slalom und greift dabei abwechselnd mit rechts und links die Hände des Außenkreises. Beim 6. Kind 4-mal klatschen. Danach macht Außenkreis dasselbe gegen die Tanzrichtung.**

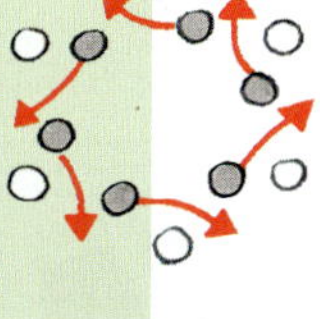

### TEIL C: DIE KETTE (Zz 8 x 8)

**Innen- und Außenkreis gehen gleichzeitig im Slalom und greifen dabei abwechselnd mit rechts und links die Hände. Beim 6. Kind klatschen alle 4-mal.**

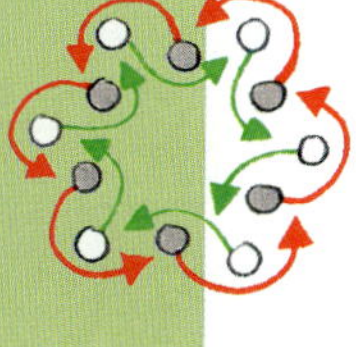

**8** Macht Übung 1 bis 3 und tanzt dann die Kette zu Teil C vom „Tanz der Schneemänner" von Howard Blake (B 39).

**9** Denkt euch andere Möglichkeiten für das Klatschen aus, z.B. Drehung um die eigene Achse, Handrunde oder Dosado (→ Seite 52).

**10** Erfindet Schrittfolgen zu den Teilen A und B. Fügt Teil C in eure **Choreografie** zum gesamten Tanz (B 40) mit ein.

**11** Begleitet euren Tanz mit Körperinstrumenten und schreibt die Begleitung auf.

# Die Geschichte von den vier Kerzen

B 41

## VIELE KERZEN LEUCHTEN

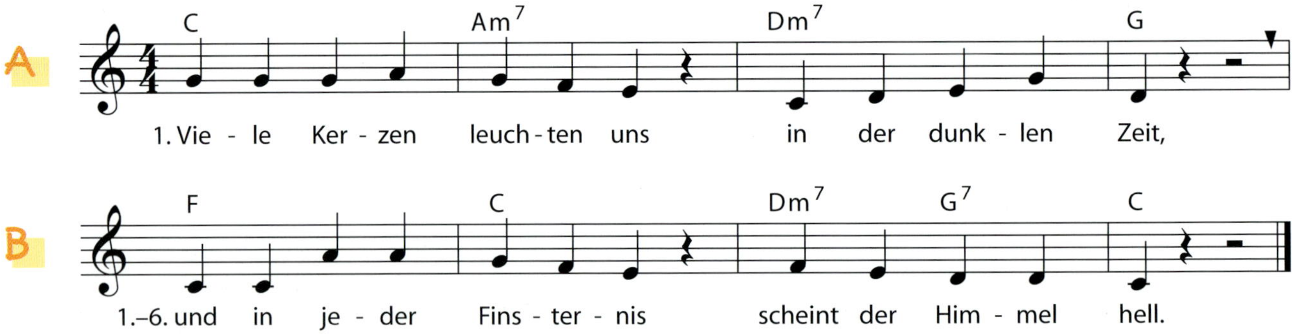


2. Viele Kerzen leuchten uns
auf dem weiten Weg,
und …

3. Viele Kerzen leuchten uns
auf der ganzen Welt,
und …

4. Viele Kerzen leuchten uns,
seht das warme Licht,
und …

5. Viele Kerzen leuchten uns
bis in unser Herz,
und …

6. Viele Kerzen leuchten uns,
keiner bleibt allein,
und …

*Text: Hans-Jürgen Netz*
*Melodie: Reinhard Horn*

## BEGLEITUNG ZU TEIL A UND B

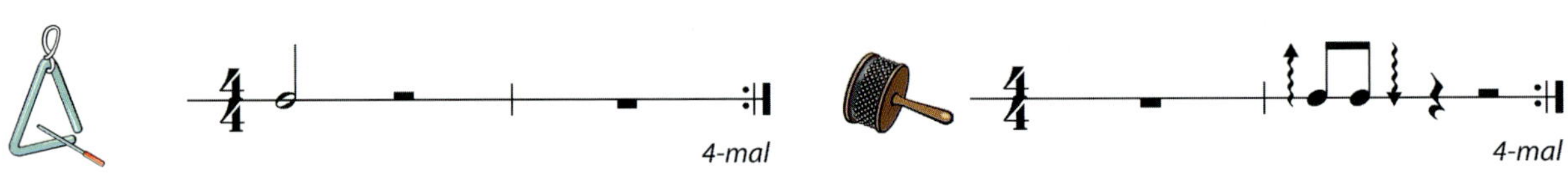


## BEGLEITUNG ZU TEIL B

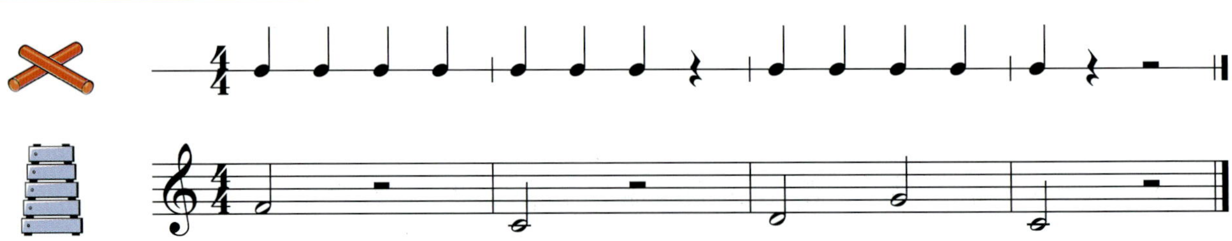

ERZÄHLER

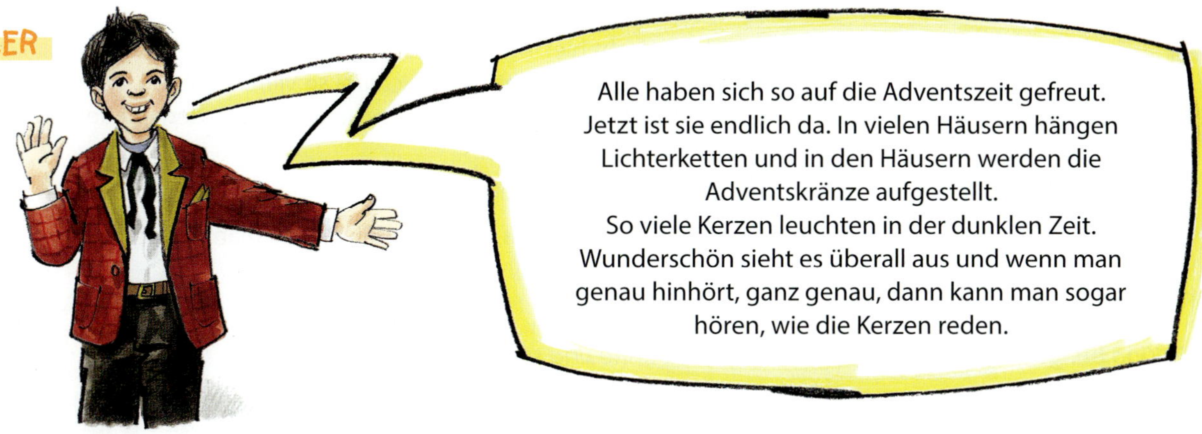


*Das 1. Kind bringt eine „brennende" Kerze auf die Bühne und stellt diese ab.*

## KLEINE KERZE, KOMM UND LEUCHTE

*Text: Hans-Jürgen Netz Melodie: Reinhard Horn*

## BEGLEITUNG ZU TEIL A UND B

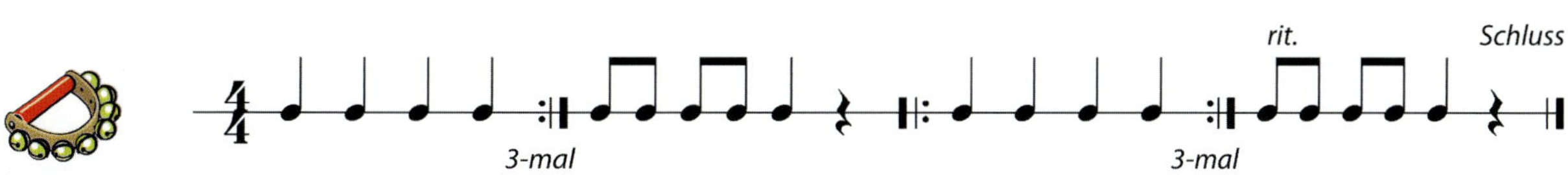


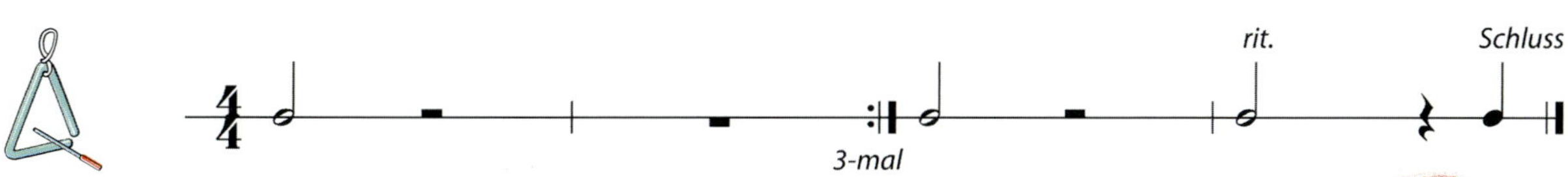


## BEGLEITUNG ZU TEIL B

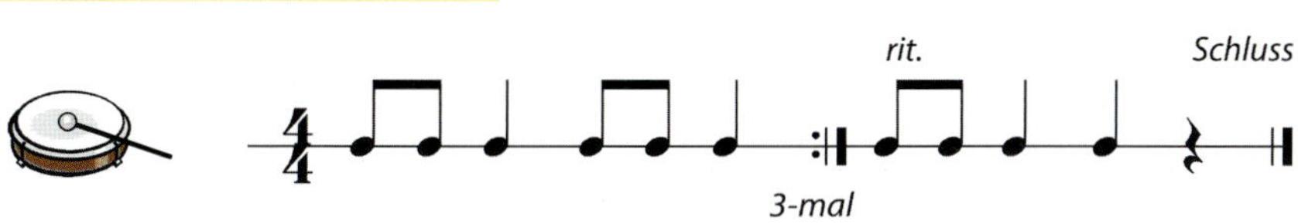

# Die Geschichte von den vier Kerzen

**1. KERZE** Ach, die anderen Kerzen sind noch gar nicht hier. Mein Name ist FRIEDEN.
Ich leuchte für den Frieden auf der Welt. Das ist nicht so einfach bei so vielen Kriegen. Die Menschen machen es mir ganz schön schwer. Manchmal denke ich, die Menschen wollen den Frieden nicht.

*Ein Mann kommt auf die Bühne, sieht die Kerze.*

**MANN** Da hat doch wieder jemand vergessen die Kerze auszupusten. Alles muss man selber machen.

*Er pustet die Kerze aus.*

*Das 2. Kind bringt die 2. „brennende" Kerze auf die Bühne und stellt sie neben die 1. Kerze.*

**LIED: KLEINE KERZE, KOMM UND LEUCHTE**

**2. KIND** Die andere Kerze muss doch auch noch brennen.

*Es zündet die 1. Kerze an und geht ab.*

**2. KERZE** Mein Name ist FREUDE. Freude ist heutzutage ganz selten geworden.
So vieles ist für viele einfach selbstverständlich.
Die Menschen haben das Freuen verlernt.
Mensch, es zieht. Ist da etwa irgendwo ein Fenster auf?
Gleich geht mir das Licht aus.

*Die 1. und die 2. Kerze erlöschen.*

*Das 3. Kind kommt mit der 3. „brennenden" Kerze auf die Bühne und stellt sie neben die beiden anderen.*

**LIED: KLEINE KERZE, KOMM UND LEUCHTE**

**3. KIND** Komisch, dass die beiden anderen Kerzen nicht brennen, die zünde ich noch schnell an.

*Das Kind zündet die Kerzen an und geht ab.*

**3. KERZE** Mein Name ist LIEBE. Ja, ganz altmodisch. Ich finde aber, ein schöner alter Name.
Doch die Zeit der Liebe ist wohl vorbei. Jeder denkt nur noch an sich.
Niemand interessiert sich für das Glück des anderen. Da ist kein Platz mehr für die Liebe.

*Eine Frau kommt auf die Bühne mit einem Handy am Ohr.*

**FRAU** Ich will aber! Für mich auf jeden Fall! Das interessiert mich überhaupt nicht! Die ist mir doch egal!
Ich brauche keine Freundin! Liebe, dass ich nicht lache …

*Die Frau lacht ganz laut und pustet durch das Lachen die Kerzen aus.*

*Das 4. Kind kommt mit der 4. „brennenden" Kerze auf die Bühne und stellt sie zu den anderen.*

**LIED: KLEINE KERZE, KOMM UND LEUCHTE**

**4. KIND** Das ist aber komisch hier. Warum brennen denn die anderen Kerzen nicht? Das würde ich zu gerne wissen.

**1. KERZE** Ich heiße FRIEDEN, aber es gibt so viel Krieg.
Die Menschen wollen mich nicht, sie pusten mich immer wieder aus.

**2. KERZE** Ich heiße FREUDE, aber die Menschen freuen sich nicht mehr. Ich glaube, ich passe nicht mehr in die Zeit.

**3. KERZE** Ich heiße LIEBE. Aber die Menschen denken nur noch an sich selbst und lachen mich aus.

**4. KIND** Das ist aber ganz schön traurig. Ihr müsst doch brennen, ihr müsst doch leuchten. Ohne euch ist es dunkel und kalt in dieser Welt.

*Das Kind setzt sich traurig auf den Boden und stützt das Kinn in die Hände.*

**4. KERZE** Du brauchst nicht so traurig sein. Mein Name ist HOFFNUNG und solange ich brenne, können wir die anderen Kerzen immer wieder anzünden, wenn es sein muss jeden Tag.

**4. KIND** Hoffnung, das ist ein schöner Name, und es ist gut, dass es dich gibt. Dann hole ich schnell meine Freunde und gemeinsam zünden wir dann die anderen Kerzen an.

*Das 4. Kind holt die anderen drei Kinder vom Bühnenrand. Sie zünden die Kerzen an.*

## LIED: KLEINE KERZE, KOMM UND LEUCHTE

**1. KIND** Der Frieden leuchtet.

**2. KIND** Die Freude leuchtet.

**3. KIND** Die Liebe leuchtet.

**4. KIND** Die Hoffnung leuchtet.

**ALLE KINDER GEMEINSAM** WIR WÜNSCHEN EUCH EINE SCHÖNE ADVENTSZEIT.

*Text: Reinhard Horn / Hans-Jürgen Netz*

## JEDE KERZE BRINGT

2. Jede Kerze bringt ein Licht und Hoffnung in die Welt, weil …
3. Jede Kerze bringt ein Licht und Frieden in die Welt, weil …
4. Jede Kerze bringt ein Licht und Freude in die Welt, weil …
5. Jede Kerze bringt ein Licht und Liebe in die Welt, weil …

*Text: Hans-Jürgen Netz*
*Melodie: Reinhard Horn*

1. Lest die Geschichte und singt die Lieder (B 41 bis 43). Schreibt auf, welche Rollen besetzt werden müssen und welche **Requisiten** und Instrumente gebraucht werden.
2. Bastelt Kerzen aus Tonpapier.
3. Macht einen Probenplan und übt die Geschichte ein. Erweitert die Handlung durch eigene Ideen, fügt Adventslieder hinzu, spielt die Liedmelodien auch auf Instrumenten oder fügt in die Lieder kurze Zwischenspiele ein.
4. Führt das Mini-Musical an eurer Schule oder an anderen Orten auf.

# Weihnachtszeit-Kantate

B 44

## LEUCHTE HELL, MEIN LICHT

STROPHE

REFRAIN

2. In einer Nacht im kalten Winter
half Sankt Martin in der Not,
teilte gerne seinen Mantel,
teilte auch sein Brot.

3. Wenn wir wie Sankt Martin helfen,
wenn wir teilen unser Brot,
wenn wir geben, wenn wir schenken,
gibt es keine Not.

4. Heute leuchten die Laternen
in den Straßen wieder,
und von nah und fern erklingen
die Laternenlieder.

*Text und Melodie: Roland Leibold*

## VOR-, ZWISCHEN-, NACHSPIEL UND BEGLEITUNG (REFRAIN)

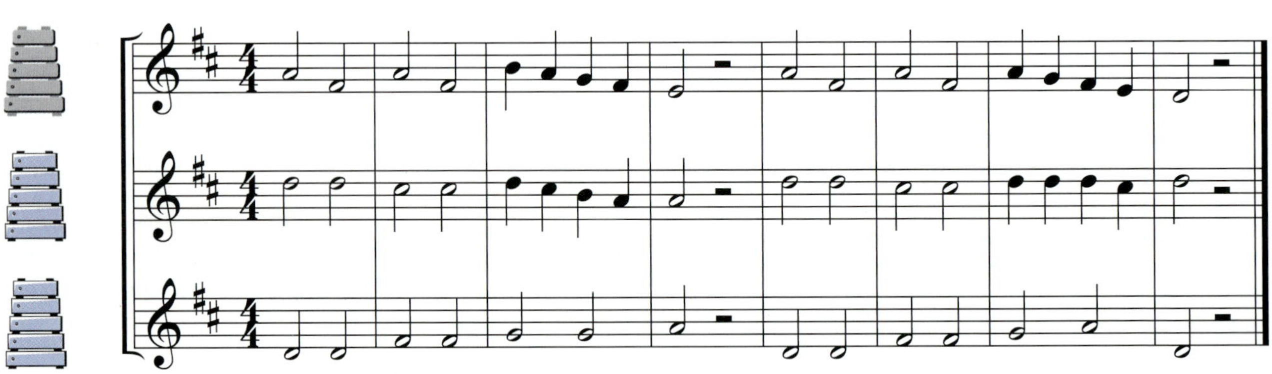

## WEIHNACHTEN

Markt und Straßen stehn verlassen,
still erleuchtet jedes Haus,
sinnend geh' ich durch die Gassen,
alles sieht so festlich aus.

An den Fenstern haben Frauen
buntes Spielzeug fromm geschmückt,
tausend Kindlein stehn und schauen,
sind so wundervoll beglückt.

Und ich wandre aus den Mauern
bis hinaus ins freie Feld,
hehres Glänzen, heil'ges Schauern!
Wie so weit und still die Welt!

Sterne hoch die Kreise schlingen,
aus des Schnees Einsamkeit
steigt's wie wunderbares Singen –
O du gnadenreiche Zeit!

*Joseph von Eichendorff*

## WAS SOLL DAS BEDEUTEN

2. Treibt zusammen, treibt zusammen,
die Schäflein fürbass*.
Treibt zusammen, treibt zusammen,
dort zeig ich euch was.
Dort in dem Stall, dort in dem Stall,
werdet Wunderding sehen, treibt zusammen einmal.
3. Ich hab nur ein wenig von weitem geguckt,
da hat mir mein Herz schon vor Freuden gehupft:
Ein schönes Kind, ein schönes Kind,
liegt dort in der Krippe bei Esel und Rind.

* fürbass = weiter, vorwärts

*Text und Melodie: aus Schlesien*

1. Stellt die beiden Lieder (B 44 und 45), die Instrumentalbegleitung und das Gedicht zu einer kleinen **Kantate** zusammen.
2. Bezieht auch andere Weihnachtslieder und Weihnachtsgedichte mit ein.
3. Singt oder spielt auf Melodieinstrumenten die zweite Stimme im Refrain von „Leuchte hell, mein Licht".
4. Führt eure Weihnachts-**Kantate** auf.

# Stern über Bethlehem

B 46

2. Stern über Bethlehem, bleibe nicht stehn.
Du sollst den steilen Pfad vor uns her gehn!
Führ uns zum Stall und zu Esel und Rind,
Stern über Bethlehem, führ uns zum Kind!

3. Stern über Bethlehem, nun bleibst du stehn.
Und lässt uns alle das Wunder hier sehn,
das da geschehen, was niemand gedacht,
Stern über Bethlehem in dieser Nacht.

4. Stern über Bethlehem, wir sind am Ziel,
denn dieser arme Stall birgt doch so viel!
Du hast uns hergeführt, wir danken dir.
Stern über Bethlehem, wir bleiben hier.

*Text und Melodie: Alfred Hans Zoller*

## BEGLEITUNG

## STERNENTANZ

**A**

**4 Schritte vorwärts, dabei Arme heben.**
**4 Schritte rückwärts, dabei Arme senken.**
**Schritte wiederholen.**

**B**

| | | | |
|---|---|---|---|
| **Fuß rechts seit. Arme nach rechts strecken.** | **Fuß links ran. Arme nach oben strecken.** | **Fuß rechts seit. Arme nach rechts strecken.** | **Fuß links ran Tipp. Arme nach oben strecken.** |

**Schritte gegengleich wiederholen.**
**Beim letzten Tipp die Arme senken.**

**C**

**Mit 8 Schritten eine ganze Drehung nach rechts.**

1. Bastelt Sternenhandschuhe aus Neon-Tonkarton. Stellt euch versetzt zueinander in Formation (→ Seite 187) auf und tanzt den „Sternentanz“ zum Lied (B 46). Probiert in einer Reihe aus, wie die Sterne aussehen, wenn ihr im Teil C nur eine halbe Drehung macht.
2. Tanzt den „Sternentanz“ im Schwarzlicht.
3. Besucht eine Tanzaufführung und achtet auf das Bühnenbild, die Kleidung und Bewegungen der Tänzer.

# Was macht der Weihnachtsmann im Sommer?

B 47 bis 49

**A** Was … lacht? Sein Bart ist futsch, den hat er abgeschnitten,
jetzt sieht er lustig aus, wer hätte das gedacht?

**B** Vielleicht geht er zur Polizei und schreibt die Leute auf.
Er schreibt und schreibt und schreibt und schreibt
und er hört nie auf.
Vielleicht geht er zur Feuerwehr und auf die Leiter rauf.
Er steigt und steigt und steigt und steigt
und dann dreht er auf.

**A** Was … lacht? Sieh' an, da kommt er, jetzt ist er Bademeister,
mit seinem Sonnenhut geht er auf und ab.

**B** Was … lacht? Sein Bart ist futsch, den hat er abgeschnitten,
doch bis zur Weihnachtszeit ist er wieder dran.

*Text und Melodie: K. Parchow / E. Ruschmeier*

**1** Singt das Lied (B 47) in verteilten Rollen (Frage – Antwort) und sprecht über den Text.

**2** Hört das Lied (B 47) und achtet auf das Vorspiel. Vergleicht es mit „Ah! Vous dirai-je, Maman" (B 48) von Wolfgang Amadeus Mozart und „Morgen kommt der Weihnachtsmann" (B 49).

# Adoración al Niño Jesús

B 50

*Text und Melodie: aus Bolivien*

**Übersetzung des Textes:**

Anbetung des Jesuskindes

1. Hier kommt Jesus Christus
   mit seiner klaren Stimme.
   Er erleuchtet die ganze Welt
   mit seinem himmlischen Strahl.
   Halleluja, halleluja, am Tag Marias.
2. Vom Baum entsprang der Zweig,
   vom Zweig entsprang die Blume.
   Aus der Blume entsprang Maria,
   aus Maria der Erlöser.
   Halleluja …

## BEGLEITUNG

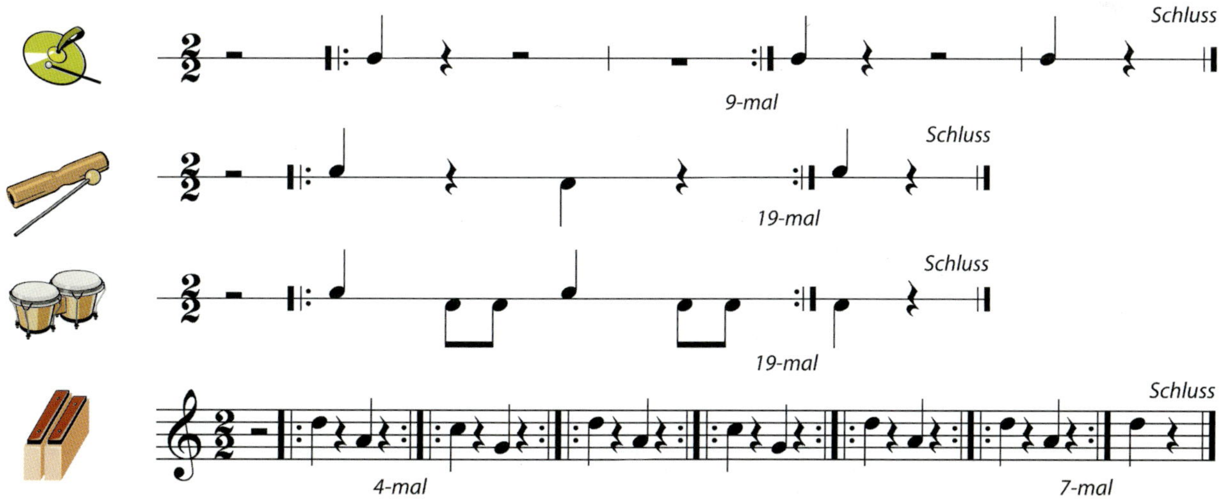


1. Suche im Melodieverlauf Gleiches, Ähnliches und Unterschiedliches und schreibe Stichwörter. Höre dann mit einem Partner das Lied (B 50). Zeigt den Melodieverlauf mit der Hand an. Vergleicht eure Handbewegungen mit dem Notenbild. Singt dabei die Melodie mit. Übt zum Schluss das gesamte Lied (B 50) ein und singt es mit feierlichem Ausdruck.
2. Begleitet das Lied mit Instrumenten.
3. Übt die 2. Stimme mithilfe eines Melodieinstruments ein und singt den Refrain einstimmig und mehrstimmig.
4. Informiert euch über das Weihnachtsfest in anderen Ländern (Jahreszeit, Bräuche …).

B 51 bis 53

## DIE WICHTIGSTEN TAKTARTEN

Der 2/4-Takt hat zwei Grundschläge in einem Takt. Immer der erste Grundschlag wird betont.
Der 3/4-Takt hat drei Grundschläge in einem Takt. Immer der erste Grundschlag wird betont.
Der 4/4-Takt hat vier Grundschläge in einem Takt. Immer der erste Grundschlag wird betont.

### 2/4-TAKT

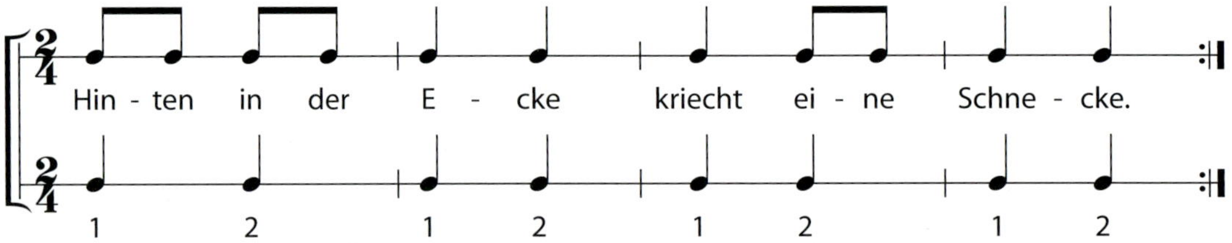


### RHYTHMUS-BAUSTEINE

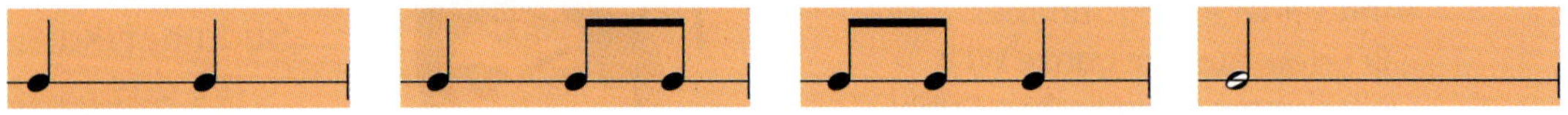

### 3/4-TAKT

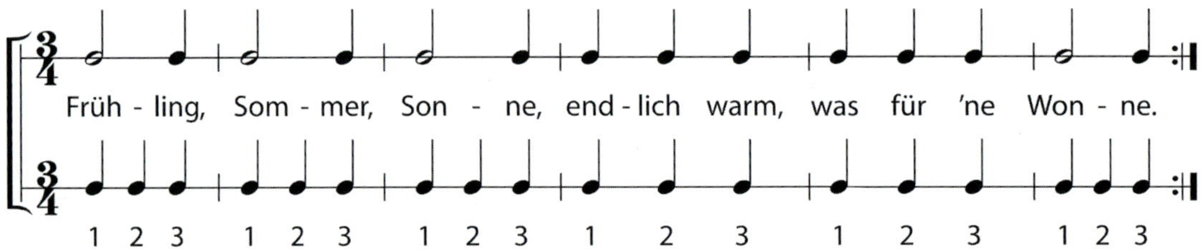


### RHYTHMUS-BAUSTEINE

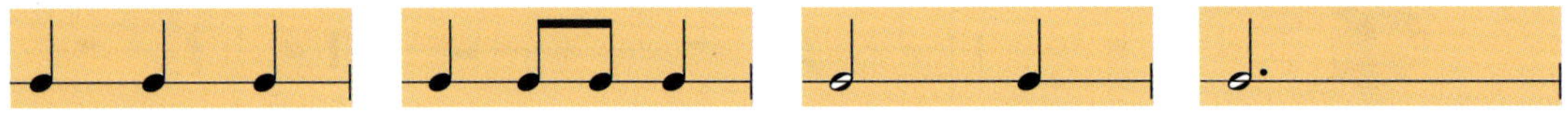

### 4/4-TAKT

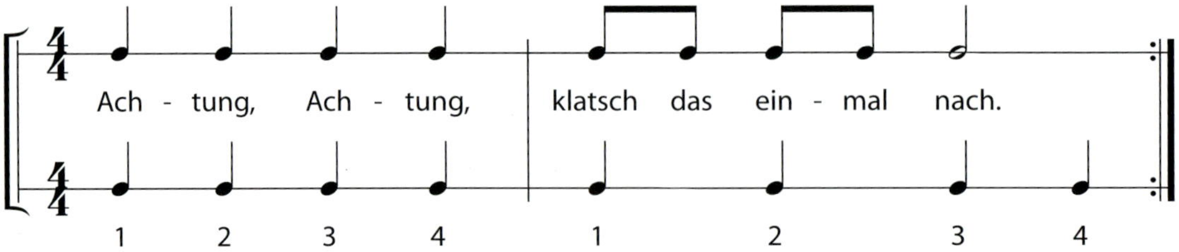


### RHYTHMUS-BAUSTEINE

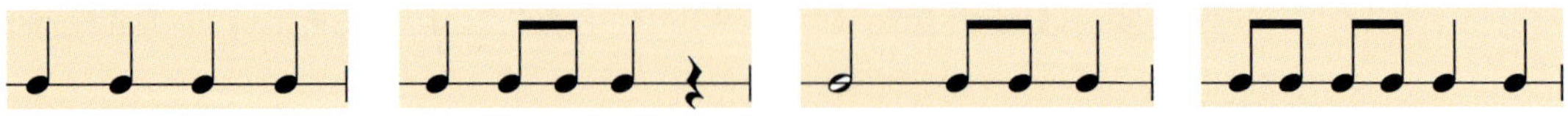

**1** Patscht (= **Grundschlag**) und klatscht (= die Taktarten) die Balkennotation. Betont beim Klatschen die dunklen Balken.

**2** Patscht den **Grundschlag** und klatscht die Taktarten gleichzeitig. Was fällt euch dabei auf?

**3** Übt die Sprechstücke ein und experimentiert mit den Rhythmusbausteinen.

**4** Betrachtet die Notenschrift der Sprechstücke und sprecht über die Funktion der Taktstriche.

**5** Hört „Tanz" (B 51), „Mond" (B 52) und „Sonnenstrahl" (B 53) und findet die Taktarten heraus. Dirigiert dazu.

## DIRIGIEREN

**Im 2/4-Takt dirigieren**

**Im 3/4-Takt dirigieren**

**Im 4/4-Takt dirigieren**

## SPRECHSTÜCK

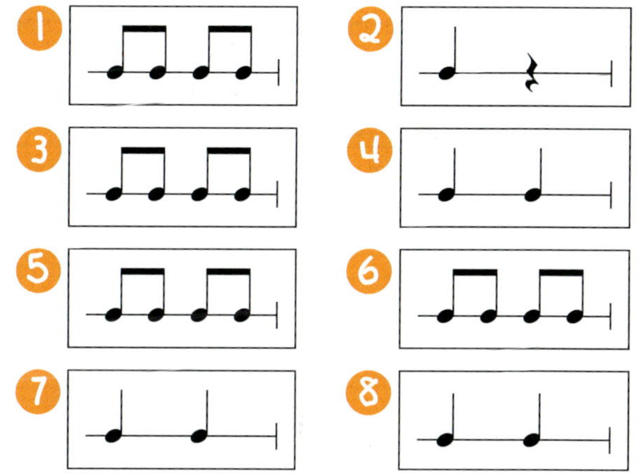


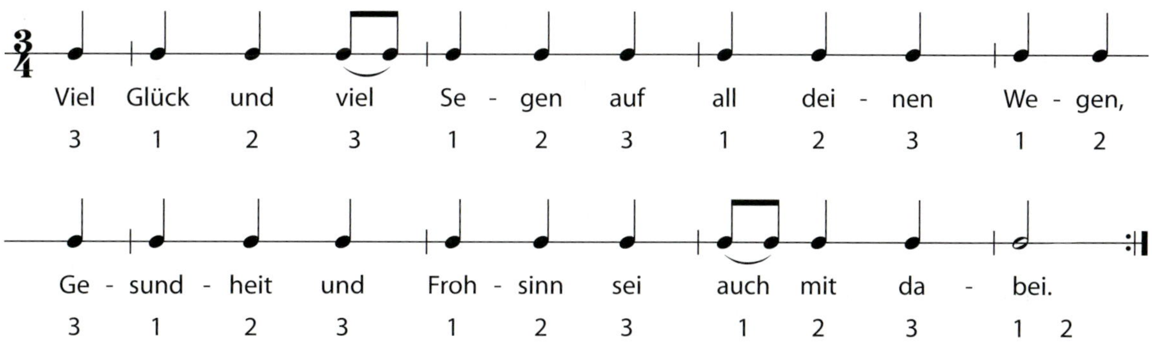


*Text und Rhythmus: Werner Gneist*

**6** Ordnet dem Sprechstück die Notenbausteine zu.

**7** Erfindet mit den Rhythmusbausteinen von Seite 84 und mit eigenen Bausteinen Sprechstücke und Spielstücke.

**8** Spielt eure Spielstücke zu „Sommermarsch“ (B 54), „Frühlingswalzer“ (C 1) und „Herbstzeit“ (C 2).

**9** Sprecht den Text von „Viel Glück und viel Segen“ im Melodierhythmus und geht dabei im **Metrum** durch den Raum. Achtet darauf, ob am Anfang das erste Wort oder das zweite Wort betont wird.

**10** Schaut euch im Schülerbuch die Taktarten von anderen Liedern an. Sucht auch Lieder, in denen am Anfang das zweite Wort oder die zweite Silbe betont wird (→ **Auftakt**).

# Betonung und Taktwechsel

C 3, 4

## TOMATENSALAT

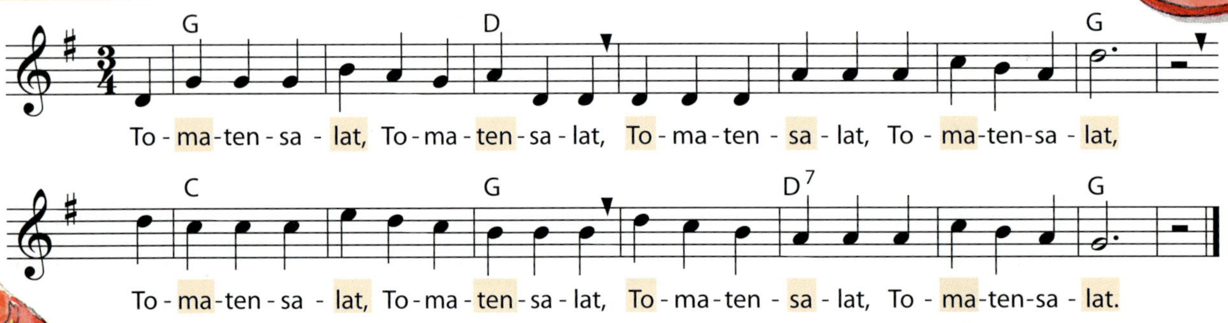

*Text und Melodie: mündlich überliefert*

## DREHE DICH IM KREIS

*Text: Christian Crämer Melodie: aus Bolivien*

## BEWEGUNGSGESTALTUNG (INSGESAMT 4x)

1 Sprecht den Text vom „Tomatensalat“ (C 3) in unterschiedlichem Tempo und unterschiedlicher Lautstärke. Betont dabei immer die erste Note eines Taktes. Was fällt euch auf?

2 Findet andere Wörter mit fünf Silben und singt das Lied damit.

3 Singt „Drehe dich im Kreis“ (C 4) und führt die Bewegungsgestaltung dazu aus.

4 Erfindet in Gruppen eine Liedbegleitung mit Körperinstrumenten. Achtet dabei besonders auf den Taktwechsel. Präsentiert eure Ergebnisse mit einem Dirigenten.

# Rhythmus in der Küche

**1** Bringt Küchengeräte in die Schule mit. Erzeuge allein Klänge mit den abgebildeten Küchengeräten. Stelle dann die Geräte-Klänge einem Partner vor. Imitiert die Klänge mit der Stimme. Gestaltet zum Schluss den „Rhythmus in der Küche" (C 5) mit Küchengeräten und der Stimme. Achtet dabei auf die **Rondo-Form**.

**2** Sucht weitere Themen und Gegenstände (Fabrikmaschinen, Roboter…) und erfindet dazu eigene **Rondos**.

# Der radelnde Elefant

C 6

STROPHE

REFRAIN

2. Daneben lief ein gelber Wal.
   Eventuell war's auch ein Hai!
   Er lief so leicht mit Hut und Schal
   und trällerte ein Lied dabei: La la la …

3. Und oben flog ein Känguru,
   die Schwerkraft war ihm einerlei.
   Es flog so leicht wie ich und du
   und trällerte ein Lied dabei: La la la …

*Text und Melodie: Helmut Maschke*

## EIN PAPPROLLEN-KAZOO HERSTELLEN

**Du brauchst:**

- **eine Papprolle**
- **Pergamentpapier**
- **ein Gummiband**
- **eine Schere**
- **einen Nagel**
- **Buntstifte**

1. Bemale die Rolle bunt.
2. Schneide das Pergamentpapier aus.

3. Spanne das Papier über ein Rollenende und befestige es mit dem Gummiband.
4. Bohre mit dem Nagel ein kleines Loch in die Rolle.

**1** Bastelt ein Papprollen-Kazoo.

**2** Singt das Lied (C 6).

**3** Probiere dein Instrument aus: Singe in das offene Rollenende Melodien hinein, mache Tiergeräusche nach, experimentiere mit der Stimme, schließe das kleine Loch mit einem Finger. Erfinde dann mit einem Partner mit den Papprollen-Kazoos Zwischenspiele für das Lied. Singt zum Schluss das Lied und spielt in einer festgelegten Reihenfolge eure Zwischenspiele dazu.

# Komm, du kleine Miezekatze

C 7

2. Komm, du darfst nicht länger liegen und den Pelz dir wärmen.
   Will die Katz' die Mäuse kriegen, muss das Kätzchen lernen.
3. Kommst du spät vom Mauseschmause, darfst du mich nicht stören.
   Schleich ganz leis in unser'm Hause, ich will dich nicht hören.
4. Morgens muss ich früh aufstehen; dich darf niemand wecken.
   Muss ich dann zur Schule gehen, kannst du faul dich recken.
5. Manchmal möcht' ich's Kätzchen sein, und du darfst mich kraulen.
   Lieg ich warm im Sonnenschein, niemals würd' ich maulen.

*Text: H. Ring / W. Fährmann  Melodie: H. Ring*

## BEGLEIT-BAUSTEINE

1

2

3

4

**1** Findet beim Singen des Liedes (C 7) einen zum Text passenden Stimmausdruck (lockend, neidisch …).

**2** Malt Bilder zu den Strophen. Benutzt diese Bilder als Hilfe zum Auswendiglernen des Textes.

**3** Erfindet mit den Begleitbausteinen 1 bis 4 Begleitungen und Vor-, Zwischen- und Nachspiele für das Lied.

**4** Probiert beim Erfinden der Begleitungen und Vor- Zwischen- und Nachspiele aus: sprechen, singen, mit Instrumenten spielen.

**5** Gestaltet eure Begleitung, z. B. nacheinander einsetzen und aufhören, leiser werden.

**6** Nehmt eure Ergebnisse auf, hört sie euch an und verbessert sie für eine zweite Aufnahme.

# Die Seeleute singen den Seeschlangensong

C 8

2. Man schoss mit Kanonen und Bogen und Pfeil, damit diese Schlange entfloh.
   Doch nützte es nichts, denn die Schlange blieb heil, ho …
   Die Schlange Serpentina hat man dann doch besiegt,
   man hat sie vor Messina mit Schmeicheln kleingekriegt. Oh …

3. Man rief: Du bist schön und so lang und so schwer, du bist very nice and oho.
   Doch wirkt deine Schönheit nur draußen im Meer, ho …
   Die Schlange Serpentina, die war geschmeichelt sehr,
   und sie verließ Messina und schwamm hinaus ins Meer. Oh …

4. Und das ist geschehn durch den Seeschlangensong,
   der Seeschlangensong, der geht so:
   Oh Schlange, du bist very nice and so long, ho …

*Text: James Krüss*
*Melodie: Günther Kretzschmar*

BAUSTEINE

1 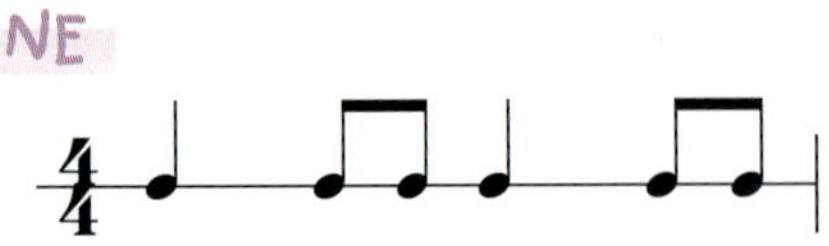

2 

**1** Sprecht den Text im Melodierhythmus.

**2** Klatscht die Bausteine und sucht sie im Notenbild des Lieds. Sucht ähnliche Bausteine im Lied und sprecht über die Unterschiede.

**3** Singt das Lied (C 8) und sucht nach Tonwiederholungen, Tonschritten und Tonsprüngen. Übt diese auf Tonsilben, summend oder mit Text ein. Zeigt die Tonhöhenunterschiede mit der Hand an.

**4** Denkt euch Seeschlangenlaute aus und gestaltet damit das Lied. Führt alles zusammen **szenisch** auf.

# Der Mückentanz

C 9

**1** Erfindet zum „Mückentanz" (C 9) von Béla Bartók einen Tanz für zwei Mücken. Beachtet dabei den Aufbau der Musik, die versetzten Einsätze, die Pausen und die Unterschiede in der Lautstärke.

**2** Erzählt die Bildergeschichte nach. Ordnet mithilfe der Musik die beiden Bilder passend in die Geschichte ein.

**3** Überlegt euch ein Ende für die Geschichte. Wie könnte die Musik dazu klingen?

**4** Vertont die Bildergeschichte mit Melodie- und Rhythmusinstrumenten. Denkt dabei an eure Gespräche über den „Mückentanz" von Bartók.

# Das Dschungelbuch

C 10

## PROBIER'S MAL MIT GEMÜTLICHKEIT

REFRAIN 1

STROPHE 1
Was soll ich woanders, wo's mir nicht gefällt?
Ich gehe nicht fort hier, auch nicht für Geld!
Die Bienen summen in der Luft, erfüllen sie mit Honigduft
und schaust du unter den Stein, erblickst du Ameisen, die hier gut gedeihn.
Probier mal, zwo, drei, vier! Denn mit Gemütlichkeit kommt auch das Glück zu dir,
es kommt zu dir.

REFRAIN 2
Probier's mal mit Gemütlichkeit, mit Ruhe und Gemütlichkeit
vertreibst du deinen ganzen Sorgenkram.
Und wenn du stets gemütlich bist und etwas appetitlich ist,
dann nimm es dir, egal woher es kam.

STROPHE 2
Na und pflückst du gern Beeren und piekst dich dabei,
dann lass dich belehren, Schmerz geht bald vorbei.
Du musst bescheiden aber nicht gierig im Leben sein, sonst tut es dir weh.
Du bist verletzt und zahlst nur drauf, drum pflücke gleich mit dem richtigen Dreh!
Hast du das jetzt kapiert? Denn mit Gemütlichkeit kommt auch das Glück zu dir,
es kommt zu dir.

### TEXTEINWÜRFE FÜR DAS LIED

Mogli: Ist das dein Ernst?
Balu: Haha, es gibt nichts Besseres!
Das ist ein herrliches Gefühl, wenn die kitzeln.
Baghira: Mogli, Vorsicht!
Mogli: Wie denn?
Mogli: Au!
Mogli: Vollkommen, danke Balu!
Baghira: Beeren pflücken, ha, so ein albernes Geschwätz!
Mogli: Du hast wirklich recht!

*Text: Heinrich Riethmüller*
*Melodie: Terry Gilkyson*

„Das Dschungelbuch“ handelt von der Geschichte des Menschenjungen Mogli, der im Dschungel bei einer Wolfsfamilie aufwächst.

Der Panther Baghira findet Mogli in einem Korb, der in einem verlassenen Boot an einem Flussufer mitten im Dschungel liegt.

Weil das kleine Menschenkind Hunger hat und schreit, bringt es Baghira zu einer Wolfsfamilie, die gerade Nachwuchs bekommen hat. Dort wird Mogli liebevoll aufgenommen und wächst glücklich mit den anderen Wolfsjungen heran.

Doch als der Tiger Shir Khan, der die Menschen hasst, im Dschungel auftaucht, droht Mogli große Gefahr.

Aus Angst vor dem Tiger beschließen Baghira und die Wölfe, Mogli in einer nahen Menschensiedlung in Sicherheit zu bringen.

Auf dem Weg dorthin erlebt Mogli viele Abenteuer mit den Tieren im Dschungel. Dabei lernt er Balu, den Bären, kennen. Die beiden freunden sich schnell an.

Balu will aus Mogli einen richtigen Bären machen: Er zeigt ihm, wie man im Dschungel überleben kann und was ein Bär am liebsten isst. Nach einem gemeinsamen Essen tanzen beide fröhlich durch den Dschungel.

**1** Singt das Lied (C 10). Fügt dabei die Texteinwürfe in verteilten Rollen an den passenden Stellen ein.

**2** Sprecht über das Lied (Text, Wirkung, Hintergrund).

**3** Findet mithilfe der Bilder heraus, was Balu Mogli alles beibringen will.

**4** Leiht „Das Dschungelbuch“ in der Bücherei aus und lest es gemeinsam. Schreibt euch Stichwörter zum Inhalt der Geschichte auf.

**5** Plant eine Aufführung: Wählt weitere **Szenen** aus dem „Dschungelbuch“ aus. Verteilt die Rollen. Denkt euch Dialoge aus. Spielt mit verschiedenen Instrumenten dazu. Sucht passende Kostüme aus. Legt einen bestimmten Ablauf fest und macht einen Probenplan.

# Es war einmal ein Wasserhahn

C 11

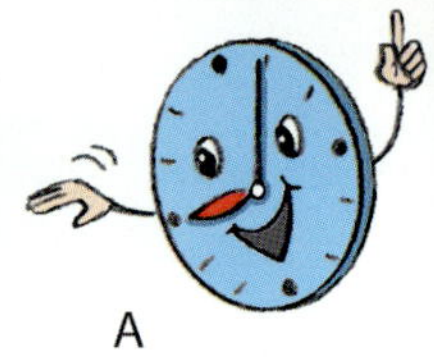

STROPHE

REFRAIN

2. Die Tassen applaudierten
und das Handtuch rief entzückt:
„Dein Rhythmus, lieber Wasserhahn,
klingt ja total verrückt!"
Die Messer und die Gabeln
tanzten quietschvergnügt umher,
und auch dem alten Suppentopf
gefiel der Rhythmus sehr.

3. Der Flötenkessel tanzte mit
und pfiff die Melodie.
Die Teller klapperten im Takt
mit sehr viel Fantasie.
Die Töpfe schepperten im
Schrank, die Gläser klirrten leis',
der Abfalleimer rülpste laut
und drehte sich im Kreis.

4. Da sprach die alte Küchenuhr,
dass ihr der Takt gefällt,
und hat ihr Ticken auf den
Wasserrhythmus umgestellt.
Auf einmal ging die Türe auf,
der Klempner kam herein.
Der Wasserhahn wurd' repariert
und ließ das Tropfen sein.

*Text: K. W. Hoffmann* *Melodie: K. W. Hoffmann / R. Mika*

## BEGLEITUNG STROPHE

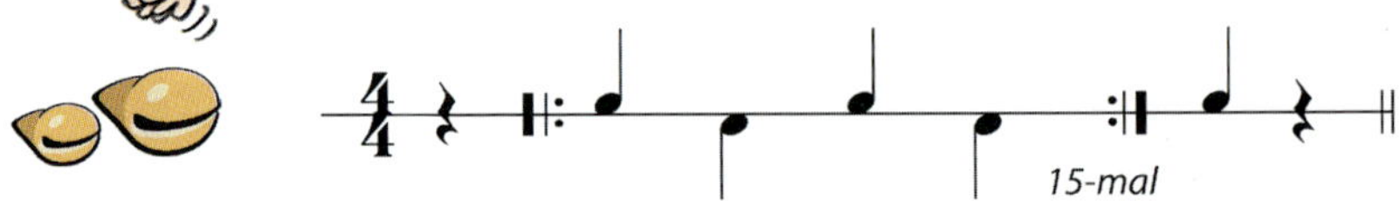

## BEGLEITUNG REFRAIN

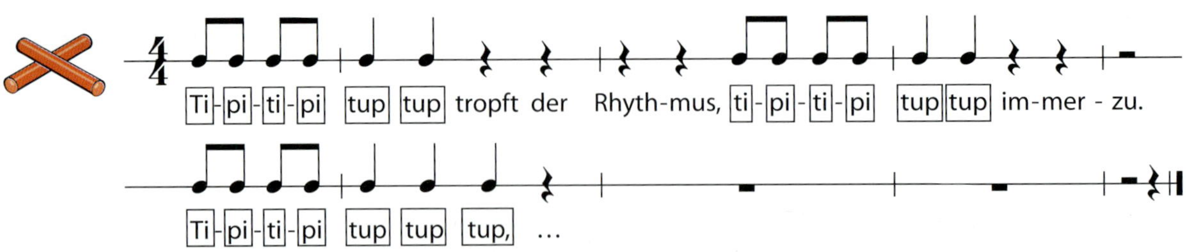

**1** Singt das Lied (C 11) und stellt die Strophen **szenisch** dar.

**2** Übt die Begleitungen durch Sprechen, Klatschen und Patschen ein. Achtet dabei besonders auf den **Auftakt**.

**3** Setzt weitere Instrumente, Körperinstrumente und Küchengeräte für die Begleitungen ein.

# Die Regenmänner Klimperklein

C 12 bis 15

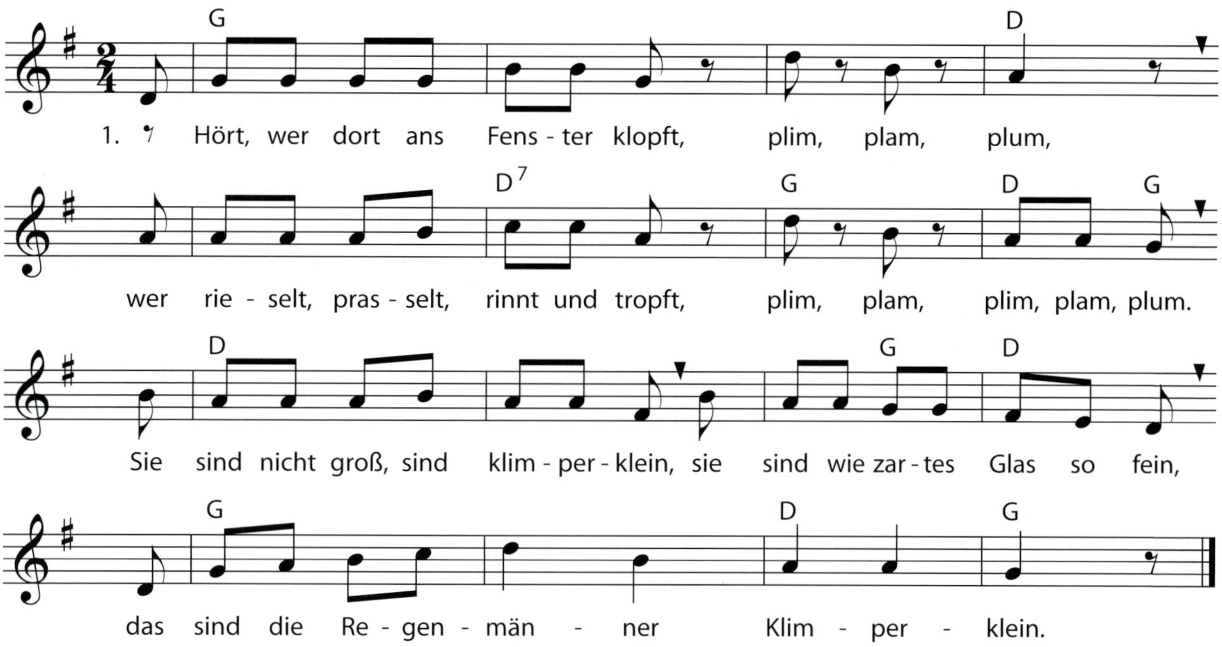


2. Sie tanzen lustig hin und her,
plim, plam, plum,
als ob es heute Kirmes wär,
plim, plam, plim, plam, plum.
Sie sind nicht grau, sie sind nicht weiß,
sie sind nicht helles Glitzereis
und sind aus fernen Wolken angereist.

3. Sie putzen mir die Scheibe blank,
plim, plam, plum,
und rutschen dann zur Fensterbank,
plim, plam, plim, plam, plum.
Sie platschen, klatschen, platschen, klatschen,
planschen alles pudelnass
und plumpsen in das große Regenfass.

*Text und Melodie: Hiltraud Reckmann*

## REGENMACHER

Der Regenmacher stammt aus dem Norden Chiles, einem Land in Südamerika. Früher haben die Indianer dieser Gegend mit dem Regenmacher musiziert, um den Regen zu rufen. Ursprünglich wurde der Regenmacher aus einem Kaktusrohr hergestellt.

## EINEN REGENMACHER HERSTELLEN

**Du brauchst:**
- **eine leere Rolle Chips mit Deckel**
- **einen Hammer**
- **25 bis 50 Nägel**
- **Reis zum Füllen**
- **buntes Papier**
- **Klebeband**
- **Kleber**

1. Schlage die Nägel in die leere Rolle.
2. Fülle die Rolle mit einer Tasse voll Reis.
3. Verschließe den Deckel mit Klebeband.
4. Beklebe die Rolle mit dem Papier.

**1** Erfindet Regengeräusche mit Stimme, Körperinstrumenten und Handtrommel. Gestaltet damit ein Vorspiel zum Lied (C 12).

**2** Singt das Lied und begleitet es mit den selbst gebastelten Regenmachern. Fügt auch eure Regengeräusche und weitere Instrumente hinzu.

**3** Hört drei Ausschnitte aus „Vierzehn Arten den Regen zu beschreiben" (C 13 bis 15) von Hanns Eisler. Sprecht über Gemeinsamkeiten und Unterschiede.

**4** Erfindet eine eigene Regenmusik mit unterschiedlichen Regengeräuschen.

# Die Moldau

1
Zwei Quellen
2
Die Moldau fließt durch die Landschaft.
3
Die Jagd
4
Die Bauernhochzeit
5
Der Nymphenreigen

Zwei kleine Quellen entspringen im Schatten des Böhmerwaldes. Die eine warm und sprudelnd, die andere kühl und ernst. Ihre Wellen fließen in eins, schlagen hell an das Gestein und schimmern im Licht der Sonne.

Schnellfüßig wächst der Gebirgsbach zum Flüsschen Moldau, das sich auf den Weg durch die Landschaft Böhmens begibt. Je weiter sie vordringt, umso mächtiger rauscht ihre Strömung.

Sie fließt durch dunkle Kiefernwälder, in denen Jagdhörner ertönen.

Sie fließt durch sonnenhelle Fluren, wo heitere Musik eine Bauernhochzeit anzeigt.

Nachts führen auf ihren vergoldeten Wellen Wassernixen ihren Reigen im Mondlicht auf.

In ihren Wellen spiegeln sich stolze Burgen, Zeugen einstigen Ruhmes.

In den Stromschnellen von Sankt Johann zwängt sich der Fluss zwischen engen Felswänden hindurch.

Dann aber wälzt er sich breit und majestätisch der Stadt Prag entgegen.

Vyšehrad, die alte Burg, heißt den Fluss willkommen.

In größter Pracht und strahlendem Glanz entschwindet sie in unbekannte Fernen.

*nach Václav Zelený*

**1** Beschreibt die Bilder 1 bis 10 entlang des Flusses. Wie könnte eine Musik dazu klingen? Vertont die Bilder mit Instrumenten.

**2** Höre vier Ausschnitte (C 16 bis 19) aus dem Werk „Die Moldau“ von Bedřich Smetana. Achte dabei auf die Instrumente, die Melodien und die Lautstärke. Ordne dann mit einem Partner die vier Ausschnitte den Bildern zu. Begründet eure Entscheidungen und schreibt Stichwörter auf. Sprecht zum Schluss über eure Ergebnisse in der Klasse, hört dann das gesamte Werk (C 20) und folgt dabei mit dem Finger dem Lauf des Flusses.

**3** Hört das **Thema** (C 16) aus „Die Moldau“ und summt die Melodie mit.

# Die Moldau

C 20

## TABELLE

| Bild | Gut hörbare Instrumente | Eigenschaften der Musik |
|---|---|---|
| 1. Zwei Quellen | | |
| | | |
| 10. Die Moldau fließt dahin. | | |

## KARTEN

Querflöten, Klarinetten, Streichinstrumente (gezupft)

Piccoloflöte, Blechblasinstrumente, Becken, Streichinstrumente

Streichinstrumente, Triangel

Streichinstrumente, Triangel

Streichinstrumente

Streichinstrumente, Hörner, Trompeten, Becken

Trompeten, Becken

Streichinstrumente, Querflöten, Pauken

Streichinstrumente, Triangel

Streichinstrumente, Querflöten, Harfe

laut, majestätisch

verklingend

kräftig, laut

geheimnisvoll, zart

friedlich, ruhig dahinfließend

leise murmelnd

gewaltig, wild tosend

friedlich, ruhig dahinfließend

friedlich, ruhig dahinfließend

fröhlich, tänzerisch

**4** Zeichnet eine Tabelle und schreibt Instrumenten- und Eigenschaftskarten, wie oben abgebildet.

**5** Ordnet die Karten beim Hören von „Die Moldau“ (C 20) der Musik zu.

**6** Schreibt zu jedem Bild einen kurzen Text aus der Sicht des Flusses („Ich heiße Moldau und bin ein Fluss …“). Lasst euch von der Musik, von den Seiten 96 und 97 und den Eigenschaftskarten anregen. Tragt eure Texte zur Musik vor.

## DIE MOLDAU: THEMA

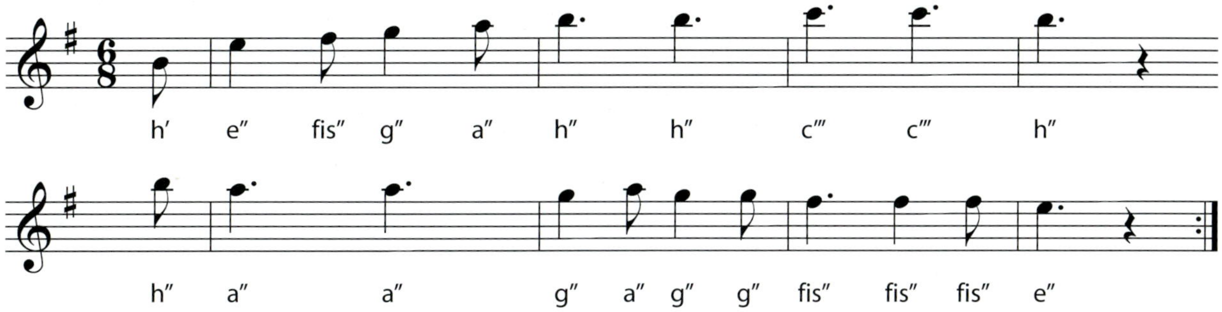


*Bedřich Smetana*

## BEGLEITUNG

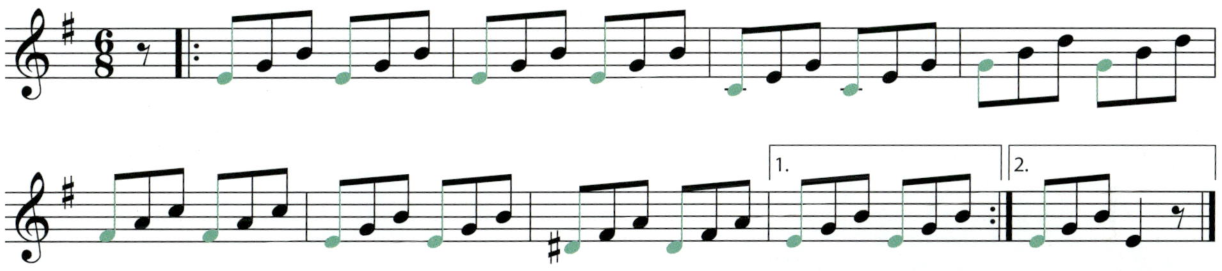


## AUFFÜHRUNG

**Nymphenreigen**

**Burg Vyšehrad**

**7** Spielt das **Thema** aus „Die Moldau“ auf Melodieinstrumenten.

**8** Übt die Begleitung mithilfe von dreisilbigen Wörtern ein, z. B. Sme-ta-na, Strom-schnel-len. Spielt die Begleitung auch in der einfachen Fassung (nur die grünen Noten).

**9** Stellt die Musik (C 20) **szenisch** dar: Legt Rollen fest (Fluss, Jäger, Nymphen, Sprecher …), macht einen Probenplan, gestaltet ein Bühnenbild, übt einen Bauerntanz und einen Nymphenreigen ein, benutzt eure selbst geschriebenen Texte und spielt die Musik dazu.

**10** Filmt eure Proben und schaut euch die Aufnahme genau an. Findet heraus, womit ihr zufrieden seid und wo ihr noch etwas ändern wollt.

**11** Plant eine Aufführung in oder außerhalb der Schule.

# Tropfsteinhöhle

**1** Experimentiert mit Wasser, das ihr aus Schwämmen oder Bechern in mit Wasser gefüllte Eimer, auf Steine oder auf Sand tropfen lasst. Beschreibt die Ergebnisse eurer Tropfklänge.

**2** Erzeugt auch mit der Stimme und mit Instrumenten Tropfklänge.

**3** Informiert euch über Tropfsteinhöhlen und spielt eure Tropfklänge in unterschiedlichen Schulräumen. Wo hört es sich wie in einer Tropfsteinhöhle an?

**4** Gestaltet eine Tropfsteinhöhlen-Musik: Überlegt, was und womit ihr spielen wollt (Hallklänge, langsam, leise, mit Pausen …). Legt einen Ablauf fest und schreibt ihn als grafische Notation auf.

**5** Malt Tropfsteinhöhlen-Bilder. Wählt ein Bild aus und spielt dazu eure Ergebnisse vor.

# Stürmisches Meer

C 21

## DER FLIEGENDE HOLLÄNDER

Der holländische Kapitän Bernhard Fokke musste um die Südspitze Afrikas, das „Kap der Guten Hoffnung", segeln. Das war eine schwierige und gefährliche Fahrt, denn Fokke geriet in einen plötzlich aufkommenden Sturm.

Er fluchte und versuchte mit Gewalt weiterzusegeln. Aber sein Schiff ging unter, weil er sich gegen Gott und die Natur gestellt hatte.

Von da an fuhr er mit seinem Geisterschiff auf den Meeren umher. Die Seeleute erkannten das Schiff an dem schwarzen Mast und den blutroten Segeln. Sie fürchteten sich sehr davor. Tauchte es plötzlich auf, riefen alle Matrosen entsetzt: „Der Fliegende Holländer!" Denn wem dieses Schiff begegnete, dem drohte Unglück.

Richard Wagner (1813 – 1883) machte 1839 eine lange Schiffsreise. Vor Norwegen erlebte er einen großen Sturm. Dieses Erlebnis erinnerte ihn an die Sage vom Fliegenden Holländer und daraufhin komponierte er seine berühmte Oper „Der Fliegende Holländer".

A

B

*Richard Wagner*

**1** Hört den Anfang der **Ouvertüre** aus „Der Fliegende Holländer" (C 21) von Richard Wagner. Wie stellt die Musik die Geschichte vom Fliegenden Holländer dar?

**2** Beschreibt die Notenbilder A und B und überlegt, wie diese Musik klingen könnte. Achtet dabei auf die **Vortragsbezeichnungen** und darauf, wann die Melodie höher oder tiefer wird.

**3** Hört den **Ouvertüren**-Anfang erneut und findet heraus, welches Notenbild zuerst und welches mehrmals zu hören ist.

**4** Überlegt, mit welchen musikalischen Mitteln Richard Wagner den Sturm auf dem Meer darstellt.

**5** Erfindet eine eigene Sturm-Musik mit Stimme, Instrumenten und Gegenständen.

# Tonhöhen

DER EINFAHRENDE ZUG

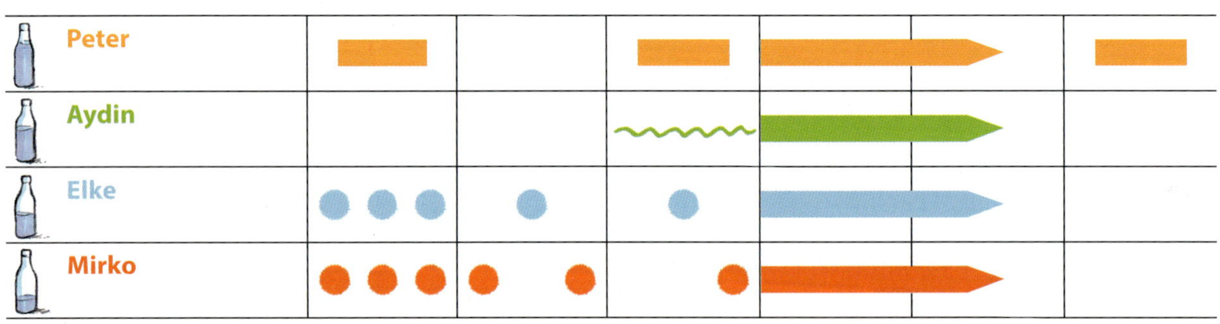


1. Füllt Flaschen unterschiedlich hoch mit Wasser und bringt sie durch Anblasen zum Klingen.
2. Übt das Hören von Tonhöhen: Drei Kinder wenden sich den anderen mit dem Rücken zu und blasen unterschiedlich hoch gefüllte Wasserflaschen an. Zeigt an, welches Kind die hohe, die mittelhohe und die tiefe Flasche anbläst. Macht dieses Spiel auch mit mehr als drei Wasserflaschen und ordnet sie abschließend nach der Tonhöhe.
3. Spielt auf den Flaschen **Motive** (Kuckuck, Sirene, Klingeltöne …), Melodien und Liedanfänge.
4. Denkt euch eine Wasserflaschen-Musik zu einem bestimmten Thema (z. B. einen einfahrenden Zug) aus. Schreibt die Musik als grafische Notation auf.
5. Untersucht verschiedene Melodieinstrumente und beschreibt, wie auf ihnen unterschiedliche Tonhöhen erzeugt werden.
6. Stimmt die Flaschen mithilfe eines Xylofons oder eines Stimmgeräts auf die Töne F und C und begleitet damit das Lied „Schön dich zu sehn" (→ Seite 4).

# Töne zuordnen

C 22

## NOTEN

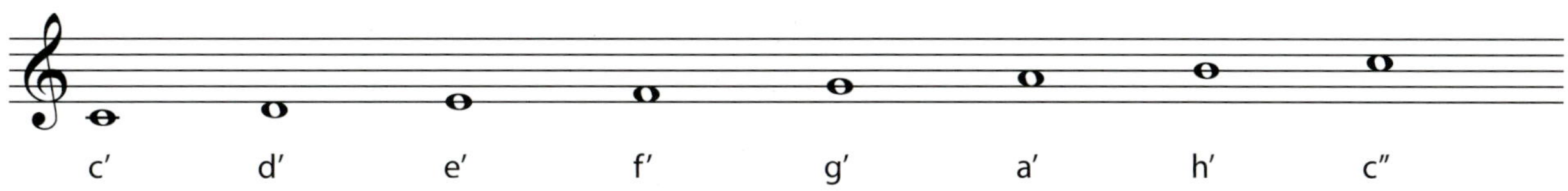


## LIED

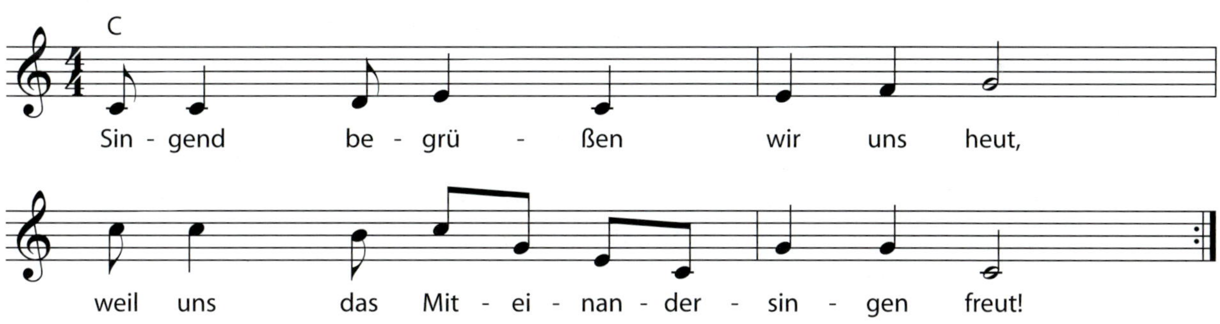


*Text und Melodie: Lorenz Maierhofer*

## BEGLEITUNG

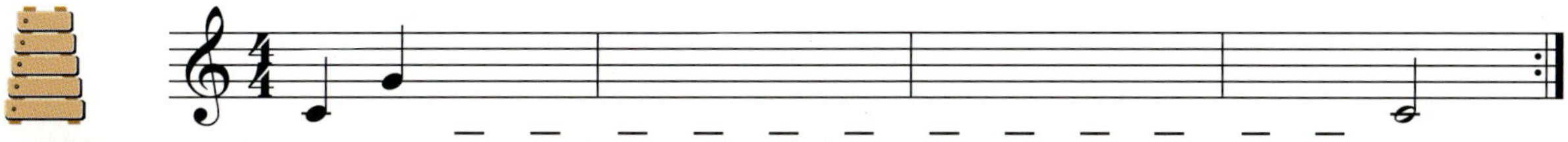

**1** Spielt die Noten und singt sie auf Tonsilben und auf Notennamen.

**2** Findet heraus, welcher Ton der Notenfolge im Lied „Singend begrüßen wir uns heut“ (C 22) fehlt.

**3** Schreibt die Xylofon-Begleitung ab und erfindet zum Lied eine Begleitung auf Viertelnoten mit den Tönen C und G und schreibt sie auf. Verwendet eure Begleitungen auch als Vor- und Nachspiel.

**4** Singt „Lachend kommt der Sommer“ (→ Seite 34) und findet im Lied die Notenfolge (→ **Tonleiter**).

# Tonschritte, Tonsprünge, Tonwiederholungen

C 23 bis 30

1

**Tonschritte abwärts**

2

**Tonsprünge abwärts**

3

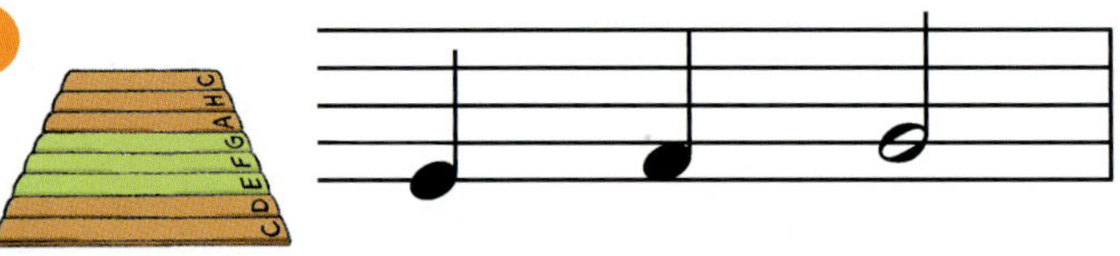

**Tonschritte aufwärts**

4

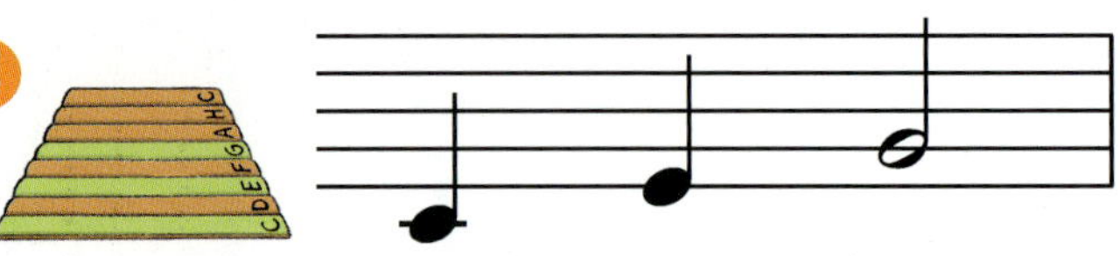

**Tonsprünge aufwärts**

5

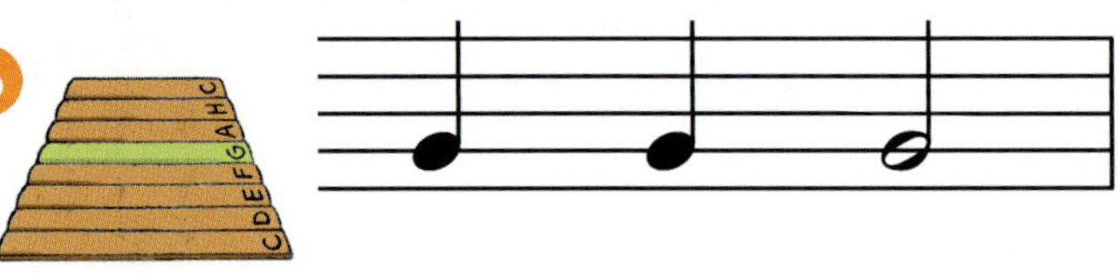

**Tonwiederholung**

## MELODIEBAUSTEINE FÜR FRAGE- UND ANTWORTSPIEL

1. Singt und spielt die Beispiele oben und vergleicht sie mit dem Lied „Singend begrüßen wir uns heut“ (→ Seite 103).
2. Höre die Melodiebausteine (C 23 bis 30) und singe sie auf unterschiedlichen Tonsilben nach. Ordne dann mit einem Partner die Hörbeispiele den Notenbildern A bis H zu. Sprecht zum Schluss über eure Ergebnisse und findet heraus, welche Notenbilder sich leichter und welche sich schwerer zuordnen ließen. Begründet eure Entscheidungen.
3. Gestaltet mit den Bausteinen ein Frage- und Antwortspiel: Verwendet als Frage die Bausteine A bis D und als Antwort die Bausteine E bis H.
4. Denkt euch weitere Melodiebausteine für eigene Frage- und Antwortspiele aus.

## MUSIKALISCHER DIALOG

### FRAGE

### ANTWORT

## BAUSTEINE: HEJO, SPANN DEN WAGEN AN

## NEBELMUSIK

## MELODIEBAUSTEINE FÜR DIE NEBELMUSIK

**5** Überlegt, wie der musikalische Dialog weitergehen könnte und erfindet weitere Dialoge mit eigenen Texten.

**6** Bringt die Melodiebausteine von „Hejo, spann den Wagen an“ (→ Seite 25) in die richtige Reihenfolge.

**7** Spielt die „Nebelmusik“ und setzt dafür die vorgegebenen oder eigene Melodiebausteine ein. Verändert auch den Anfang oder den Schluss des Stücks. Verwendet dazu die Töne F, G, A, C und D.

# Melodien und Lieder erfinden

## VERSE

**A**

Bienenumsummt,
hummelumbrummt,
wiegt sich die Linde
leise im Winde.

Marianne Garff

**B**

Nachts am Berge
tanzen Zwerge,
rasch im Nu!
Tanzen schnelle,
lachen helle,
halten Ruh!

Hedwig Diestel

**C**

Sonne, Sonne, komm hervor
aus des Himmels goldnem Tor!
Strahle mich so lange an,
bis ich selber strahlen kann.

Hedwig Diestel

## RHYTHMEN DER VERSANFÄNGE

1

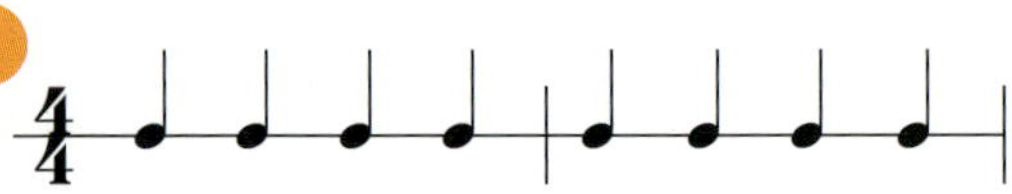

2

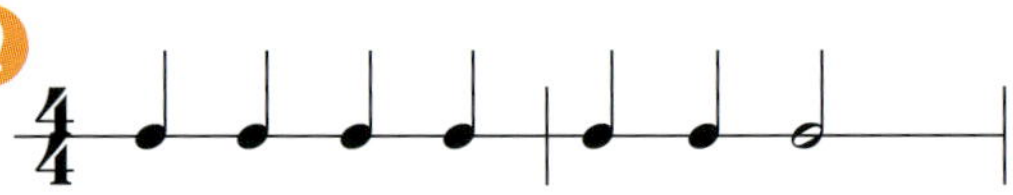

3

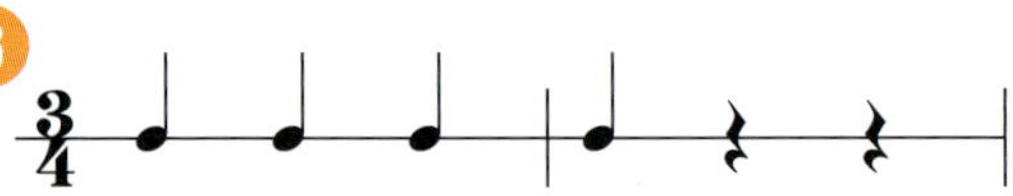

**Tipps zum Erfinden von Melodien**

- Tonschritte, Tonsprünge, Tonwiederholungen einsetzen
- Ein Motiv wiederholen
- Melodien mit dem gleichen Ton beginnen und beenden
- … ?

## MELODIEN ERFINDEN

**1** Sprecht die Verse mehrmals. Verändert dabei die Lautstärke, das Tempo und den Stimmausdruck. Tragt die Verse schließlich auswendig vor.

**2** Ordnet die Rhythmen 1 bis 3 den Versanfängen zu. Sprecht die Verse und klatscht den Rhythmus dazu.

**3** Sucht euch einen Vers aus. Sprecht diesen Vers und klatscht dazu. Geht vom Sprechen zum Singen über. Verwendet bei der Suche nach einer Melodie auch Instrumente.

**4** Nehmt eure Ideen auf. Besprecht eure Ergebnisse und einigt euch auf eine Melodie. Schreibt diese Melodie auf.

**5** Erfindet für eure Melodie eine Begleitung mit Instrumenten.

**6** Schreibt auf, wie ihr beim Erfinden eurer Melodie vorgegangen seid.

## VERSE ERFINDEN

| Thema | Was passiert? | Verse |
|---|---|---|
| Traum | schweben | … gib mir deine Hand<br>… ins Schlummerland |
| | fliegen | … durch die Nacht<br>… Sternenpracht |
| | düsen | … zum Mond<br>… schauen, wer da wohnt |
| | ? | … ? |

## TÖNE FÜR EINE LIEDMELODIE

## BEGLEITBAUSTEINE

**Tipps für die Verwendung der Begleit-Bausteine**

- Spielt die Bausteine nacheinander.
- Lasst die Bausteine nacheinander einsetzen.
- Spielt alle Bausteine gleichzeitig.
- Verwendet für das Lied und das Vor- und Nachspiel unterschiedliche Bausteine.

**7** Sucht euch ein bestimmtes Thema aus (Jahreszeiten, Schule, Freundschaft, Traum, Fußball …).

**8** Erfindet Verse zu eurem Thema und schreibt sie auf. Sprecht die Verse und klatscht dazu im Sprechrhythmus.

**9** Überlegt, welche Art von Musik zu euren Texten passt, und erfindet dann eine Melodie mit den vorgegebenen grünen Tönen. Beendet eure Melodie mit dem Ton F. Lasst euch von den Tipps auf Seite 106 anregen.

**10** Erfindet ein Vor- und Nachspiel zu eurem Lied. Gestaltet mit den Begleitbausteinen eine Begleitung zum Lied. Fügt auch Rhythmusinstrumente hinzu.

**11** Nehmt euer Lied auf und besprecht die Ergebnisse.

 C 31

## LISA HOLZ

Ich heiße Lisa Holz und wohne mit meiner Familie in Ulm.

Als Klavierlehrerin habe ich viele Jahre kleinen und großen Menschen das Klavierspielen beigebracht.

Angeregt durch meine Kinder begann ich dann, Kinderlieder zu komponieren. Meine Kinder halfen mir auch bei den CD-Aufnahmen der Lieder und bei meinem Musical „Alles in Käse".

Auch auf der Bühne habe ich großen Spaß: Mit meiner Kindermusikband „Liluliki" singe ich für und mit Kindern meine Lieder. Alle können mitmachen, mitsingen und sich bewegen!

Das Lied „Hey, mach die Glotze aus!" entstand aus einer wirklichen Situation heraus: In meiner Familie, aber auch bei Freunden gab es eine Zeit, in der alle immer viel zu lange vor dem Fernseher saßen. Deshalb schrieb ich dieses Lied. Ich hoffe nun, dass die, die es hören und singen, über ihr Verhalten nachdenken und selbst nicht zu lange vor dem Fernseher sitzen. Denn sonst verpasst man so viele schöne andere Dinge!

## HEY, MACH DIE GLOTZE AUS!

### STROPHE 1

Die Wiese ist grün, der Himmel so blau.
Komm schon raus aus deinem Haus.
Bleib nicht vor der Glotze hocken,
lass dich von der Sonne locken.

### REFRAIN

Hey! Mach die Glotze aus,
komm schon aus dem Haus raus.
Hey! Mach die Glotze aus,
komm schon aus dem Haus.

### STROPHE 2

Wir möchten mit dir tolle Sachen machen,
Streiche spielen, über Witze lachen.
Was kann es denn schon Schöneres geben,
als Abenteuer zu erleben.

### REFRAIN

### STROPHE 3

Fußball spielen, Nachbars Äpfel klauen,
uns ganz allein in eine Höhle trauen.
Und an dem See spielen wir Piraten,
am Lagerfeuer werden Würstchen gebraten.

### REFRAIN

*Lisa Holz*

**1** Hört das Lied (C 31) und singt den Refrain mit.

**2** Sprecht über euer Fernsehverhalten. Was könnt ihr sonst noch in eurer Freizeit tun außer Fernsehen? Lasst euch bei euren Überlegungen vom Liedtext anregen.

**3** Erfindet zum Refrain eine Begleitung mit Bassklangstäben auf den Tönen E und A.

**4** Informiert euch über weitere Kinderliedermacher und stellt sie und ihre Lieder vor.

# Die Komponistin Germaine Tailleferre

C 32 bis 36

## GERMAINE TAILLEFERRE

Die Komponistin wurde 1892 in der Nähe der französischen Hauptstadt Paris geboren.

Schon als Kind interessierte sie sich sehr für Musik. Wenn ihre Mutter Klavier spielte, tanzte sie mit ihren Geschwistern gerne dazu. Von ihrer Mutter erhielt sie auch den ersten Klavierunterricht. Schon mit fünf Jahren komponierte sie kleine Stücke für Klavier.

Mit zwölf Jahren begann Tailleferre heimlich Gesang und Klavier in Paris zu studieren. Ihr Vater war dagegen. „Mädchen sollen nichts anderes werden als gute Hausfrauen und Mütter", meinte er. Das Studium bezahlte Tailleferre selbst, indem sie Klavierunterricht gab.

Kompositionen von Frauen wurden in der Öffentlichkeit nur wenig beachtet. Doch auf die Musik von Germaine Tailleferre wurden immer mehr Menschen aufmerksam.

Bis zu ihrem Tod 1983 komponierte sie auch viele Klavierstücke für Kinder.

## DUOS

**Arabesque**

**Sonate Nr. 1**

**Forlane**

## GRAFISCHE NOTATION: „IMAGE"

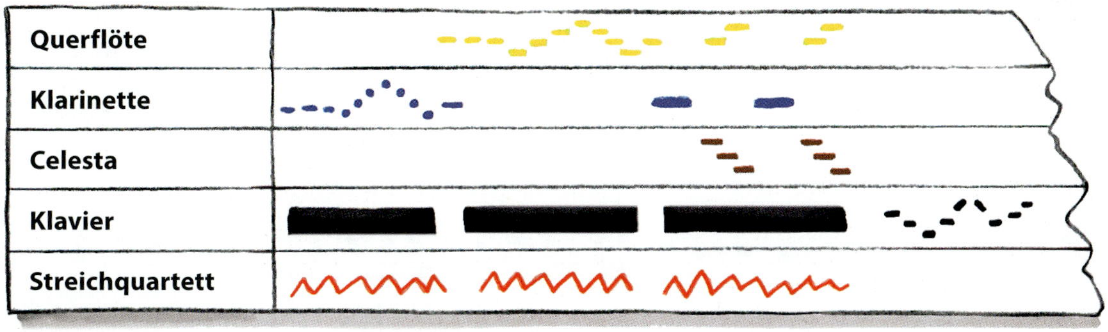


**1** Hört das „Streichquartett" (C 32) von Germaine Tailleferre und sprecht über eure Höreindrücke (Klang, Lautstärke, Tempo, Wirkung). Zeigt an, wann die Violinen, die Viola und das Cello erklingen.

**2** Hört die **Duos** „Arabesque" (C 33), „Sonate Nr. 1" (C 34) und „Forlane" (C 35). Vergleicht die Musikstücke miteinander. Schaut euch die Instrumente an und findet heraus, welche Instrumente zusammen erklingen.

**3** Hört „Image" (C 36) und vervollständigt die grafische Notation. Informiert euch über die Celesta.

**4** Informiert euch über weitere Komponistinnen und sprecht über die Rolle der Frau als Komponistin.

C 37

## GEORG FRIEDRICH HÄNDEL

Georg Friedrich Händel wurde vor über 300 Jahren (1685) in Halle geboren. Im Gegensatz zu vielen anderen Komponisten dieser Zeit war er schon zu Lebzeiten berühmt. Er konnte sich daher ein gutes Leben leisten.

Am Anfang stand Händels Vater der Karriere seines Sohnes als Musiker sehr ablehnend gegenüber. Denn er sollte Jura studieren.

Die Einstellung des Vaters änderte sich aber während eines Besuchs beim Herzog von Sachsen-Weißenfels: Dort spielte der achtjährige Händel auf der Orgel. Der Herzog erkannte das Talent des Jungen und überzeugte den Vater, aus dem Sohn einen Musiker zu machen. Händel bekam Unterricht für Orgel, Cembalo, Geige und Komposition.

Mit 21 Jahren ging Händel nach Italien, wo er die italienische Musik kennenlernte und andere bedeutende Komponisten traf.

Mit 27 Jahren zog Händel nach England. Dort komponierte er seine bekanntesten Werke wie den „Messias" und die „Wassermusik". Händel wurde 74 Jahre alt. Seine Beerdigung war ein großes Ereignis: Über 30 000 Menschen nahmen an dem Begräbnis teil.

**Auf dem Dachboden übte Händel heimlich Cembalo.**

## MESSIAS

Der „Messias" ist ein Oratorium. Ein Oratorium ist ein großes Musikwerk in mehreren Teilen für Orchester, Orgel, Cembalo, Chor und Solostimmen. Händel komponierte dieses Werk in nur 24 Tagen. Das Werk dauert insgesamt zweieinhalb Stunden.

Der „Messias" erzählt die Geschichte von Jesus Christus. Die Texte stammen aus der Bibel. Das berühmteste Stück aus dem „Messias" ist der Halleluja-Chor.

## HALLELUJA: THEMA

*Text: aus der Bibel Melodie: Georg Friedrich Händel*

1. Hört das „Halleluja" (C 37) von Georg Friedrich Händel und verfolgt den Anfang der Melodie am Notenbild.
2. Klatscht den Melodierhythmus und sprecht oder singt den Text dazu.
3. Gestaltet Plakate zu den verschiedenen Abschnitten in Händels Leben: die Kindheit, das Orgelvorspiel, die Reise nach Italien, seine Musik, das Begräbnis. Informiert euch auch in der Bücherei oder im Internet.

## WASSERMUSIK

Die „Wassermusik“ ist eines von Händels bekanntesten Orchesterwerken. Händel soll dieses Werk komponiert haben, um den König zu versöhnen. Denn er hatte seinen Urlaub überschritten und wollte nicht in Ungnade fallen. Bei einer Fahrt auf der Themse ließ der König das spielende Orchester auf Booten hinter sich herfahren. Die Musik gefiel dem König so gut, dass die Musiker die „Wassermusik“ dreimal wiederholen mussten.

## ALLA HORNPIPE

**Allegro**

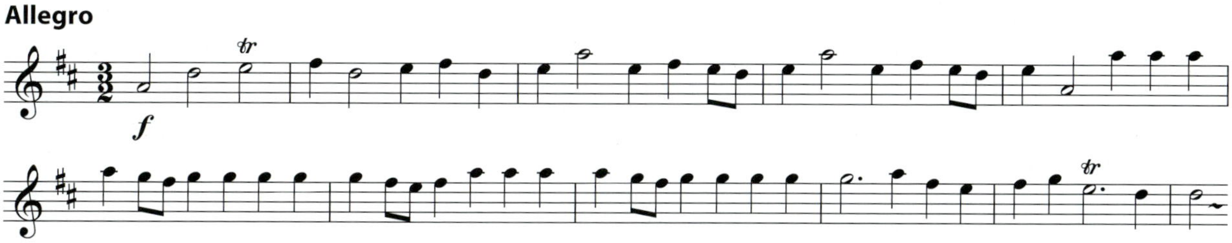


*Satz: Stefan Taupe Melodie: Georg Friedrich Händel*

## ABLAUF

| | | | | | | | | | | | |
|---|---|---|---|---|---|---|---|---|---|---|---|
| Blechblasinstrumente | | | | | ? | | | | | | |
| Streichinstrumente | | | | | ? | | | | | | |
| ganzes Orchester | | | | | ? | | | | | | |

**4** Spannt eine Wäscheleine durch euer Klassenzimmer und hängt die Plakate in der richtigen Reihenfolge auf. Erzählt euch gegenseitig die Gruppenergebnisse und ladet andere Klassen zu eurer Ausstellung ein.

**5** Hört „Alla Hornpipe“ (C 38) aus der „Wassermusik“ und verfolgt die Melodie am Notenbild.

**6** Malt den Ablaufplan ab und vervollständigt ihn, indem ihr die Instrumentengruppen in verschiedenen Farben markiert.

# Ludwig van Beethoven

C 39

## KINDHEIT UND JUGEND

Ludwig van Beethoven wurde 1770 in Bonn geboren.
Sein Großvater und sein Vater waren Hofmusiker beim Fürsten Maximilian Friedrich.
Schon mit drei Jahren erhielt Ludwig von seinem Vater den ersten Klavierunterricht.
Ludwig hatte großes Talent und übte fleißig.
Mit sieben Jahren hatte er seinen ersten Konzertauftritt.
Mit 13 Jahren wurde er vom Fürsten Maximilian Franz zum Hofmusiker ernannt.
Drei Jahre später ging Beethoven nach Wien. Doch kaum war er dort angekommen, wurde seine Mutter schwer krank und er kehrte nach Bonn zurück.
Nachdem die Mutter gestorben war, übte und komponierte er wie besessen weiter.

## UMZUG NACH WIEN

Mit 21 Jahren zog Beethoven endgültig nach Wien. Dort wurde er in den Adelshäusern und bei privaten Festen als Pianist gefeiert. Er konnte sehr gut am Klavier improvisieren.
Sein Ruhm wuchs immer mehr und viele Menschen aus reichen Familien wollten bei ihm Klavierunterricht nehmen. So verdiente Beethoven viel Geld.
Beethoven selbst nahm Unterricht bei Joseph Haydn, damit auch er weiter lernte.
Mit 26 Jahren wurde Beethoven krank: Sein Gehör wurde schlechter und schlechter. Deshalb trat er immer seltener als Pianist auf.
Er arbeitete schließlich nur noch als Komponist.
Viele Ideen bekam er während seiner täglichen Spaziergänge. Und sobald er zu Hause ankam, schrieb er alles sofort auf.
Beim Komponieren war Beethoven sehr sorgfältig. Für große Werke brauchte er mehrere Jahre.

## DAS HEILIGENSTÄDTER TESTAMENT

Mit 31 Jahren schrieb Beethoven seinen Brüdern, die in Heiligenstadt bei Wien lebten, einen Brief. Darin berichtet er verzweifelt von seinem Hörleiden. Dieser Brief wird das „Heiligenstädter Testament“ genannt.

Um mit anderen zu sprechen, verwendete er zunächst Hörrohre. Doch auch die halfen nach einiger Zeit nicht mehr. Gespräche konnte er dann nur noch schriftlich führen.

Beethoven litt sehr unter seiner Krankheit. Aber obwohl er fast nichts mehr hören konnte, komponierte er mit großem Erfolg weiter.

1827 starb Beethoven in Wien. Zu seiner Beerdigung kamen 20 000 Menschen.

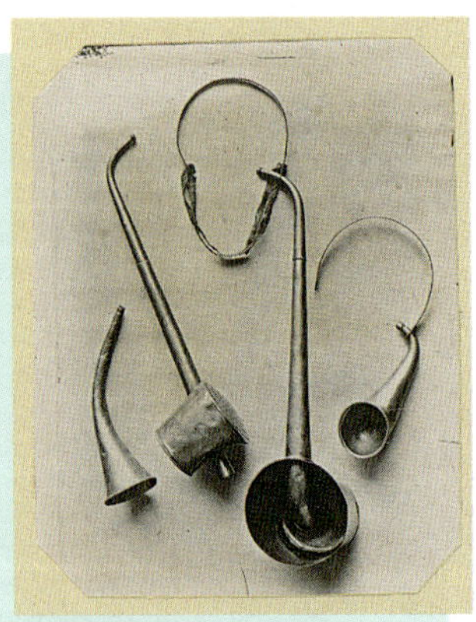

**Hörrohre**

**1** Hört „Für Elise“ (C 39) von Ludwig van Beethoven. Stellt euch vor, ihr seid auf einem Fest zu Beethovens Zeit und er spielt für euch. Lasst die Musik auf euch wirken. Sprecht danach über eure Eindrücke.

**2** Verdeckt eure Ohren mit einem Tuch und spielt auf einem Instrument eine Melodie. Könnt ihr nachfühlen, wie es Beethoven ging? Sprecht über eure Erfahrungen.

**3** Überlegt, wieso Beethoven trotz seiner Taubheit weiter komponieren konnte.

## Die 5. Sinfonie

Eine Sinfonie ist ein Werk für Orchester, das aus drei oder vier Sätzen (Teilen) besteht.

Die fünfte der insgesamt neun Sinfonien von Beethoven heißt „Schicksalssinfonie". Diese Sinfonie beginnt mit einem Motiv, über das Beethoven gesagt haben soll: „So pocht das Schicksal an die Pforte." Dieses Motiv ist melodisch und rhythmisch sehr leicht wiederzuerkennen und deshalb auf der ganzen Welt bekannt:

**Motiv**

Beethoven brauchte vier Jahre für das Komponieren dieser Sinfonie.
Die Uraufführung fand 1808 im „Theater an der Wien" statt. Beethoven war damals 37 Jahre alt und hat das Konzert selbst dirigiert.

**Theater an der Wien**

## Anfang der 5. Sinfonie

*Ludwig van Beethoven*

**4** Hört den Beginn der 5. Sinfonie (C 40) und beschreibt die Musik (Instrumente, **Dynamik**, Wiederholungen, Wirkung).

**5** Beschäftigt euch mit dem **Motiv**: Aus wie vielen Tönen besteht es? Klopft den Rhythmus, singt die Melodie, spielt die Takte 1 bis 5 auf den Tönen G und Es, F und D.

**6** Verfolgt die Musik am Notenbild und klopft in drei Gruppen den Rhythmus des Motivs dazu.

# Ludwig van Beethoven

C 41

## DIE WUT ÜBER DEN VERLORENEN GROSCHEN

1795 schrieb Beethoven ein Rondo für Klavier. Nach seinem Tod wurde dieses Stück „Die Wut über den verlorenen Groschen" genannt. Beim Hören der Musik wird deutlich, wie gut dieser Titel passt!

## ANFANG DES STÜCKS

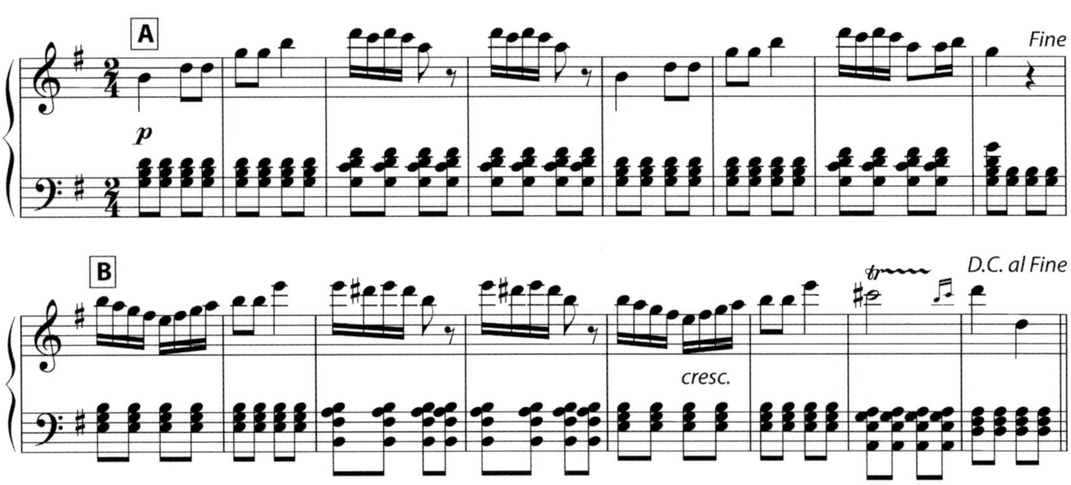


*Ludwig van Beethoven*

**7** Lasst Münzen auf den Boden fallen, rollen und kreisen. Beschreibt die unterschiedlichen Klänge.

**8** Wie fühlt ihr euch, wenn ihr eine Münze sucht, die ihr verloren habt?

**9** Hört „Die Wut über den verlorenen Groschen" (C 41) von Ludwig van Beethoven und beschreibt die Musik (Tempo, Melodien, Wirkung). Verfolgt den Anfang des Stücks am Notenbild.

**10** Geht zur Musik durch den Raum. Verhaltet euch bei den Wiederholungen der **Rondo**-Teile so, als ob ihr eine Münze sucht.

**11** Hört die Musik noch einmal und findet heraus, wann Gefühle (Wut, Ungeduld) dargestellt werden und wann die Münze zu hören ist.

## DAS MENUETT

Das Menuett entstand im 16. Jahrhundert in Frankreich.

Der Name leitet sich von dem französischen Ausdruck „menu pas“ (= kleiner, zierlicher Schritt) ab.

Getanzt wird das Menuett paarweise in Reihen. Beim Tanzen müssen die Arme eine bestimmte Haltung einnehmen, das ist das sogenannte „port de bras“ (= Tragen der Arme).

Besonders wichtig beim Menuett ist das Heben und Senken des ganzen Körpers. Dies geschieht durch einen Tanzschritt, bei dem man ein bisschen in die Kniebeuge geht. Dieser Schritt wird als „plié“ (= gebeugt) bezeichnet.

Beethoven hat 1799 ein Septett komponiert, in dem ein Menuett vorkommt. Dieses Menuett im 3/4-Takt besteht aus drei Teilen: Menuett (A–A–A'–A') – Trio (B–B–B'–B') – Menuett (A–A').

## DER MENUETT-GRUNDSCHRITT (2 x Zählzeit 1 bis 3)

**Grundhaltung**

**Füße: nach außen gerichtet, Arme: port de bras**

**Zählzeit (Zz) 1 rechts 1 Schritt vorwärts**

**Zz 2 links heben, rechts plié**

**Zz 3 links 1 Schritt vorwärts**

**Zz 1 rechts 1 Schritt vorwärts**

**Zz 2 links 1 Schritt vorwärts**

**Zz 3 rechts heben, links plié**

12 Höre das Septett in Es-Dur (C 42) von Beethoven und gehe auf unterschiedliche Arten (schleichen, springen, hüpfen, stolzieren, marschieren) zu der Musik durch den Raum. Übe dann mit einem Partner den Menuett-Grundschritt zur Musik. Überlegt euch weitere Schritte (rückwärts, seitwärts, über Kreuz…). Stellt euch zum Schluss in Gassen auf und denkt euch eine **Choreografie** mit dem Grundschritt und euren Schritten aus. Holt euch Anregungen aus dem Internet.

13 Führt euren Tanz im Rahmen einer Schulfeier auf.

# Clara und Robert Schumann, ein Musiker-Ehepaar

C 43

## Robert Schumanns Jugendzeit

Clara und Robert Schumann waren bedeutende Musiker zur Zeit der Romantik.

In dieser Epoche spielte der Gefühlsausdruck in der Musik eine wichtige Rolle.

Robert Schumann wurde 1810 in Zwickau geboren. Seine Eltern wollten, dass er Jurist wird. Deshalb ging er 1828 nach Leipzig an die Universität. Aber er lernte dort nicht Jura, sondern er beschäftigte sich lieber mit Musik und Büchern.

Er begann, bei dem bekannten Klavierlehrer Friedrich Wieck Unterricht zu nehmen. So lernte er Wiecks Tochter Clara kennen und verliebte sich in sie.

In Heidelberg versuchte er noch einmal, Jura zu studieren. Er konnte sich dafür aber nicht begeistern und kehrte erfolglos nach Leipzig zurück. Dort beschloss er, Musiker zu werden, und nahm wieder bei Friedrich Wieck Unterricht.

## Fingerübungen

Schumann wollte ein perfekter Pianist werden.

Er band sich den Mittelfinger seiner rechten Hand mit einer Schlinge am Handgelenk fest. So wollte er seinen Ringfinger beim Klavierspielen beweglicher machen.

Stattdessen war sein Ringfinger nach einer Weile gelähmt! Aber mit einem gelähmten Finger konnte er kein Pianist mehr werden.

Also beschäftigte er sich immer mehr mit dem Komponieren und wurde schließlich Komponist.

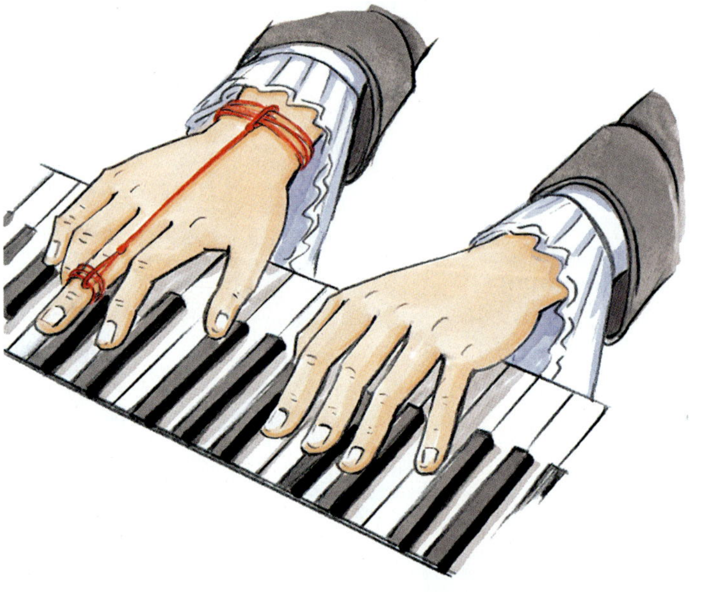

## Hochzeit und das Leben als Musiker

Clara und Robert wollten heiraten, aber Claras Vater verbot es. Denn Clara war Pianistin und sollte sich nur darauf konzentrieren. Aber nach einiger Zeit konnte sich Clara durchsetzen und sie und Robert heirateten endlich.

Die Hochzeit löste in Robert eine große Freude und viel Lust am Komponieren aus. Allein im ersten Jahr ihrer Ehe schrieb er 150 Lieder. Das Klavier spielte bei seinen Kompositionen immer eine wichtige Rolle.

Robert begleitete Clara oft bei ihren Konzertreisen. Clara war eine berühmte Pianistin und überall bekannt. Sie war sogar bekannter als ihr Mann Robert. Der fühlte sich häufig nicht genug beachtet und zurückgedrängt.

1852 wurde Robert krank. In den Jahren danach wurde seine Krankheit immer schlimmer und er starb schließlich 1856.

**1** Stellt euch vor, Clara und Robert Schumann sind Gäste in eurem Radiosender: Denkt euch Fragen für ein Interview mit ihnen aus.

**2** Hört die „Träumerei" (C 43) von Robert Schumann. Prüft die Beweglichkeit der Finger eurer rechten Hand, indem ihr gleichzeitig den Mittelfinger und den kleinen Finger zur Musik anhebt und senkt. Versucht es anschließend mit dem Zeige- und Ringfinger. Versucht dann, die beiden Übungen abzuwechseln.

C 43

## TRÄUMEREI

*Robert Schumann*

## BEGLEITUNG

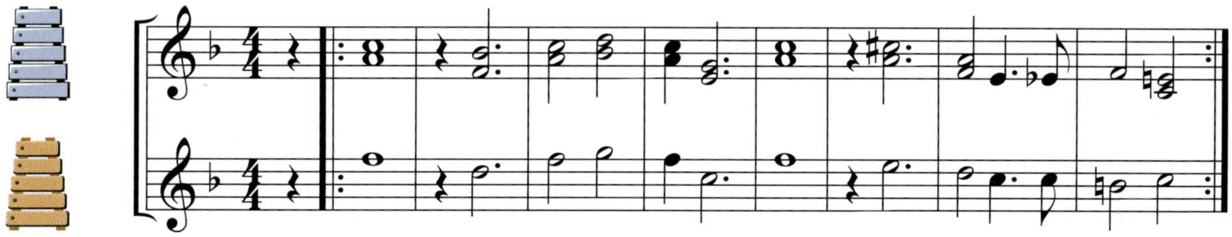

## ZUM STÜCK

Mit dem Klavierstück „Träumerei“ wollte Robert Schumann seine Gefühle für Clara ausdrücken.

Ein Jahr vor ihrer Hochzeit schrieb er an sie in einem Brief: „Was ich schüchtern gedichtet, vielleicht bringt es uns die Wirklichkeit. Ja, meine Clara, glaube daran, wir werden ganz glücklich sein.“

## CLARA SCHUMANN

Clara und Robert Schumann hatten acht Kinder. Links auf dem Foto siehst du sechs davon.

Nach Roberts Tod musste sich Clara allein um die Kinder kümmern.

Aber sie arbeitete weiter als Pianistin, ging auf Konzertreisen und machte dadurch auch die Stücke ihres Mannes bekannt.

Außerdem gab sie vielen Menschen Klavierunterricht und war eine beliebte Klavierlehrerin.

Clara Schumann starb 1896, also 40 Jahre später als ihr Mann Robert.

Sie war so berühmt, dass sie auf dem deutschen 100-Mark-Schein abgebildet war.

**3** Gestaltet zur „Träumerei“ (C 43) eine **Choreografie** mit Chiffontüchern, Federn und Seifenblasen.

**4** Welche Träume könnte diese Musik in euch auslösen?

**5** Malt beim Hören der „Träumerei“ ein zur Musik passendes Bild. Versucht die Stimmung der Musik nur mit einfachen Formen und Farben auszudrücken.

**6** Sucht nach weiteren Klavierstücken von Robert Schumann und berichtet darüber.

# Die Filmmusik-Komponistin Annette Focks

## ANNETTE FOCKS

Annette Focks (geb. 1964) wurde in Niedersachsen geboren.

Mit fünf Jahren begann sie Klavier zu lernen. In den folgenden Jahren bekam sie Orgel-, Trompeten- und Schlagzeugunterricht. Erste Kompositionen schrieb sie bereits im Alter von zehn Jahren.

Während ihres Studiums begeisterte sie sich immer mehr für die Musik in Filmen. In dieser Zeit komponierte sie ihre erste Filmmusik.

Für ihre Kompositionen wurde sie unter anderem 2005 mit dem Deutschen Fernsehpreis ausgezeichnet.

Neben ihrer Arbeit für Kino und Fernsehen komponiert sie auch Orchesterwerke für den Konzertsaal.

Heute lebt Annette Focks in Berlin.

## DIE ARBEIT EINER FILMMUSIK-KOMPONISTIN

Bevor die eigentliche Arbeit des Komponierens einer Filmmusik beginnt, liest Annette Focks das Drehbuch. Denn schon beim Lesen hört sie innerlich, wie die Musik klingen könnte und welche Instrumente passen würden.

Erste Motive und Melodien komponiert sie am Klavier und schreibt sie auf Notenpapier auf.

Diese Motive und Melodien werden dann in den Computer eingespielt, und danach kann Annette Focks ausprobieren, welcher Orchesterklang am besten passt.

**Ausschnitt aus einer Partitur von Annette Focks**

Gleichzeitig spricht sie immer wieder mit dem Regisseur des Films. Zusammen arbeiten sie daran, wie die Musik klingen soll. Dafür ist es vor allem wichtig, über bestimmte Stimmungen im Film zu sprechen.

Annette Focks schickt immer wieder Teile ihrer Musik ins Tonstudio, damit der Regisseur überprüfen kann, ob die Musik zum Filmausschnitt passt.

Wenn alle Filmszenen in die richtige Reihenfolge gebracht wurden und der Film fertig ist, beginnt die wichtigste Arbeit für die Komponistin: Ihre Musik muss exakt auf die Szene komponiert werden. Zusammen mit dem Regisseur wird festgelegt, wie viel Musik gebraucht wird und wo genau sie erklingen soll.

Am Schluss nimmt Annette Focks die Musik, die sie bisher nur über den Computer hören konnte, mit einem Orchester auf.

**1** Lest den Text und sprecht über die Arbeit einer Filmmusik-Komponistin.

**2** Schreibt die einzelnen Schritte beim Komponieren einer Filmmusik in der richtigen Reihenfolge auf.

**3** Informiert euch im Internet über Annette Focks und ihre Kompositionen.

## DIE DREI ??? – DAS GEHEIMNIS DER GEISTERINSEL

„Die drei ???“ Justus, Peter und Bob werden in den Ferien von Peters Vater nach Afrika eingeladen. Peters Vater ist Architekt und hat den Auftrag, auf der „Geisterinsel“ einen Vergnügungspark zu bauen.

Schon beim ersten Besuch auf der Insel wird es spannend für die drei Detektive: Sie beobachten, wie das Ungeheuer Tokolosh sein Unwesen auf der Insel treibt.

Der unschuldige Afrikaner Gamba wird verdächtigt, Tokolosh angestiftet zu haben, die Bauarbeiten zu verhindern.

Gambas Tochter bittet Justus, Peter und Bob um Hilfe, die Unschuld ihres Vaters zu beweisen …

Ein großes Abenteuer beginnt.

## SZENE: DIE DREI ??? SUCHEN TOKOLOSH IN DER HÖHLE

**00:04 s**

**00:13 s**

**00:22 s**

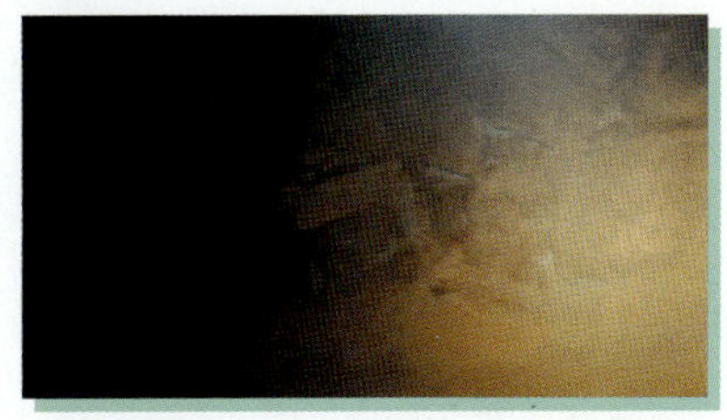

**00:28 s**

**00:35 s**

?

**00:44 s**

?

## ZEITSTRAHL-PROTOKOLL

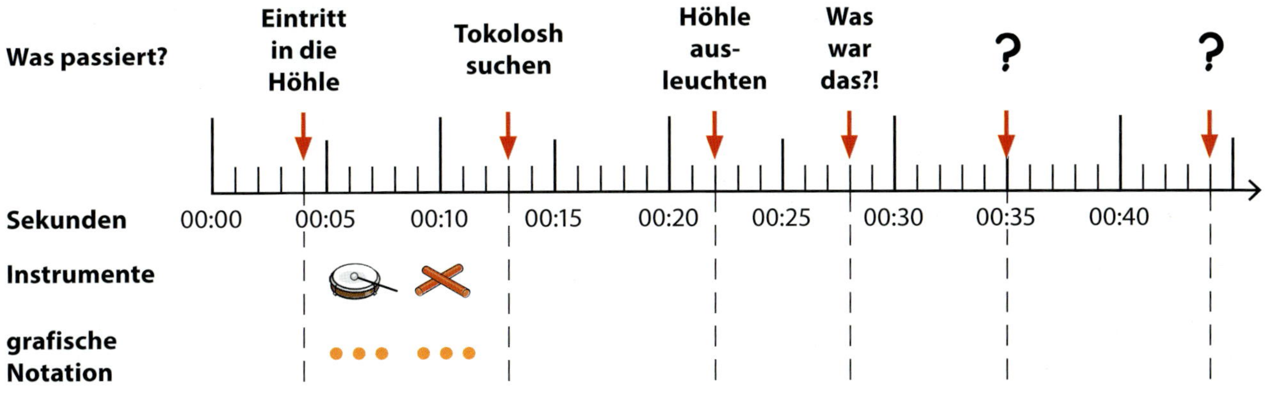


**4** Gestaltet ein Zeitstrahl-Protokoll zu der Szene in der Höhle. Überlegt, was bei den beiden letzten Bildern passieren könnte. Sucht passende Instrumente zu der Szene. Probiert unterschiedliche Klangmöglichkeiten aus und erfindet eure eigene Filmmusik. Schreibt eure Filmmusik als grafische Notation in euer Zeitstrahl-Protokoll. Nehmt die Musik auf.

**5** Hört den Ausschnitt aus „Tokolosh“ (C 44) von Annette Focks. Überlegt daraufhin, was am Ende der Szene passieren könnte.

**6** Vergleicht eure Filmmusik mit der Musik von Annette Focks (Stimmung, Tempo, **Klangfarbe**, **Dynamik**).

# Die Planeten

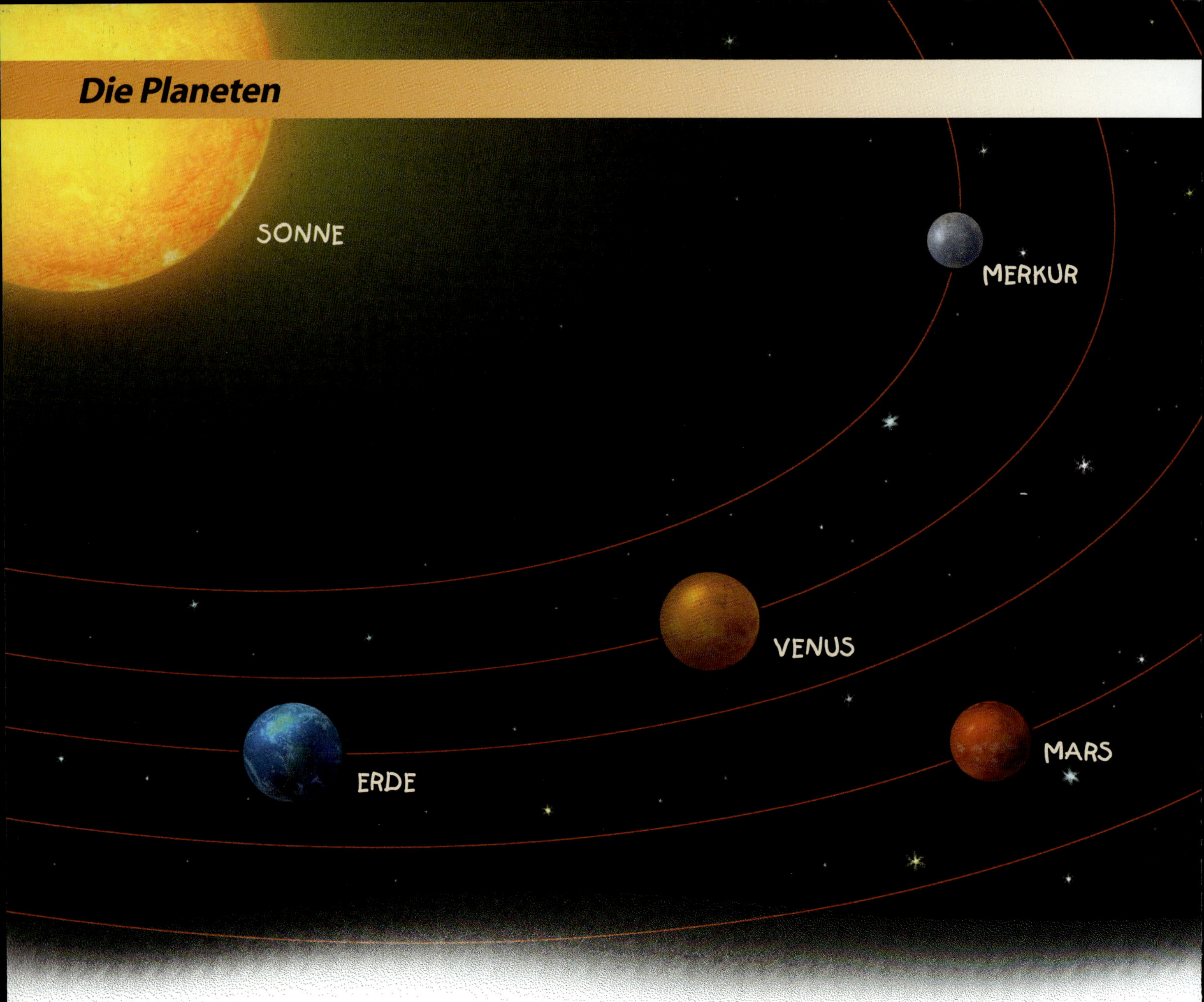


## DIE NAMEN DER PLANETEN

**So kannst du dir die Planetennamen unseres Sonnensystems merken:**

**M**EIN **V**ATER **E**RKLÄRT **M**IR **J**EDEN **S**ONNTAG **U**NSEREN **N**ACHTHIMMEL.

**M**erkur – **V**enus – **E**rde – **M**ars – **J**upiter – **S**aturn – **U**ranus – **N**eptun

## GUSTAV HOLST

Der englische Komponist Gustav Holst, geboren 1874, begann schon mit dem Komponieren, als er noch zur Schule ging.

Mit 19 Jahren bestand er eine schwierige Aufnahmeprüfung und durfte dann Komposition studieren.

Mit 40 Jahren fing Holst an, ein großes Werk zu schreiben. Es hatte zuerst den Titel „Sieben Stücke für großes Orchester“. Schon lange wollte er etwas komponieren, das sich mit der Astrologie (Sternenkunde) beschäftigt. Nachdem er ein Buch über Horoskope gelesen hatte, wusste er, wie sein Werk heißen soll: „Die Planeten“.

Dieses Werk komponierte Holst zunächst für zwei Klaviere. Erst später schrieb er auch eine Fassung für Orchester, Orgel und Frauenchor.

Er verstarb 1934 in London.

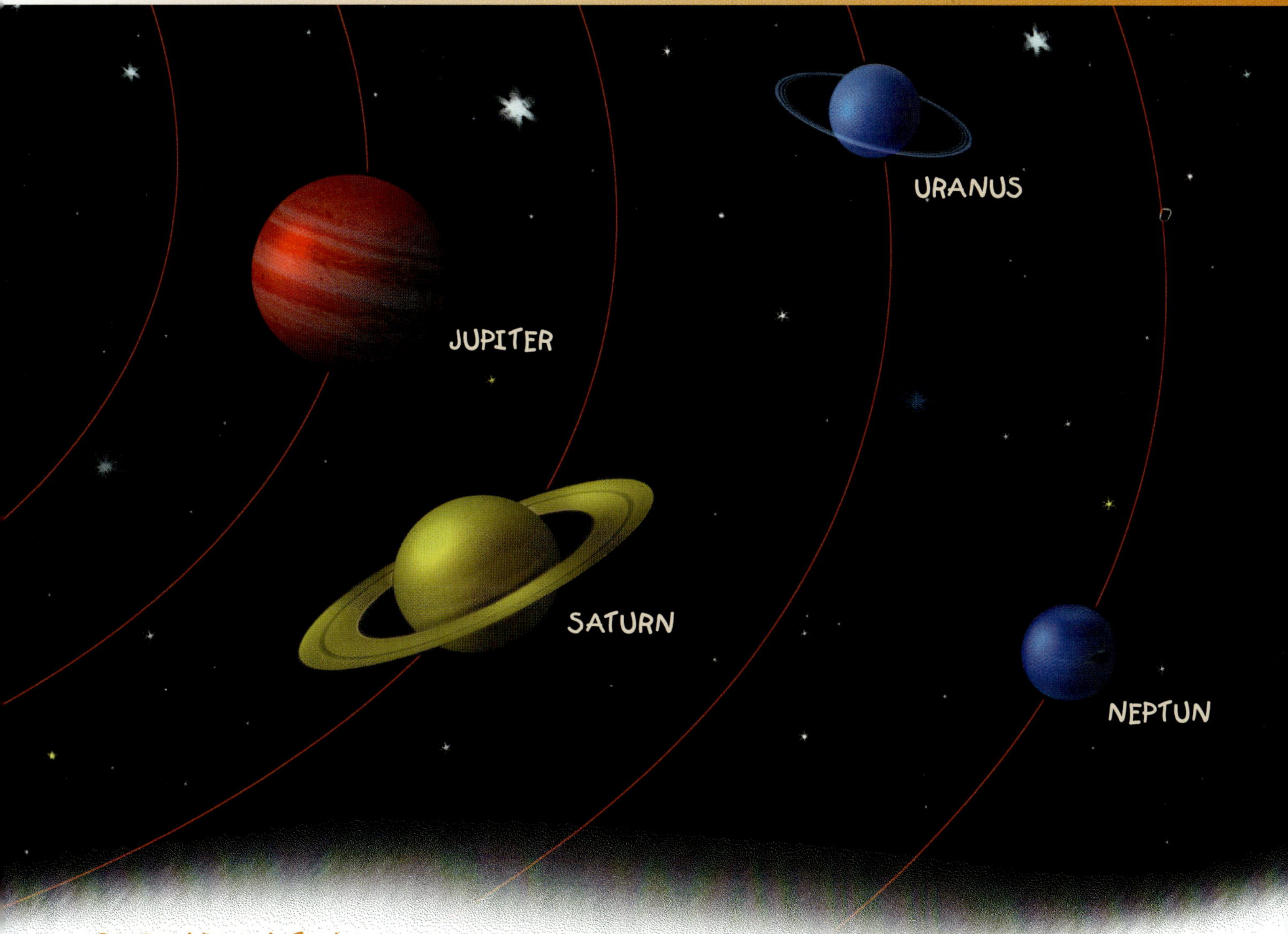


## SIEBEN PLANETEN

Die Astrologen glauben, dass jeder Planet unseres Sonnensystems ganz bestimmte Eigenschaften hat. In seinem Werk „Die Planeten" setzt Holst diese Eigenschaften musikalisch um.

In der Astrologie hat die Erde eine besondere Stellung und wird anders angesehen als die anderen sieben Planeten. Deshalb komponierte Holst für die Erde kein Musikstück.

Um die unterschiedlichen Eigenschaften der Planeten darzustellen, schrieb Holst sieben Musikstücke. Jedes Musikstück hat seinen eigenen Charakter: Die Klänge und Melodien reichen von zart und leise bis gewaltig und laut.

**Die sieben Sätze von „Die Planeten" haben folgende Titel:**

1. **Mars**, der Kriegsbringer
2. **Venus**, die Friedensbringerin
3. **Merkur**, der geflügelte Bote
4. **Jupiter**, der Bringer der Fröhlichkeit
5. **Saturn**, der Bringer des Alters
6. **Uranus**, der Magier
7. **Neptun**, der Mystiker

**1** Sprecht über die Planeten unseres Sonnensystems. Informiert euch auch im Internet oder in der Bücherei.

**2** Lest die Titel von „Die Planeten" und überlegt, wie die Musik dazu klingen könnte. Schreibt eure Ergebnisse auf Wortkarten.

**3** Sucht euch einen Planeten aus und erfindet eine eigene Musik dazu. Nehmt eure Wortkarten als Anregung. Wählt unterschiedliche Instrumente, die zu dem Planeten passen.

**4** Hört sieben Ausschnitte (C 45 bis 51) aus „Die Planeten" von Gustav Holst. Vergleicht diese Musik mit euren Stücken.

# Die Planeten

C 52

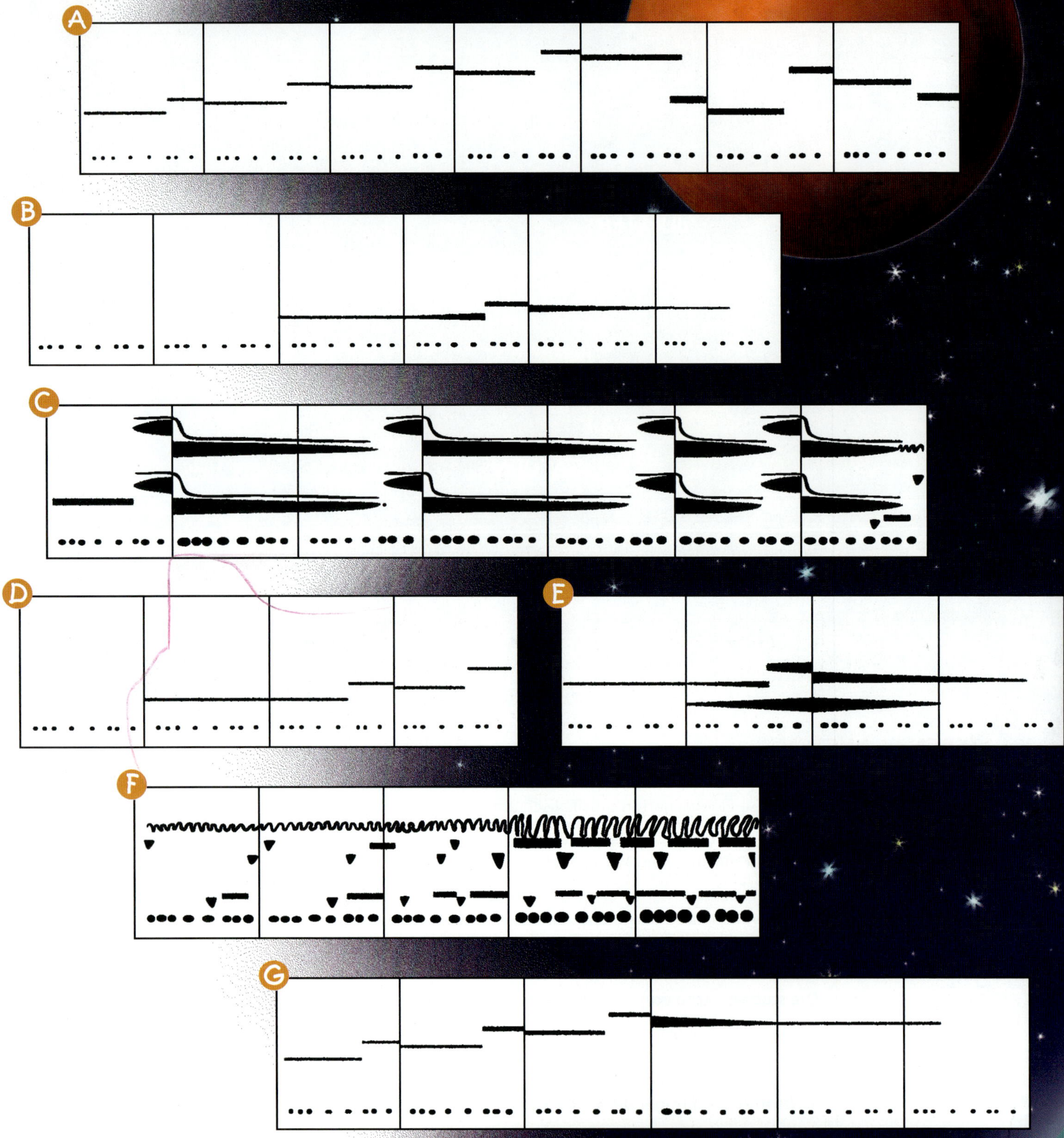


**5** Betrachte die grafischen Bausteine A bis G. Finde Gemeinsamkeiten und Unterschiede heraus. Überlege dann mit einem Partner, wie die Musik zu den einzelnen Bausteinen klingen könnte (leise, laut, zart, kräftig …). Begründet eure Meinung. Welcher Baustein könnte der Anfang und welcher das Ende eines Musikstücks sein? Hört zum Schluss den „Mars" (C 52) aus „Die Planeten" von Gustav Holst und bringt die Bausteine in die richtige Reihenfolge.

**6** Hört die Musik erneut und zeigt dabei den Verlauf mit dem Finger auf den grafischen Bausteinen an.

## ISAO TOMITA

Isao Tomita wurde 1932 in Tokio, der Hauptstadt von Japan, geboren. Er brachte sich selbst das Komponieren bei. Bei einem Wettbewerb für Komposition bekam er sogar den ersten Preis. Deshalb beschloss er, das Komponieren zu seinem Beruf zu machen.

Als Komponist erhielt er viele bedeutende Auszeichnungen. Bekannt wurde Tomita dadurch, dass er klassische Musik mit dem Synthesizer bearbeitete. Ein Synthesizer ist ein Musikinstrument, mit dem man Töne elektronisch erzeugt.

1976 gestaltete er „Die Planeten" auch auf dem Synthesizer.
An den Anfang dieses Werks setzte Tomita einen Raketenstart mit Countdown.

**7** Hört Ausschnitte aus der Orchester- und Klavierfassung von Holst und der Fassung von Tomita (C 52 bis 54) des „Mars" und vergleicht sie miteinander (Tempo, **Dynamik**, **Klangfarbe**, Wirkung).

**8** Erfindet einen Planeten-Tanz zu Tomitas „Mars". Lasst den Tanz mit dem Raketenstart beginnen, wie oben abgebildet. Macht den Raketenstart auch mit eurer Stimme nach.

C 55 bis 58

## CARL ORFF

„Der Mond" ist ein Märchen von den Brüdern Grimm.

Der Komponist Carl Orff (1895 – 1982) schrieb dazu eine Oper. In einer Oper wird eine Geschichte durch Musik und Schauspiel auf einer Bühne dargestellt.

Orff nannte dieses Werk auch „Ein kleines Welttheater", weil die Handlung auf der Erde, in der Unterwelt und im Himmel spielt.

Die Uraufführung der Oper fand 1939 in München statt und war sehr erfolgreich.

## DIE GESCHICHTE VON „DER MOND"

Es gab ein Land, wo die Nacht immer dunkel war, weil dort niemals der Mond aufging.
Vier Burschen gingen von dort auf Wanderschaft. Sie kamen in ein anderes Land, wo an einem Eichbaum eine Kugel hing und nachts leuchtete. Ein Bauer sagte zu den vier Burschen, dass das der Mond sei. Allerdings muss immer Öl nachgegossen werden, damit der Mond die ganze Nacht hindurch leuchten kann. Da beschlossen die Burschen, den Mond zu stehlen.

Es vergingen viele Jahre und die Burschen wurden alt.
Als der erste Bursche seinen Tod kommen sah, nahm er ein Viertel des Mondes mit in sein Grab. Das Licht des Mondes nahm dadurch ab.
Nach und nach starben die anderen Burschen und jeder nahm ein Viertel des Mondes mit in sein Grab. Am Ende lag das Land nachts wieder in absoluter Finsternis. In der Gruft erwachten die Burschen, stiegen aus ihren Särgen und leimten schnell ihre Mondteile zusammen.

Vom hellen Licht geblendet erwachten die anderen Toten. Sie starrten verwundert in das Licht.
Die vier Burschen erklärten ihnen, dass das der Mond sei, den sie hinab in das Totenreich gebracht hätten.
Daraufhin feierten die erwachten Toten lange und wild.
Der Lärm war bis zum Heiligen Petrus im Himmel zu hören. Der Heilige Petrus wollte für Ruhe sorgen und stieg hinab in das Totenreich.
Er entdeckte den Mond und überlegte sich einen Plan: Er feierte mit den Toten und ermunterte sie, weiter zu trinken. Schließlich wurden alle müde und der Heilige Petrus sang sie in den Schlaf.
Als alle wieder in ihren Gräbern lagen, nahm er den Mond, ging zurück in den Himmel und hing ihn dort auf. Seitdem haben wir einen Mond.

1. Hört die Einleitung der Oper „Der Mond" (C 55) von Carl Orff und sprecht über eure Höreindrücke (Instrumente, Ausdruck der Stimmen, Zusammenhang zwischen Text und Melodie).
2. Hört den Ausschnitt (C 56), in dem die Burschen den Mondraub beschließen. Wodurch wird Spannung erzeugt?
3. Hört den „Angstschrei des Volkes" (C 57) und sucht Gründe dafür.
4. Hört den Ausschnitt, in dem der Heilige Petrus die Toten in den Schlaf singt (C 58). Mit welchen musikalischen Mitteln gelingt ihm das?

## DIE BEGEGNUNGS-SZENE

Eine wichtige Szene in der Oper „Der Mond" ist die Begegnung der erwachten Toten mit den vier Burschen und dem Mond.

## TEXTE ZUR SZENE

**Die vier Burschen:**

Das ist der Mond,
den haben wir hierher gebracht,
dass er vertreib die grausig lange Nacht.

Sein Licht, das ließ uns selber gar nicht ruhn,
drum stiegen wir aus unsern engen Truhn
und haben ihn da aufgehängt.

Es freut uns, dass es euch so drängt
in diese Helle, die er schafft.
Das ist der Mond und seine Kraft!

**Die Toten:**

Was ist das?
Was ist das?
Was ist das für ein Licht?

*Carl Orff*

**5** Spielt die Begegnungs-**Szene** mit verteilten Rollen, passender Kleidung und **Requisiten** nach.

**6** Überlegt, wie die Toten und die vier Burschen miteinander sprechen könnten (Lautstärke, Höhe und Ausdruck der Stimme, Sprechtempo). Übt dann die Texte mehrmals. Macht dabei auch Sprechpausen und Geräusche für den Hintergrund.

**7** Hört die Begegnungs-**Szene** (D 1). Wie wurde die Spannung erzeugt? Denkt dabei auch an eure Darstellung.

☆ **8** Informiert euch über Opernhäuser in eurer Umgebung und plant eine Besichtigung.

# Leit, Leit, Leitl müassts lustig sei

D 2

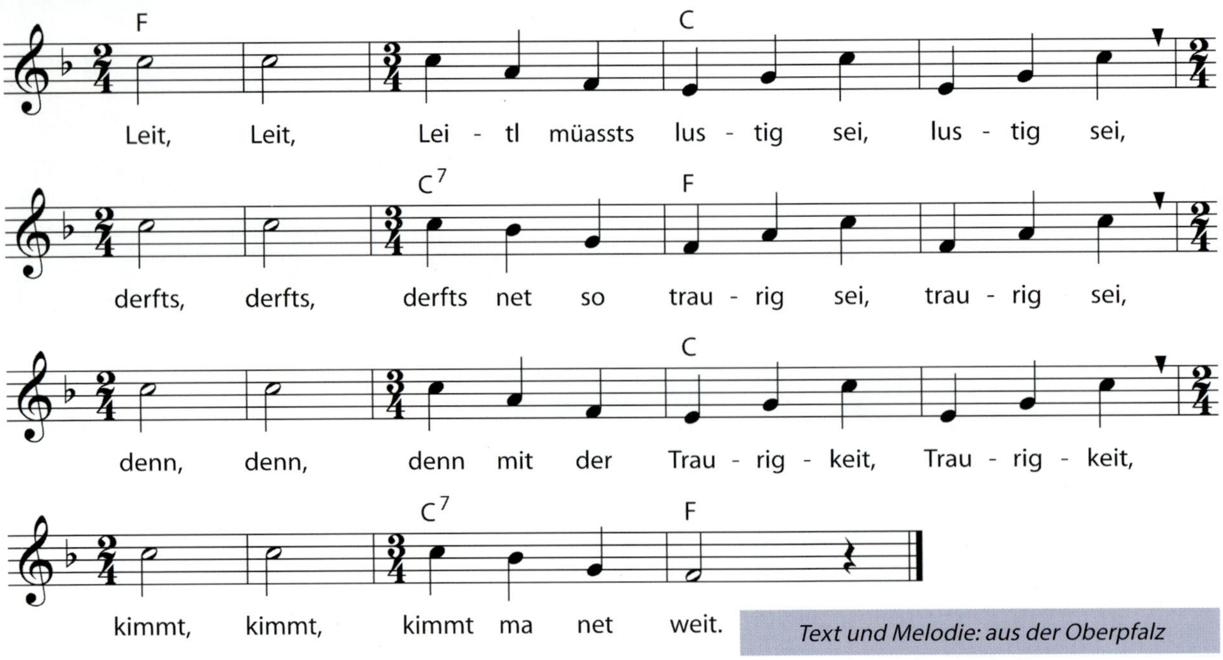


*Text und Melodie: aus der Oberpfalz*

## TEXT

## BEGLEITBAUSTEINE

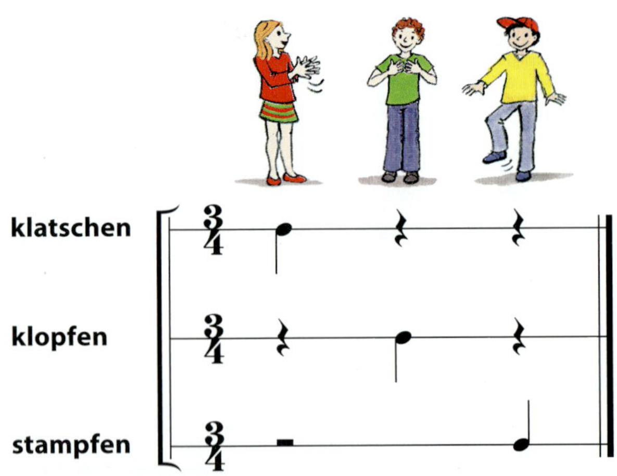


1. Hört das Lied (D 2) und sprecht über seine Herkunft und den Text.
2. Schreibe den Text ab: die 2/4-Takte in Rot, die 3/4-Takte in Blau. Übe dann mit einem Partner die Begleitbausteine ein. Ordnet sie den Takten im Lied zu. Singt zum Schluss das Lied mehrmals und begleitet es mit den Bausteinen.
3. Setzt die Begleitung mit Körperinstrumenten passend zum Melodieverlauf ein.
4. Überlegt, warum man das Lied „Zwiefacher“ nennen kann. Sucht den Begriff im Internet oder im Lexikon und überprüft eure Vermutungen.

# Draußa em Wald

D 3

STROPHE

REFRAIN

2. Mi frierts an d'Händ, weil i kei Händschich hao,
mi frierts an d'Händ ond an d'Füaß au.

3. D'Sonne isch do! Guck, wie mei Kindle lacht.
D'Sonne isch do, jetzt sind mir froh!

*Text und Melodie: aus Schwaben*

## BEGLEITUNG REFRAIN

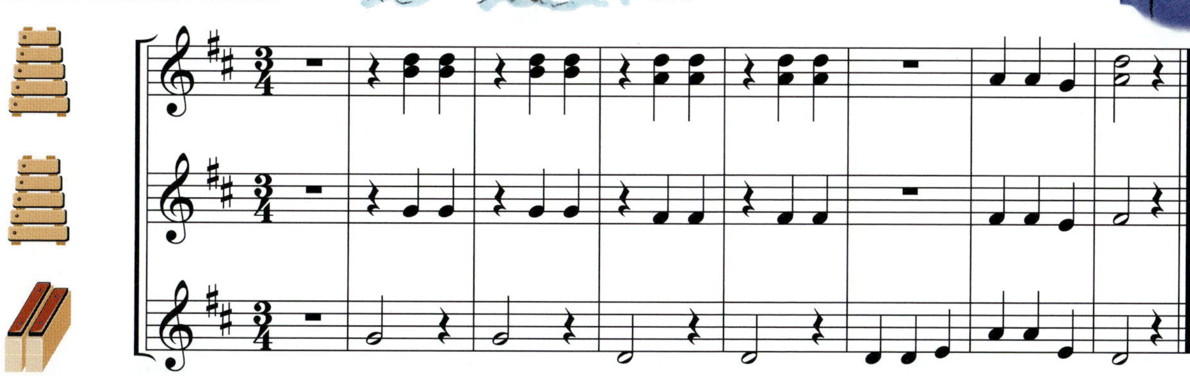

**1** Erfindet zum Liedtext eine Klanggestaltung mit Instrumenten und Stimmgeräuschen.

**2** Singt das Lied (D 3) und begleitet die Strophe mit eurer Klanggestaltung und den Refrain mit der vorgegebenen Begleitung.

**3** Übt die 2. Stimme ein: Betrachtet das Notenbild, zeigt den Melodieverlauf beider Stimmen mit der Hand an und vergleicht eure Handbewegungen. Übt schwierige Stellen gesondert ein und unterstützt eure Übungen mit einem Melodieinstrument. Singt die 2. Stimme zur CD.

**4** Spielt die 2. Stimme auf einer Blockflöte als Vor-, Zwischen- und Nachspiel.

**5** Sprecht über die Herkunft des Liedes. Informiert euch über Lieder aus eurer Region.

# Jovano, Jovanke

D 4

## MUSIK AUS MAZEDONIEN

Mazedonien ist ein kleines Land in Osteuropa. Im Norden wird es von Serbien, im Osten von Bulgarien, im Süden von Griechenland und im Westen von Albanien begrenzt. Die Musik Mazedoniens ist stark von der griechischen Musik beeinflusst. Ein typisches Merkmal dieser Musik ist die ungerade Taktart wie der 7/8-Takt (lang – kurz – kurz). Häufig vorkommende Instrumente sind Klarinette, Geige, Flöte und Trommel.

2. Jovano, Jovanke,
   jas te tebe čekam, mori, doma da mi dojdeš.
   A ti ne dovagjaš, dušo, srce moe, Jovano.
3. Jovano, Jovanke,
   tvojata majka, mori, tebe, ne te pušta,
   so meine da dojdeš, dušo, srce moe, Jovano.

Aussprache: š = sch, č = tsch
* Der Vardar ist ein Fluss in Mazedonien.

*Text und Melodie: volkstümlich*

**Übersetzung des Textes:**

1. Jovano, Jovanke, du sitzt am Vardar,*
   bleichst das weiße Leinen und schaust nach oben.
2. Jovano, Jovanke, ich warte auf dich,
   dass du in mein Haus kommst.
   Aber du darfst nicht, mein Herz, Jovano.
3. Jovano, Jovanke, deine Mutter lässt dich
   nicht zu mir kommen, mein Herz, Jovano.

## BEGLEITUNG

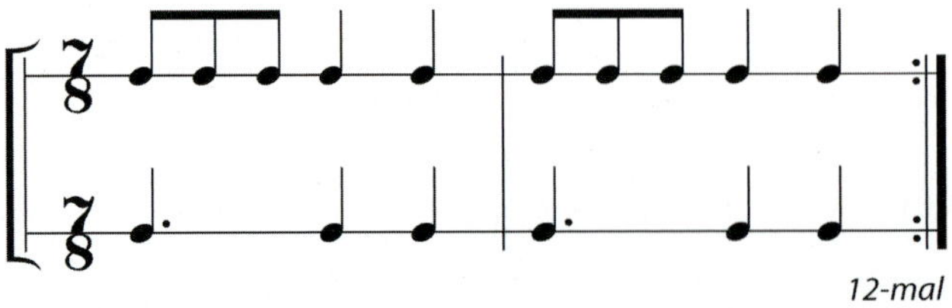

1 Hört das Lied (D 4) und geht dabei zum Rhythmus der Musik (lang – kurz – kurz).
2 Denkt euch unterschiedliche Bewegungsrichtungen und Schrittfolgen zu diesem Rhythmus aus. Verwendet dafür auch Schritte des Tanzes „Kalamatianos“ (→ Seite 129).
3 Singt und begleitet das Lied mit Instrumenten. Singt bei der Wiederholung auch die 2. Stimme.

# Kalamatianos – Samiotissa

D 5

## KALAMATIANOS

Der Kalamatianos ist ein griechischer Volkstanz.
So wie bei der mazedonischen Musik ist auch beim Kalamatianos der 7/8-Takt die Besonderheit. Die Grundschrittfolge lang – kurz – kurz wird in 6er-Reihen über 4 Takte getanzt.

*Text und Melodie: aus Griechenland*

## GRUNDSCHRITT

**Takt 1**

**rechts 1 Schritt vorwärts**
**lang ♩.**

**links 1 Schritt vorwärts**
**kurz ♩**

**rechts 1 Schritt vorwärts**
**kurz ♩**

**Takt 2: Die Schritte gegengleich wiederholen.**

**Takt 3**

**rechts 1 Schritt seitwärts**
**lang ♩.**

**links 1 Schritt vorwärts**
**kurz ♩**

**rechts 1 Schritt zurück**
**kurz ♩**

**Takt 4: Die Schritte gegengleich wiederholen.**

1. Hört das Lied (D 5). Klatscht den 7/8-Takt dazu und betont die Zählzeiten 1, 4 und 6. Unterstützt euer Klatschen mit der Paukenbegleitung von „Jovano, Jovanke“ (→ Seite 128).
2. Stellt euch in 6er-Reihen mit W-Fassung (→ Seite 186) auf. Tanzt den Grundschritt zur Musik.

3. Ändert den Tanz mit eigenen Schrittfolgen, z. B. ganze Drehung, rückwärts tanzen, Sprung auf Zählzeit 1.
4. Besprecht euren Tanz und schreibt auf, wie ihr den Tanz eingeübt habt.

# Hadi Bakalim

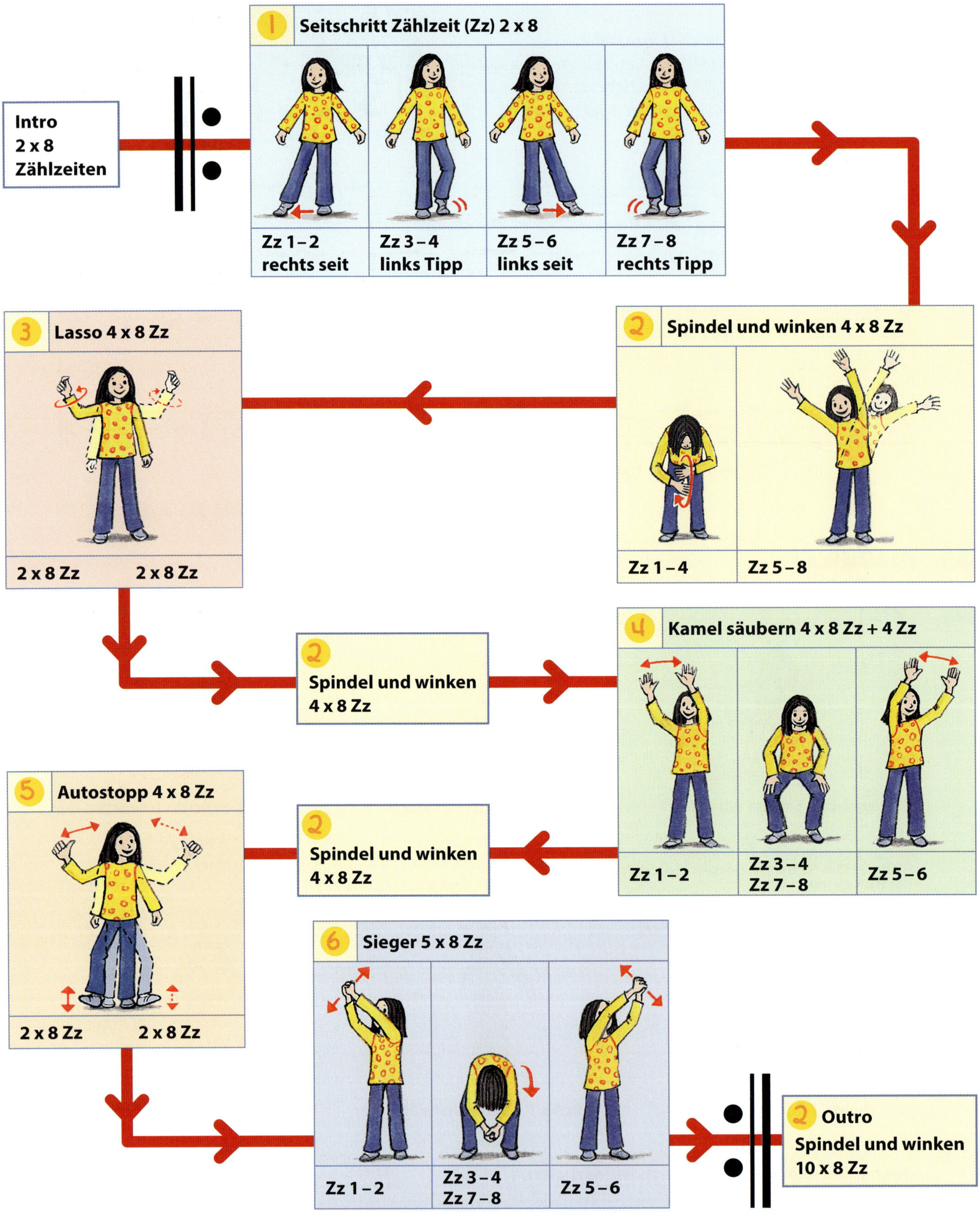


1. Hört das türkische Lied „Hadi Bakalim“ (D 6) und vergleicht die Musik mit den Tanzbewegungen.
2. Übt den gesamten Pop-Tanz ein und tanzt ihn zur Musik.
3. Stellt euch in zwei Gruppen gegenüber und tanzt „Hadi Bakalim“ als Spiegeltanz.
4. Fragt Freunde oder Verwandte nach weiteren Tänzen aus anderen Ländern.

D 7

## REFRAIN

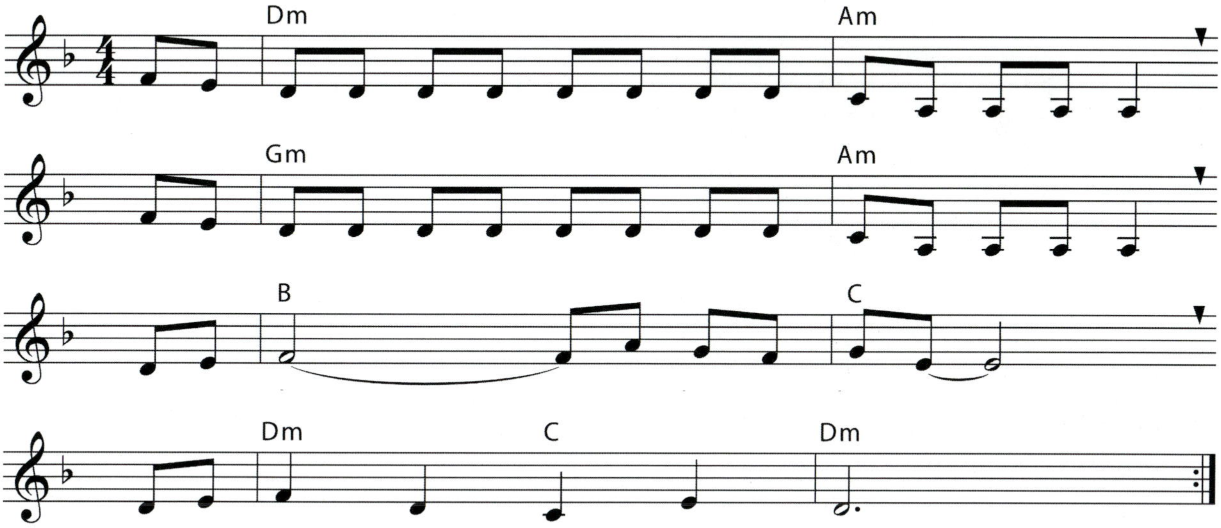


*Melodie: aus Israel*

## SCHRITTFOLGE REFRAIN (insgesamt 8 x 8 Zählzeiten)

| Zählzeit (Zz) 1–2 | Zz 3–4 | Zz 5–6 | Zz 7 / Zz 8 |
|---|---|---|---|
| **3 Schritte am Platz: rechts – links – rechts** | **2 Schritte vor: links – rechts** | **3 Schritte am Platz: links – rechts – links** | **1/2 Drehung nach rechts: rechts – links** |
| ♪♪♩ | ♩♩ | ♪♪♩ | ♩♩ |

## BEGLEITUNG REFRAIN

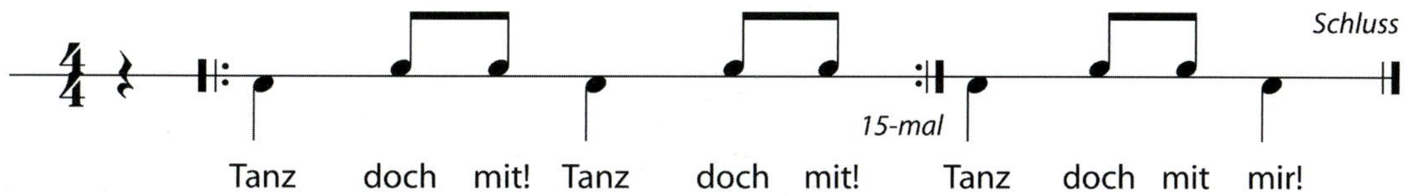


1. Hört das Lied (D 7) und unterscheidet Strophe („Adama ...") und Refrain („Heyja ...").
2. Bildet einen Stirnkreis (→ Seite 187) und tanzt die Schrittfolge des Refrains zur Musik. Sprecht über die beiden Blickrichtungen (Blick in die Kreismitte, Blick aus dem Kreis hinaus).
3. Erfindet eine Schrittfolge zur Strophe und verbindet sie mit den Schritten zum Refrain.
4. Begleitet euren Tanz im Refrain mit Bongos. Beachtet dabei das Schnellerwerden (**accelerando**) nach jeder Strophe und nach jedem Refrain.

# Epo i tai tai

D 8

## ZUM LIED

„Epo i tai tai" ist ein bekanntes Kinderlied aus Neuseeland. Neuseeland liegt auf der anderen Seite der Erdkugel. Wenn bei uns in Deutschland Sommer ist, haben die Neuseeländer Winter.

Das Lied wurde dort von den Ureinwohnern, den Maori, gesungen. Die Übersetzung des Textes lautet: Die große Flut kam, aber wir sind alle davongekommen.

Die Maori begleiten das Lied mit Pois. Das sind weiche Bälle an Schnüren, die im Kreis geschleudert werden.

Das Poi-Spiel ist ungefähr 1 000 Jahre alt. Noch heute gehört es zur Kultur der Neuseeländer.

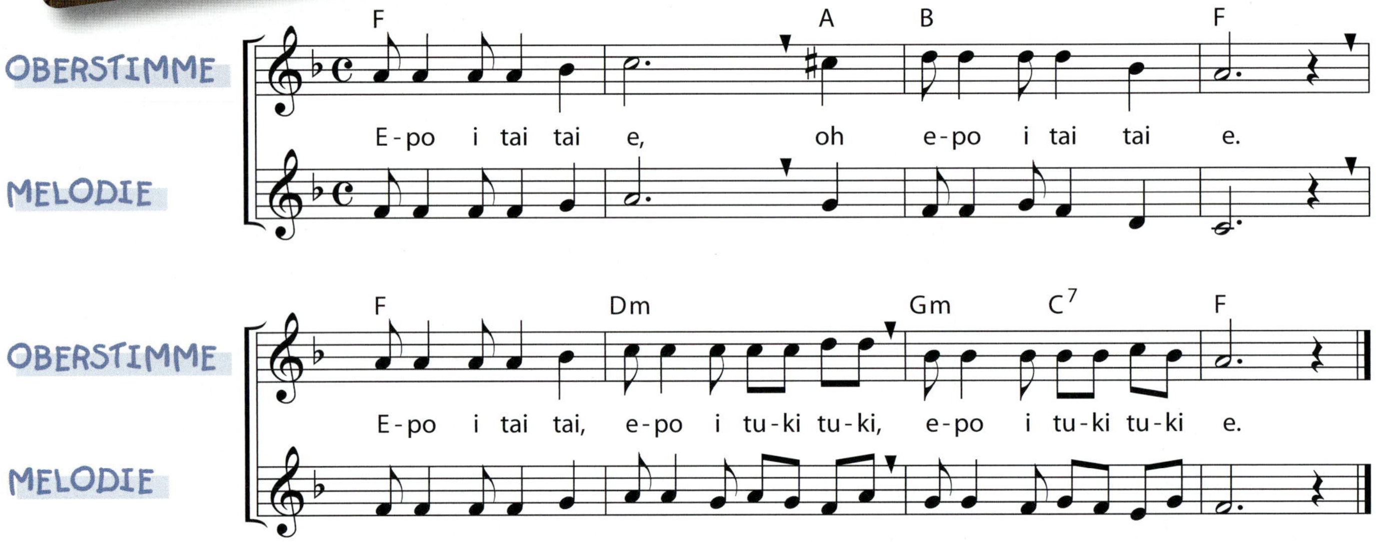


*Text und Melodie: aus Neuseeland*

1. Singt zuerst die Melodie und dann die Oberstimme zur CD (D 8).
2. Stellt die beiden Stimmen mit Seilen dar: Macht für jeden Ton einen Knoten ins Seil und legt das Seil passend zum Melodieverlauf.
3. Bastelt euch Pois aus mit Sand gefüllten Luftballons und Bändern oder Tüchern. Gestaltet damit eine eigene **Choreografie** (Kreisen vor oder seitlich neben dem Körper).
4. Bereitet eine Aufführung vor, bei der ihr euch wie Maoris kleidet, das Lied singt und es mit den Pois gestaltet.

# Simama kaa

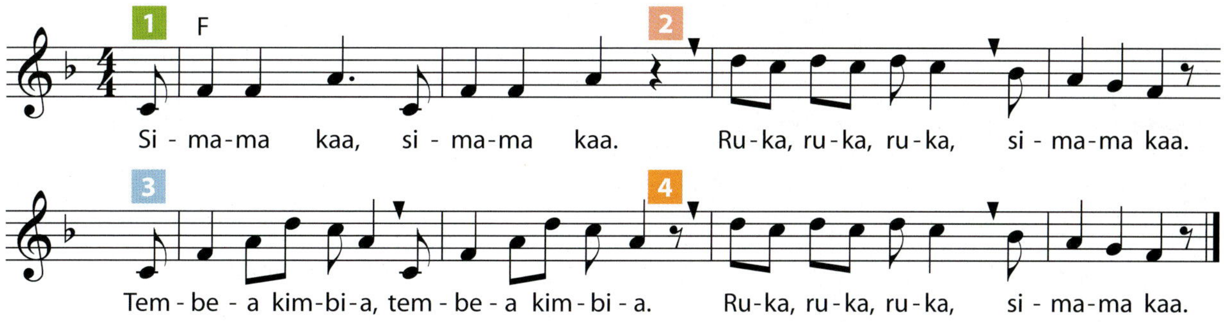


*Text und Melodie: aus Tansania*

**simama = stehen** | **kaa = hocken** | **ruka = hüpfen** | **tembea = gehen** | **kimbia = rennen**

## BEGLEITUNG

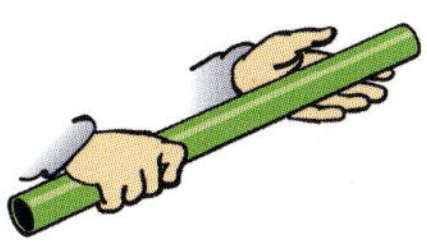

| Zz | 1 | 2 | 3 | 4 | 1 | 2 | 3 | 4 |
|---|---|---|---|---|---|---|---|---|
| F | X | | X | | X | | X | |
| C | | X | | X | | X | | |

*7-mal* — *Schluss*

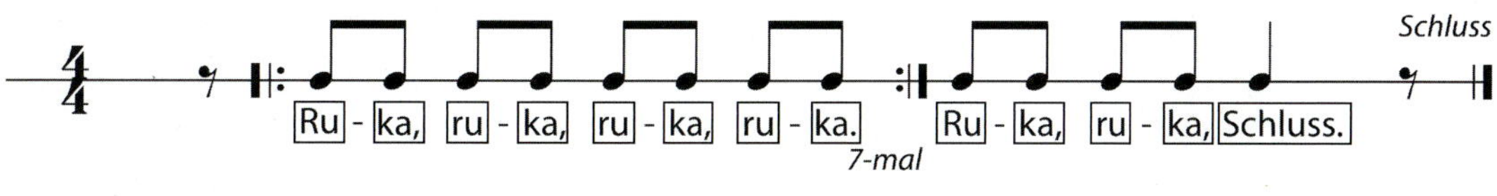

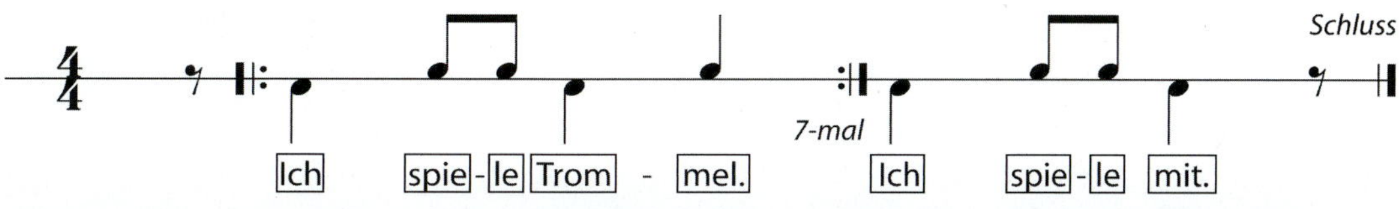


**1** Singt das Lied (D 9) und führt dazu die Bewegungen aus.

**2** Begleitet das Lied, indem ihr mit den Begleitungen nacheinander einsetzt und aufhört. Sprecht über lauter werdendes (**crescendo**) und leiser werdendes (**decrescendo**) Singen. Füllt die Pausen in der Gesangsbegleitung mit dem Schellenring.

**3** Singt das Lied als Kanon und tanzt dazu.

# The wheels on the bus

D 10

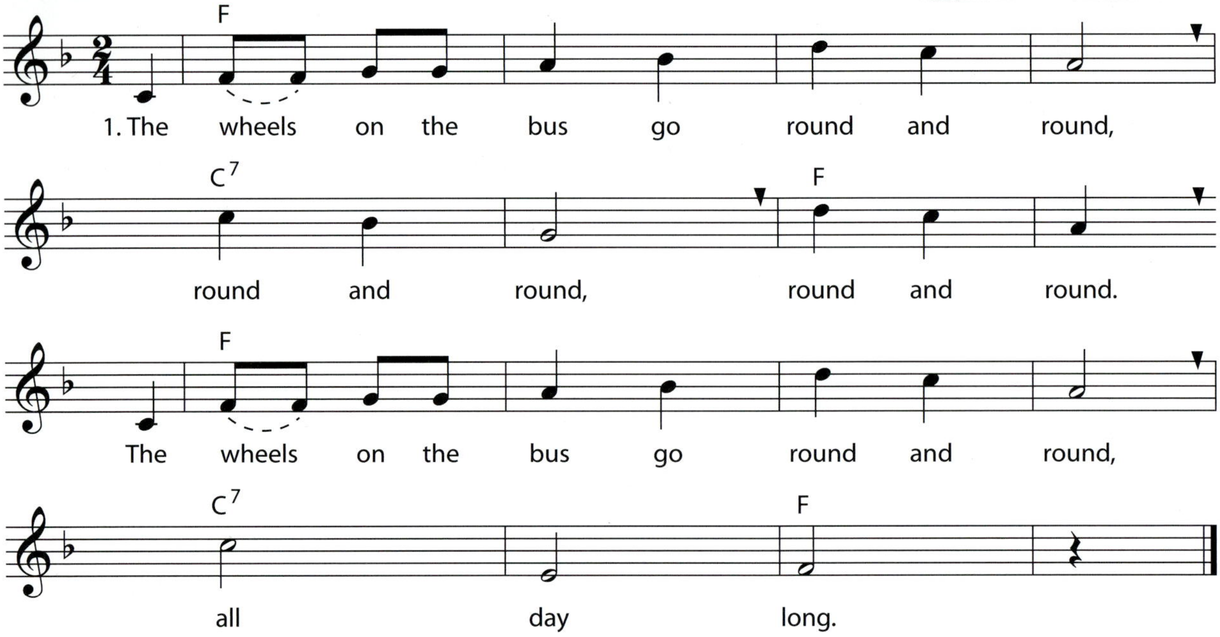

2. The horn on the bus goes
beep, beep, beep,
beep, beep, beep,
beep, beep, beep.
The horn on the bus goes
beep, beep, beep, all day long.

3. The brakes on the bus go
screech, screech, screech,
screech, screech, screech,
screech, screech, screech.
The brakes on the bus go
screech, screech, screech, all day long.

4. The people on the bus go
up and down,
up and down,
up and down.
The people on the bus go
up and down, all day long.

5. The wheels on the bus go
round and round,
round and round,
round and round.
The wheels on the bus go
round and round, all day long.

*Text: Brigitte Schanz-Hering*
*Melodie: aus England*

1. Singt das Lied (D 10) und stellt den Text **szenisch** dar.
2. Erfindet weitere Strophen und passende Bewegungen dazu. Lernt das Lied dann mithilfe der Bewegungen auswendig.
3. Singt das Lied „stumm“ und führt dabei eure Bewegungen aus.
4. Sprecht über den Straßenverkehr: euren Schulweg, unterschiedliche Verkehrsmittel und ihre Vor- und Nachteile, Gefahren im Verkehr und deren Vermeidung.

# Der Drei-Töne-Boogie

D 11, 12

## DER BOOGIE-WOOGIE

Um 1910 begannen Pianisten in Chicago eine neue Musik zu spielen: den Boogie-Woogie. Sie traten damit in Lokalen, Musikhallen oder bei privaten Hauskonzerten auf.

Ab 1930 verbreitete sich der Boogie-Woogie in ganz Amerika. Die Begeisterung für diese schnelle, mitreißende Musik war groß. Das Publikum stand begeistert von seinen Sitzen auf und tanzte dazu.

Der „Drei-Töne-Boogie" ist dem Boogie-Woogie von damals nachempfunden.

## ABLAUF

| | | | | | | | | | | | | | | | |
|---|---|---|---|---|---|---|---|---|---|---|---|---|---|---|---|
| C | C | C | C | F | F | C | C | G | F | C | C | G | F | C | C |

## BEGLEITUNG MIT KÖRPERINSTRUMENTEN

zu C

zu F

zu G

## DREI-TÖNE-BOOGIE

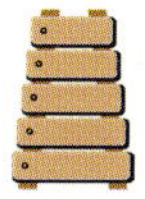

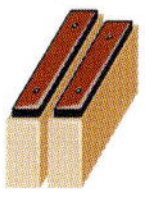

Christiane Wanjura-Hübner

1. Hört das Stück (D 11) und verfolgt dabei den Ablaufplan mit den Ton-Namen.
2. Begleitet das Stück mit den Körperinstrumenten. Erfindet auch eigene Bewegungen.
3. Findet heraus, warum das Stück „Drei-Töne-Boogie" heißt.
4. Übt das Stück mit Instrumenten ein. Spielt in der langsamen (D 12) oder in der schnellen (D 11) Fassung.
5. ☆ Bildet Gruppen (Blockflöten, Metallofone, Keyboards) und wechselt euch beim Spielen der Melodie ab.

# Cadiz

D 13, 14

## DER FLAMENCO

Cadiz ist eine Stadt in Andalusien, das ist in Südspanien. Die Musik von Andalusien, der Flamenco, ist weltberühmt. Zur Flamenco-Musik kann auch getanzt werden.
Typisch für diese Musik sind der Gitarrenklang, der besondere Gesang und die rhythmische Begleitung mit Klatschen und Kastagnetten.
Viele Flamenco-Stücke sind nach der sogenannten „andalusischen Kadenz" komponiert. Das ist eine Akkord-Folge mit den Akkorden Am, G, F und E. Dieses Schema wird von den Flamenco-Gitarristen oft erweitert oder umgestellt.

## ABLAUF

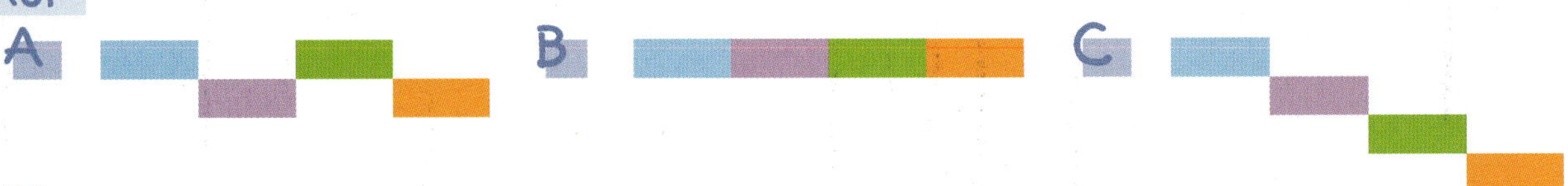


## CADIZ

*Eckart Vogel*

1. Hört das Stück „Cadiz" (D 13) von Eckart Vogel und findet heraus, welcher Ablauf zur Musik passt.
2. Spielt zur CD die Bassklangstäbe-Stimme auf verschiedenen Instrumenten und erzeugt dabei die andalusische Kadenz. Übt anschließend das gesamte Stück ein.
3. Hört „El Porompompero" (D 14) von Manolo Escobar und zeigt an, wann ihr den „Cadiz" heraushört. Spielt an den passenden Stellen mit.
4. ☆ Informiert euch über Andalusien und Flamenco-Musik. Gestaltet eine Präsentation (Whiteboard, Plakate, PowerPoint) mit Bildern, Informationen und Musik.

# I ali'i nō 'oe

D 15, 16

2. I noho aku au a i kuku nāu lā.
I kuene ho'i ko nui kino lā.

3. He keu'oe a ke aloha'ole lā.
I nēia mau maka 'imo aku nei lā.

4. Ho'ike mai nō, a he palupalu lā.
A he iwi ha'i wale ko ka 'amakihi lā.

5. 'O ka pou kaena iho kēia lā.
E 'uīuī nei ke kaula 'ili lā.

6. Ha'ina 'ia mai ana ka puana lā.
I ali'i nō 'oe, i kanaka au lā.

*Text und Melodie: aus Hawaii*

Das Lied „I ali´i nō ´oe" ist ein altes Volkslied aus Hawaii. Es handelt von einer Sklavin, die sich mehr Anerkennung von ihrem Herrn wünscht. Mit diesem Lied wollte die Königin Lili'uokalani auf die Unterdrückung des hawaiianischen Volkes aufmerksam machen.

## VOR- UND ZWISCHENSPIEL

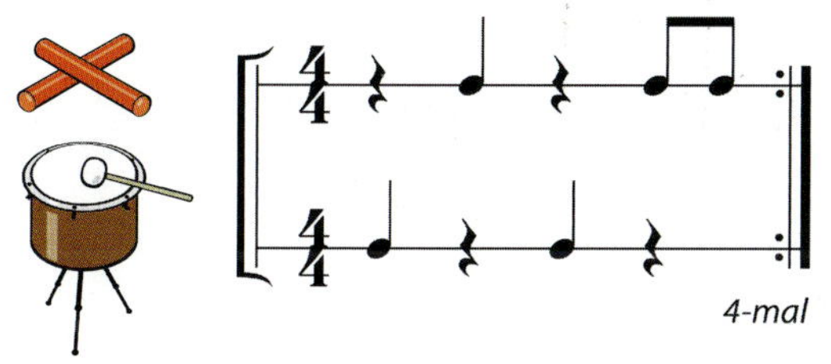

*4-mal*

## BEGLEITUNG STROPHEN

| Zz | 1 | 2 | 3 | 4 | 1 | 2 | 3 | 4 | 1 | 2 | 3 | 4 | 1 | 2 | 3 | 4 |
|---|---|---|---|---|---|---|---|---|---|---|---|---|---|---|---|---|
| A | X | | X | | X | | X | | X | | X | | X | | X | |
| Fis | X | | X | | X | | X | | | | | | X | | X | |
| E | | | | | | | | | X | | X | | | | | |
| D | X | | X | | X | | X | | | | | | X | | X | |
| Cis | | | | | | | | | X | | X | | | | | |

*2-mal*

Israel „IZ" Kamakawiwo'ole hat mit seinem Lied „Over the rainbow / What a wonderful world" die Musik aus Hawaii und die Ukulele in Europa bekannt gemacht. Er war nicht nur Musiker, sondern setzte sich auch für die hawaiianischen Ureinwohner und die Erhaltung der hawaiianischen Sprache ein. Israel „IZ" Kamakawiwo'ole wurde nur 38 Jahre alt.

**1** Hört das Lied „I ali´i nō ´oe" (D 15) und spielt die Begleitung zum Vor- und Zwischenspiel.

**2** Singt das Lied zuerst zur CD. Begleitet es dann mit Boomwhackers.

**3** Informiert euch im Internet oder in der Bücherei über Hawaii und gestaltet ein Plakat dazu.

**4** Hört „Over the rainbow / What a wonderful world" (D 16) und beschreibt die Stimmung des Lieds.

# Zupfinstrumente

D 17, 18

Bei Zupfinstrumenten wird der Ton erzeugt, indem die Saiten meistens mit den Fingern angezupft werden. Ein Korpus verstärkt den Klang der Saite.

Zu den Zupfinstrumentenfamilien gehören neben der Ukulele auch die Gitarre, die E-Gitarre, die Laute und die Harfe.

## DIE UKULELE

Die Ukulele wird von den Hawaiianern „springender Floh" genannt. Sie wurde 1860 von den Portugiesen auf die Insel gebracht. „Springender Floh" heißt die Ukulele deshalb, weil die Spieler ihre Finger so schnell auf dem Instrument bewegen. Die Ukulele hat vier Saiten mit den Tönen G – C – E – A.

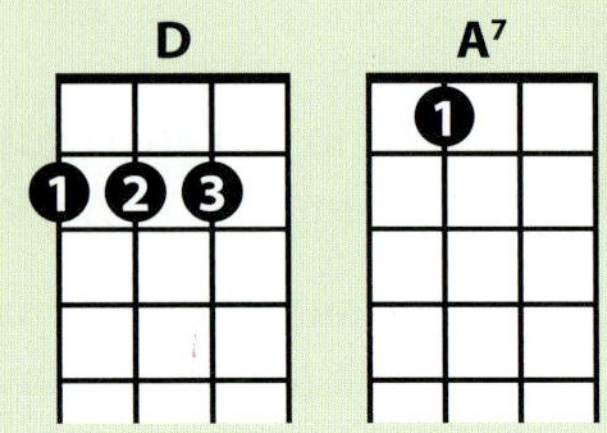


## DIE GITARRE

Die Gitarre sieht so ähnlich aus wie die Ukulele. Sie ist aber größer und klingt deswegen tiefer. Sie hat sechs Saiten mit den Tönen E – A – D – G – H – E.

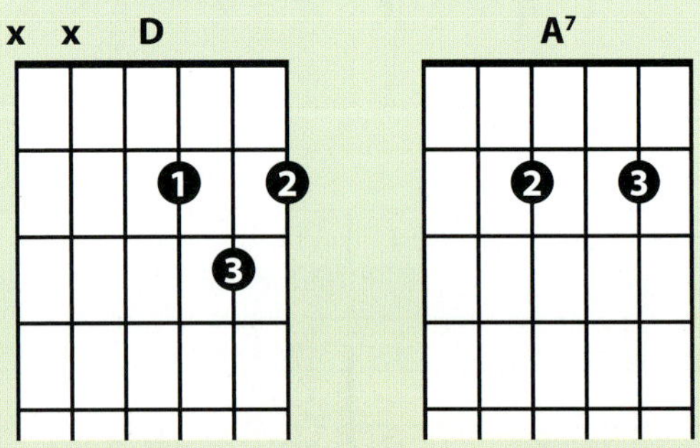


## DER WEG DES TONS

**1. Die Saite wird angezupft und schwingt.**

**2. Die Schwingungen werden vom Steg auf die Korpusdecke übertragen.**

**3. Im Korpus (Resonanzkörper) wird der Ton verstärkt.**

**4. Der Ton kommt aus dem Schallloch.**

**1** Nehmt eine Ukulele oder eine Gitarre und vollzieht den Weg des Tons nach.

**2** Höre den Klang einer Ukulele (D 17) und den Klang einer Gitarre (D 18) und schreibe Stichwörter. Übe dann mit einem Partner die Akkorde D und A7 ((7 hochgestellt!!)) auf einer Ukulele oder Gitarre. Begleitet zum Schluss mit den geübten Akkorden das Lied „I ali´i nō ´oe" (→ Seite 137).

## DIE E-GITARRE

Die E-Gitarre (= elektrische Gitarre) hat keinen Resonanzkörper. Der Ton wird elektroakustisch über einen Tonabnehmer mit einem Kabel auf einen Verstärker übertragen, der den Ton hörbar macht.

Viele Gitarristen spielen die E-Gitarre mit einem **Plektrum**, einem kleinen Plättchen aus Kunststoff.

## DIE HARFE

Die Harfe ist eines der ältesten Instrumente der Menschheit. Es gab sie schon vor 5 000 Jahren.

Die Harfe hat Pedale an ihrem Fuß. Damit wird die Spannung der Saiten verändert. Werden die Saiten mehr gespannt, erhöht sich der Ton.

## DIE LAUTE

Die Laute ist ein sehr altes Zupfinstrument. Sie wurde schon 2 000 Jahre v. Chr. gespielt.

Im 16. und 17. Jahrhundert war die Laute ein sehr beliebtes Musikinstrument. Damals wurde sie mit Saiten aus Darm bespannt. Heute werden die Saiten aus Kunststoff hergestellt.

Lauten haben nicht einfache Saiten, sondern Saitenpaare: Jeder Ton hat zwei gleich klingende, dicht aneinander liegende Saiten.

**3** Hört den Klang einer E-Gitarre (D 19), einer Laute (D 20) und einer Harfe (D 21) und sprecht über die unterschiedlichen **Klangfarben**.

**4** Vergleicht die Hörbeispiele 1 bis 5 (D 22 bis 26) und bestimmt, um welches Instrument es sich jeweils handelt.

☆ **5** Sucht im Internet oder in der Bücherei nach weiteren Informationen über Zupfinstrumente.

# Streichinstrumente

Instrumente, die mit einem Bogen gestrichen werden, nennt man Streichinstrumente. Der Ton wird durch das Streichen mit einem Bogen über die Saiten erzeugt. Die Tonhöhe hängt von der Länge der Saiten ab: je länger die Saite, umso tiefer der Ton.

Die Violine (Geige), die Viola (Bratsche), das Violoncello (Cello) und der Kontrabass (Bass) sind Streichinstrumente.

## DER WEG DES TONS

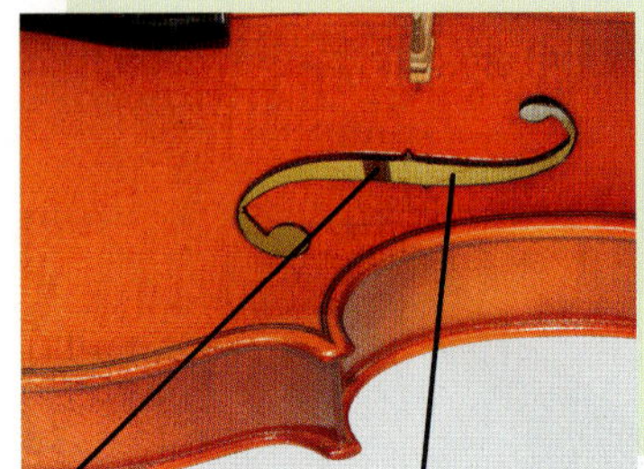

1. **Die Schwingungen der Saite werden vom Steg auf die Korpusdecke übertragen.**
2. **Der Ton wird im Korpus verstärkt.**
3. **Der Stimmstock überträgt die Schwingungen auf den Geigenboden.**
4. **Der Ton tritt aus den F-Löchern heraus.**

**Ein Geigenbauer in seiner Werkstatt**

## GEIGE ODER VIOLINE?

Die Violine wird häufig auch Geige genannt. Der volkstümliche Begriff Geige leitet sich aus der germanischen Sprache ab und bezeichnet die Hin- und Herbewegung des Bogens.

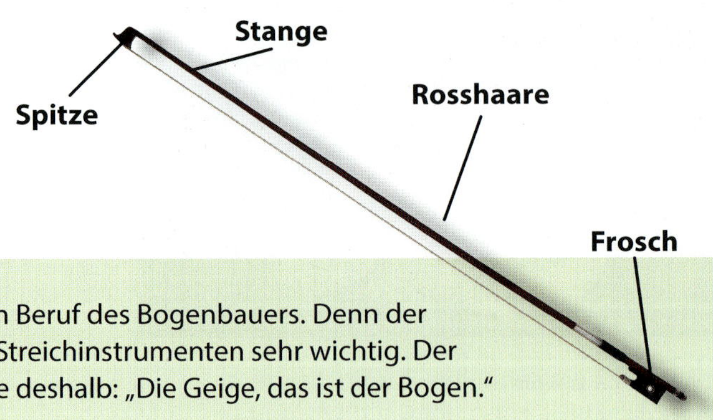


## DIE BEDEUTUNG DES BOGENS

Neben dem Geigenbauer gibt es auch noch den Beruf des Bogenbauers. Denn der Bogen ist für den Klang und die Spielweise auf Streichinstrumenten sehr wichtig. Der berühmte Violinist Giovanni Battista Viotti sagte deshalb: „Die Geige, das ist der Bogen."

## DER FROSCH

Der Frosch befindet sich am unteren Ende des Bogens.

Sicher fragt ihr euch, woher der Name „Frosch" kommt. Dazu gibt es unterschiedliche Erklärungen:

1. Früher gab es Befestigungen am Bogen, bei denen die Bogenspannung mit der Hand erzeugt werden musste. Beim Spielen sprang die Befestigung häufig wie ein Frosch aus der Hand.
2. Von der Seite gesehen, ist der Bogengriff einem sitzenden Frosch ähnlich.

**1** Erklärt euch gegenseitig den Weg des Tons bei einem Streichinstrument.

**2** Leuchtet mit einer Taschenlampe in eine Geige und sucht den Stimmstock (= kleines Rundholz, das den Ton vom Steg auf den Geigenboden überträgt).

## DAS STREICHQUARTETT

Ein Streichquartett besteht aus 2 Violinen, einer Viola und einem Cello.

Die Stimmen der ersten und der zweiten Violine unterscheiden sich nur in den Melodien, die sie spielen. Die Instrumente sind gleich.

**Diese vier Straßenmusiker spielen im Quartett: Cello, Viola, zwei Violinen.**

## DER KONTRABASS

Das größte und tiefste Streichinstrument im Orchester ist der Kontrabass. Manchmal wird er nur mit den Fingern gezupft.

## DAVID GARRETT

Im Alter von drei Jahren bekam David Garrett seine erste Violine. Mit fünf Jahren gewann er den ersten Preis beim Wettbewerb „Jugend musiziert". Mit zwölf Jahren bekam er seinen ersten Plattenvertrag.

David Garrett stand auch schon im Guiness-Buch der Rekorde als schnellster Geiger der Welt.

Heute spielt er neben klassischen Violinstücken auch Cross-over. Bei dieser Musik werden verschiedene Musikstile miteinander verschmolzen, wie z.B. klassische Musik und Popmusik.

3 Hört den Klang der vier Streichinstrumente: Violine (D 27), Viola (D 28), Cello (D 29) und Kontrabass (D 30).

4 Hört ein weiteres Hörbeispiel dieser Instrumente (D 31) und ordnet sie in die richtige Reihenfolge.

5 Hört das Streichquartett Nr. 19 (D 32) von Wolfgang Amadeus Mozart und versucht, die einzelnen Instrumente zu unterscheiden.

6 Vergleicht das Lied „Viva La Vida" von Coldplay (D 33) mit der Version des Lieds von David Garrett (D 34).

# Tasteninstrumente

D 35 bis 44

## DAS KLAVIER

Ende des 17. Jahrhunderts wurde in Italien ein Tasteninstrument entwickelt, mit dem Lautstärkeunterschiede durch unterschiedlich starkes Anschlagen der Tasten erzeugt werden können: das Klavier.

Der Anschlag der Tasten wird auf kleine Hämmerchen übertragen, die auf Saiten schlagen. Werden die Tasten nicht mehr gedrückt, fallen Dämpfer aus Filz auf die Saiten und verhindern damit, dass die Saiten weiter klingen.

Ein Klavier hat meistens zwei Pedale. Mit dem rechten Pedal werden alle Dämpfer von den Saiten gehoben, sodass die Saiten auch nach dem Loslassen der Tasten weiter klingen. Die Töne des Klaviers klingen dadurch voller. Mit dem linken Pedal klingt das Klavier leiser.

Das Gehäuse eines Klaviers und auch eines Flügels ist aus Holz. Doch das Holz könnte die Spannung der vielen Saiten nicht aushalten und würde brechen. Deshalb sind die Saiten an einem schweren Rahmen aus Gusseisen befestigt.

## DER FLÜGEL

**Ein Klavierstimmer bei der Arbeit**

## DAS KEYBOARD

Beim Keyboard werden die Töne und Klänge elektronisch erzeugt und verstärkt.

Keyboards haben viele einprogrammierte Klänge und Rhythmen, die auf Knopfdruck gespielt werden können.

## BEGLEITUNG WHAT'S UP

**Zählzeit 1–4** | **Zz 1–4** | **Zz 1–4** | **Zz 1–4**

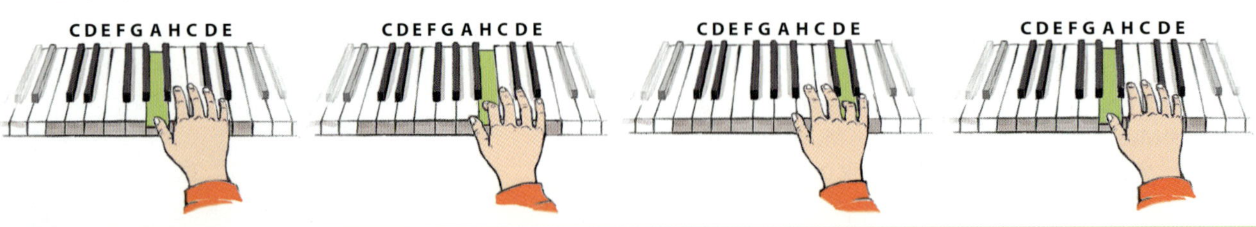


**1** Untersucht ein Klavier (Gehäuse, Saiten, Hämmerchen …). Schlagt eine Taste unterschiedlich stark an, benutzt die Pedale und sprecht über eure Höreindrücke. Bezieht auch die Hörbeispiele 1 bis 3 (D 35 bis 37) mit ein.

**2** Hört den Anfang von „Take a pebble" (D 38). Überlegt, wie der Pianist die ungewöhnlichen Klänge erzeugt haben könnte.

**3** Holt weitere Informationen über das Klavier ein (Anzahl der Tasten, Gewicht, Unterschied zwischen Klavier und Flügel).

**4** Hört die Hörbeispiele 1 bis 5 (D 39 bis 43) und benennt die unterschiedlichen Keyboardklänge.

**5** Begleitet das Lied „What's up" (D 44) auf dem Klavier oder auf dem Keyboard.

D 45 bis 48

## DIE ORGEL

Die meisten Orgeln stehen in Kirchen. Auffällig an einer Orgel sind vor allem die kleinen bis riesengroßen Orgelpfeifen. Bei einigen Orgeln gibt es über 1 000 Orgelpfeifen. Die Orgelpfeifen sind in Reihen aufgestellt, die ganz unterschiedlich klingen können: Die einen klingen z. B. wie Flöten, die anderen wie Violinen oder Trompeten. Sie werden mit einem Registerzug an- und ausgeschaltet. Die Luft für die Orgelpfeifen kommt von einem Blasebalg.

Eine Orgel hat normalerweise mindestens zwei Tastaturen für die Hände (= Manuale) und eine Tastatur, die mit den Füßen bedient wird (= Pedale).

**Orgel in der Thomaskirche, Leipzig**

## JOHANN SEBASTIAN BACH

Johann Sebastian Bach wurde 1685 in Eisenach geboren. Er war ein berühmter Organist und hat auch viele Stücke für die Orgel komponiert, die auf der ganzen Welt bekannt sind.

Mit 38 Jahren wurde Bach Musikdirektor und Kantor (= künstlerischer Leiter) an der Thomaskirche in Leipzig. In der dazugehörigen Thomasschule gab er Musikunterricht. Für jeden Sonntag musste er eine Aufführung in der Kirche vorbereiten.

Viele Jahre lang arbeitete Bach dort mit großem Erfolg als Komponist und Organist.

Er starb 1750 im Alter von 65 Jahren. Sein Grab befindet sich heute in der Thomaskirche.

**6** Hört den Klang eines Manuals (D 45) und eines Pedals (D 46) einer Orgel. Vergleicht die unterschiedlichen **Klangfarben**.

**7** Hört den Anfang der „Toccata und Fuge in d-Moll" (D 47) von Johann Sebastian Bach und achtet auf den Einsatz von Manual und Pedal. Wählt zwei Farben und gestaltet einen Ablaufplan zur Musik.

**8** Hört einen Ausschnitt aus „Volumina" (D 48) von György Ligeti. Sprecht über die Veränderungen von Lautstärke, Tonhöhe und **Klangfarbe**. Gestaltet dazu eine grafische Notation mit **Cluster**-Symbolen.

**9** Vergleicht die Orgelstücke von Bach und Ligeti miteinander. Was fällt euch auf?

☆ **10** Geht in eine Kirche in eurer Umgebung und lasst euch dort die Orgel zeigen. Besucht auch ein Orgelkonzert.

 D 49 bis 59

# Schlaginstrumente

Schlaginstrumente gehören zu den ältesten Instrumenten der Menschheit. Sie erzeugen ein Geräusch oder einen Ton, wenn man sie schlägt, schüttelt oder darüber reibt.

## DAS SCHLAGZEUG

## SCHLAGZEUG-RHYTHMUS

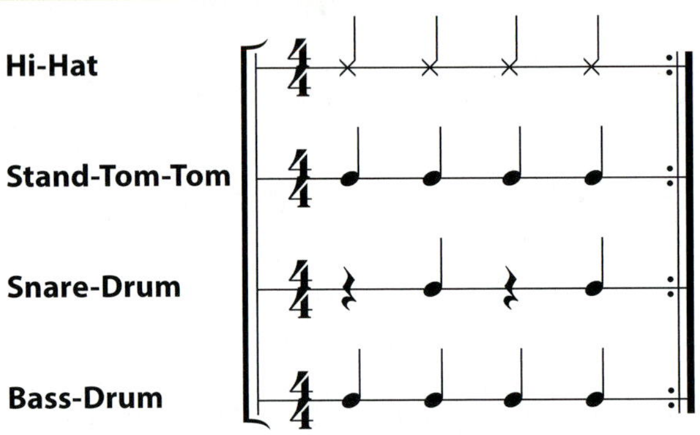


## CAJÓN-RHYTHMUS

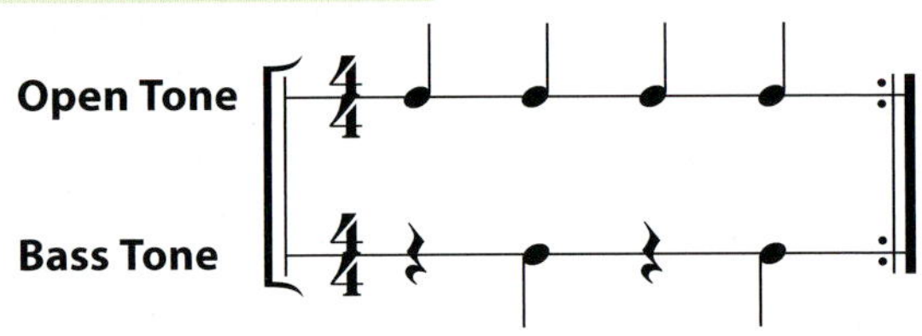


## DIE CAJÓN

Das Wort „Cajón" kommt aus dem Spanischen und bedeutet „Kiste".

Die Cajón stammt aus Peru und kam über Spanien nach Europa. In Spanien wurde sie zur Begleitung der Flamenco-Musik (→ Seite 136) eingesetzt.

Die Cajón wird auch häufig als Ersatz für ein Schlagzeug verwendet, wenn leise Instrumente rhythmisch begleitet werden sollen.

Zum Spielen der Cajón setzt man sich auf die Kiste. Es gibt drei verschiedene Spielarten:

**Fingertip:** mit den Fingerspitzen auf den oberen Kistenrand trommeln
**Open Tone:** mit den Fingern auf den oberen Teil der Vorderseite schlagen
**Bass Tone:** mit dem Handteller auf die Mitte der Vorderseite schlagen

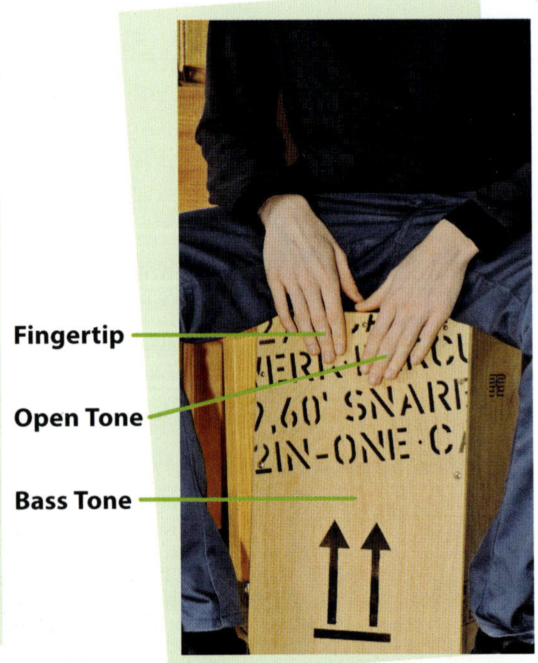


1. Hört die einzelnen Bestandteile des Schlagzeugs (D 49 bis 55) und sprecht über die Klangeigenschaften.
2. Hört die drei Klangarten der Cajón (D 56 bis 58) und versucht sie auf eurer Cajón nachzuspielen.
3. Begleitet das Lied „Seven nations army" (D 59) mit dem Schlagzeug- und dem Cajónrhythmus. Teilt dafür die einzelnen Instrumente des Schlagzeugs unter euch auf.

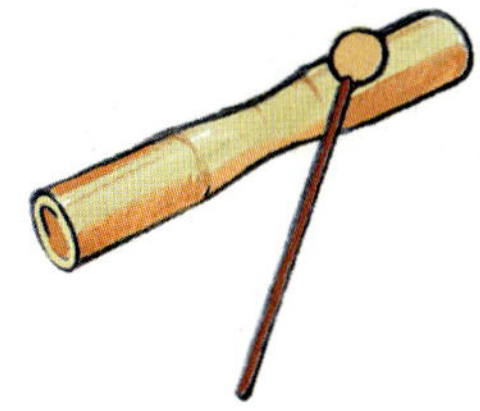
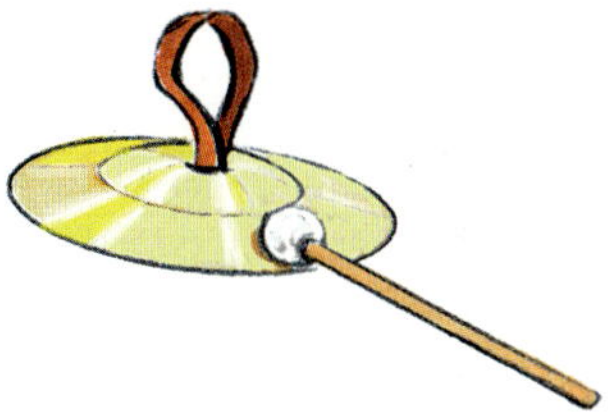
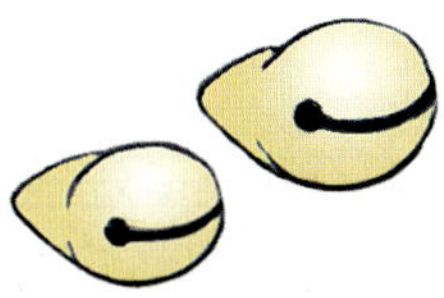

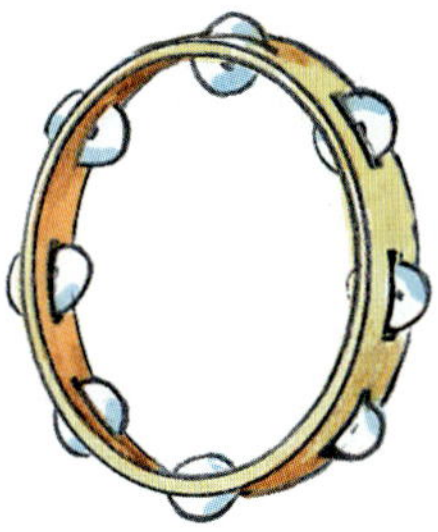

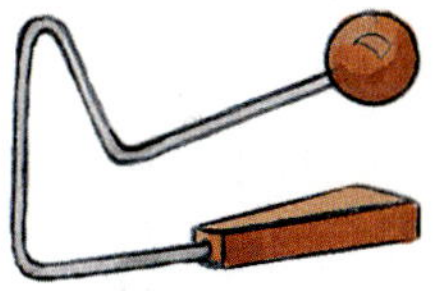

**Handtrommel** **Röhrentrommel**
**Bongos** **Schulpauke**
**Klanghölzer** **Holzblocktrommel**
**Becken**
**Schellenring** **Vibraslap**
**Triangel** **Tempelblocks**

## EINE BLUMENTOPF-TROMMEL HERSTELLEN

**Du brauchst:**

- **einen Blumentopf**
- **Pergamentpapier**
- **einen Stift**
- **eine Schere**
- **Wasser**
- **ein Gummiband**

1. Stelle den Blumentopf mit der Öffnung nach unten auf das Pergamentpapier. Zeichne mit einem Abstand von 5 cm einen Kreis um den Rand des Blumentopfs. Schneide den Kreis aus und lege ihn 5 min ins Wasser.
2. Drehe den Blumentopf um und lege das nasse Pergamentpapier über die Öffnung. Befestige das Papier mit einem Gummiband. Warte, bis das Papier trocken ist, dann spannt es sich.

**4** Hört die Hörbeispiele (D 60 bis 70) und ordnet sie den Bildern zu. Benennt die Instrumente.

**5** Bastelt Blumentopf-Trommeln.

**6** Sucht zwei von euren Blumentopf-Trommeln aus. Achtet darauf, dass sie unterschiedlich hoch klingen. Begleitet mit den Trommeln das Lied „Simama kaa" (→ Seite 133).

# Das Lied vom Müll

D 71

2. Die leere Limo-Dose kommt auf den Müll,
eine ausgefranste Hose kommt auf den Müll,
eine Puppe ohne Nase kommt auf den Müll,
ein zerrupfter Kuschelhase kommt auf den Müll.

*Text und Melodie: Klaus W. Hoffmann*

1 Hört das Lied (D 71) und sprecht über das Thema Müll (Müll verursachen, vermeiden, trennen und verwerten).

2 Sprecht den Text im Melodierhythmus und füllt die Pausen mit Gesten oder Klängen.

3 Singt die Textstelle „kommt auf den Müll" und den Refrain gemeinsam. Wählt ein Kind aus, das den restlichen Strophentext alleine singt.

4 Spielt die Töne von „kommt auf den Müll" auch auf Melodieinstrumenten.

5 Erfindet weitere Strophen.

# Nach dieser Erde

D 72

*Text: Gerd Kern* *Melodie: Lee Hays / Don McLean*

## ZEILENANFÄNGE

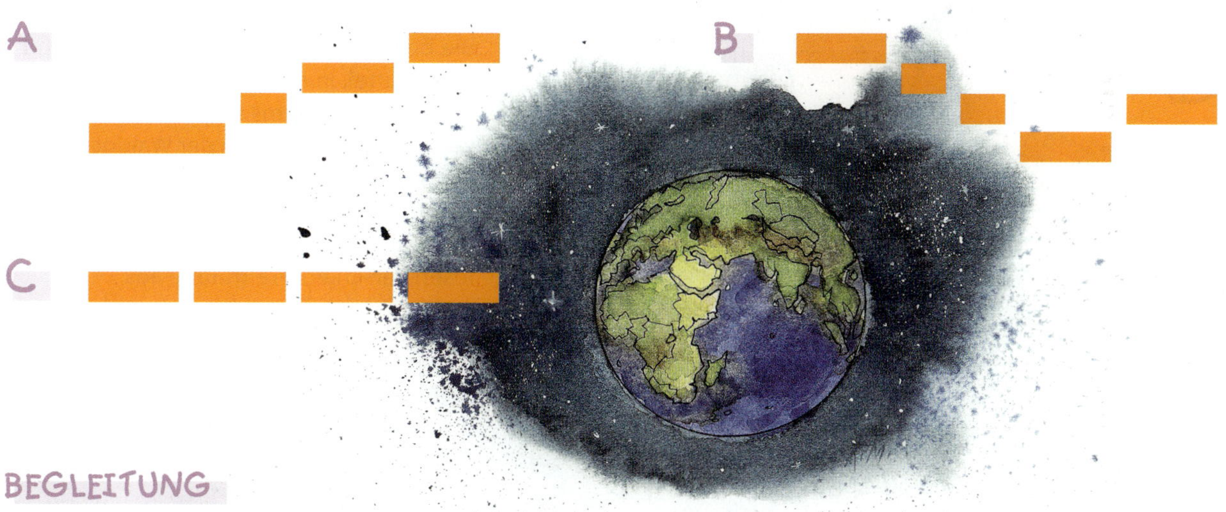


## BEGLEITUNG

**1** Hört das Lied (D 72) und sprecht über den Textinhalt.

**2** Höre das Lied (D 72) und zeige dabei den Melodieverlauf mit der Hand an. Ordne dann mit einem Partner die Zeilenanfänge A bis C dem Notenbild zu. Übt zum Schluss das Lied in der Klasse ein.

**3** Begleitet das Lied mit Instrumenten. Spielt die Melodie auf einer Blockflöte.

**4** Singt das Lied im Kanon ohne Begleitung. Werdet dabei immer leiser.

# Der Traumzauberbaum

„Der Traumzauberbaum" ist eine Sammlung von Geschichtenliedern, die durch kleine Szenen miteinander verbunden sind.
Im Mittelpunkt der Handlung steht der Traumzauberbaum selbst.
Bevor die Geschichte beginnt, stellt er sich dem Publikum vor:

„Ich bin der Traumzauberbaum,
mich sieht ein Kind nur im Traum,
wachse im Traumzauberwald,
bin tausend Jahre schon alt,
hab viele Blätter so fein,
ein Blatt gehört dir allein,
in jedem Blatt steckt ein Traum,
ich bin der Traumzauberbaum."

*Text: Monika Erhardt-Lakomy / Reinhard Lakomy*

In einem Nest im Traumzauberbaum wohnen die beiden Waldgeister Moosmutzel und Waldwuffel. In den bunten Blättern des Traumzauberbaums sind viele schöne Träume versteckt. Die Aufgabe der Waldgeister ist es, mit einer goldenen Stimmgabel die unterschiedlich gefärbten Traumblätter zum Klingen zu bringen. Die Blätter fliegen dann zu den Kindern und lösen verschiedene Träume aus.

Die beiden Waldgeister lieben die Sonne und das schöne Wetter, Regen mögen sie gar nicht. Deswegen reißen sie alle blauen Regentraum-Blätter vom Traumzauberbaum ab.

Der Wolkengeist Zausel ist darüber sehr verärgert und sammelt all seine Wolken ein. Damit will er den Waldgeistern zeigen, wie wichtig der Regen ist.

Es gibt nun keinen Regen mehr: Der Baum bekommt kein Wasser und das Bächlein, das um den Baum fließt, trocknet aus.

Der Traumzauberbaum erschrickt sehr, als er sieht, dass die Traumblätter zu verwelken beginnen. Und bald drohen böse Alpträume die Welt zu beherrschen.

Auch die beiden Waldgeister sind verzweifelt. Zum Glück haben sie aber ein blaues Traumzauberblatt am Baum übersehen. Mit diesem Blatt gelingt es ihnen, den Wolkengeist zu besänftigen und die Regenwolken zurückzuholen.

Endlich beginnt es wieder zu regnen. Der Baum kann wieder trinken und das Bächlein fließen.

**1** Sprecht über die Bedeutung des Regens.

**2** Spielt die **Szenen** der Geschichte nach. Wählt dafür einen Erzähler und denkt euch Dialoge aus. Sucht auch passende Verkleidungen für die Figuren.

## REGENLIED

*Text: Monika Erhardt-Lakomy   Melodie: Reinhard Lakomy*

**3** Hört das Lied (D 73) und singt es zum Abschluss eures **Szenen**-Spiels.

**4** Begleitet das Lied mit Regengeräuschen (Regenmacher, Handtrommel, Klanghölzer …).

D 74 bis 77

**Du brauchst:**

- **drei Kartons**
- **eine Schere**
- **buntes Geschenkpapier**
- **Kleber**
- **vier Stühle**
- **einen Suppenteller mit abgeknickten Streichhölzern ohne Kopf**
- **einen Suppenteller mit vier glatten großen Steinen**
- **einen Suppenteller mit feinem Sand**

**Vorbereitung:**

1. Bildet 4er-Gruppen.
2. Schneidet eine Öffnung in jeden Karton.
3. Beklebt die Kartons mit Geschenkpapier.
4. Füllt jeden Teller mit einem anderen Material.
5. Stellt in jeden Karton einen Teller hinein.
6. Stellt drei Stühle nebeneinander auf und einen Stuhl in der Mitte davor.
7. Legt auf jeden der drei Stühle einen Karton.

**1** Hört Ausschnitte aus „Der Feuervogel" (D 74) von Igor Strawinsky, „Romeo und Julia" (D 75) von Sergej Prokofiew und dem Klarinettenkonzert in A-Dur (D 76) von Wolfgang Amadeus Mozart. Greift dabei in die Kartons und befühlt die Inhalte, ohne sie zu sehen.

**2** Welcher Musikausschnitt passt zu welchem Material? Begründet eure Entscheidungen.

**3** Hört „Hallowe'en" (D 77) von Charles Ives. Welche Materialien würden dazu passen?

**4** Wählt weitere Musikstücke und sucht dazu passende Materialien (auf dem Schulhof, im Park, im Wald).

# We are the world

D 78

## ZUM LIED

Das Lied „We are the world“ wurde 1985 von Michael Jackson und Lionel Richie komponiert. Es wurde geschrieben, um Menschen in Äthiopien zu helfen, die in eine Hungersnot geraten waren. Das Geld aus dem Verkauf dieses Lieds kam den Opfern zugute. Viele bekannte Musiker haben bei diesem Lied mitgesungen und mitgespielt.

## REFRAIN

We are the world,
we are the children,
we are the ones who make a brighter day,
so let's start givin'.
There's a choice we're makin',
we're savin' our own lives.
It's true we'll make a better day just you and me.

*Michael Jackson / Lionel Richie*

## XYLOFONSTIMME

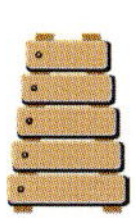

**1** Hört das Lied (D 78) und findet heraus, wie viele Sänger beteiligt sind. Schaut dafür auch im Internet nach.

**2** Hört das Lied noch einmal und singt den Refrain mit.

**3** Hört die Xylofonstimme im Refrain heraus und singt sie auf Tonsilben mit.

**4** Spielt die Xylofonstimme zum Refrain.

# Jetzt fahr'n wir übern See

D 79

2. Und als wir drüben war'n, drüben war'n,
und als wir drüben —,
und als wir drüben war'n, drüben war'n,
und als wir drüben war'n,
da sangen alle Vög'lein, Vög'lein, Vög'lein, Vög'lein,
da sangen alle Vög'lein, der helle Tag brach —,
da sangen alle Vög'lein, Vög'lein, Vög'lein, Vög'lein,
da sangen alle Vög'lein, der helle Tag brach an.

3. Der Jäger blies ins Horn, blies ins Horn,
der Jäger blies ins —,
der Jäger blies ins Horn, blies ins Horn,
der Jäger blies ins Horn,
da bliesen alle Jäger, Jäger, Jäger, Jäger,
da bliesen alle Jäger, ein jeder in sein —,
da bliesen alle Jäger, Jäger, Jäger, Jäger,
da bliesen alle Jäger, ein jeder in sein Horn.

4. Das Liedlein, das ist aus, das ist aus,
das Liedlein, das ist —,
das Liedlein, das ist aus, das ist aus,
das Liedlein, das ist aus,
und wer das Lied nicht singen kann,
singen, singen, singen kann,
und wer das Lied nicht singen kann,
der fängt von vorne —,
und wer das Lied nicht singen kann,
singen, singen, singen kann,
und wer das Lied nicht singen kann,
der fängt von vorne an.

*Text und Melodie: mündlich überliefert*

**1** Hört das Lied (D 79) und geht dabei durch den Raum. Bleibt in den Pausen stehen und friert eure Bewegungen ein.

**2** Singt das Lied und beachtet dabei die Pausen: Wer in die Pause hineinsingt, scheidet aus oder muss ein Pfand abgeben.

# Head and shoulders

D 80

*Text und Melodie: mündlich überliefert*

**1** Hört das Lied (D 80) mehrmals und singt nach und nach mit.

**2** Singe das Lied auf einem Ton und in langsamem Tempo. Achte dabei auf eine genaue Aussprache. Betrachte dann mit einem Partner die Bilder. Findet mithilfe des Textes heraus, in welcher Reihenfolge ihr die Bewegungen ausführen müsst. Singt zum Schluss in der Klasse das Lied (D 80) mehrmals und werdet dabei immer schneller (**accelerando**). Führt die Bewegungen dazu aus.

# Der Müller hat ein Mühlenhaus

D 81

2. Der Bäcker, der backt weiße Wecken, wi-wa-weiße Wecken,
braunes Brot und Streuselschnecken, Stri-Stra-Streuselschnecken.
Weiße Wecken – Streuselschnecken – Mühlenhaus – Mehl heraus:
So sieht unsre Wirtschaft aus.

3. Der Metzger schlacht' ein feistes Schwein, fi-fa-feistes Schwein,
und pökelt Speck und Schinken ein, Schi-Scha-Schinken ein.
Feistes Schwein – Schinken ein – weiße Wecken – Streuselschnecken –
Mühlenhaus – Mehl heraus:
So sieht unsre Wirtschaft aus.

4. Der Bauer hat 'ne bunte Kuh, bi-ba-bunte Kuh,
die gibt uns Milch und Butter dazu, Bi-Ba-Butter dazu.
Bunte Kuh – Butter dazu – feistes Schwein – Schinken ein –
weiße Wecken – Streuselschnecken – Mühlenhaus – Mehl heraus:
So sieht unsre Wirtschaft aus.

*Text: Paula Dehmel*
*Melodie: Adolf Lohmann*

## BEGLEITUNG

## BEGLEITUNG FÜR DIE AUFZÄHLUNGEN

1. Singt das Lied (D 81) und begleitet die Aufzählungen mit den Körperinstrumenten.
2. Erfindet zum Text passende Bewegungen und lernt damit den Text auswendig.
3. Bildet zwei Gruppen: Eine Gruppe singt und führt die Bewegungen aus, die andere Gruppe spielt die beiden Begleitungen dazu. Nehmt euch dabei auf.
4. ☆ Erfindet weitere Strophen mit anderen Berufen.

# Kommt an Bord

D 82, 83

2. Dunkler wird es rings umher,
langsam tauchen wir ins tiefe Meer,
weil es uns so gut gefällt
in der bunten Unterwasserwelt.

3. Haben wir genug gesehn,
wird es Zeit für uns nach Haus zu gehen.
Auch wenn's uns jetzt heimwärts zieht,
singen wir noch mal, ja unser Lied.

*Text: Hans-Joachim Scheurlen*
*Melodie:*
*John Lennon / Paul McCartney*

## BEGLEITUNG STROPHE

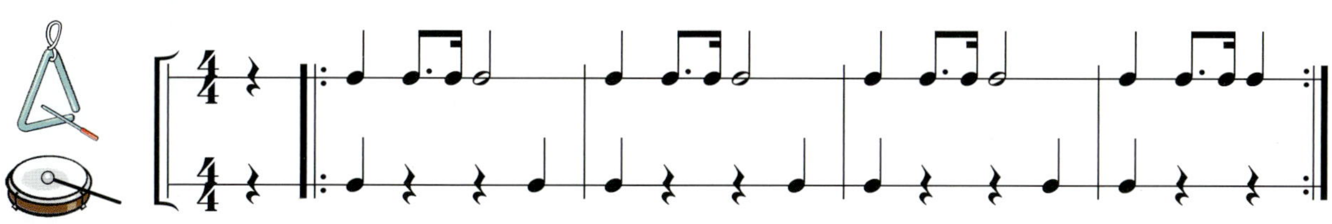

## BEGLEITUNG REFRAIN

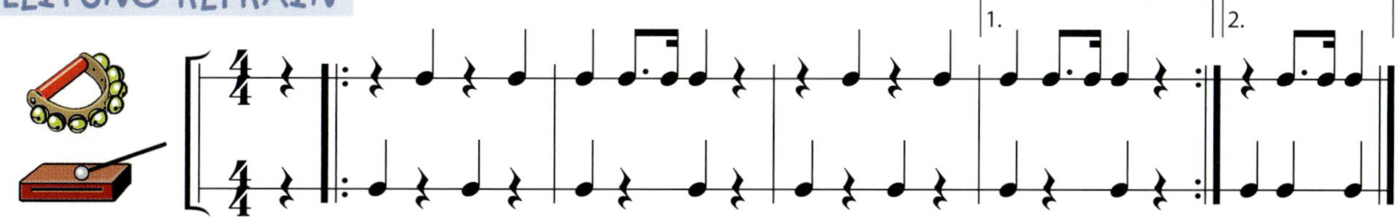


1. Hört das Lied „Yellow Submarine" (D 82) von The Beatles und singt den Refrain mit.
2. Singt das Lied „Kommt an Bord" (D 83) und spielt die Begleitungen dazu.
3. Malt auf Plakaten große, gelbe Fantasie-U-Boote. Klebt in die Bullaugen Fotos von euch ein.
4. ☆ Informiert euch über The Beatles im Internet, in der Bücherei oder bei euren Großeltern.

# Fing mir eine Mücke heut

D 84

STROPHE / REFRAIN

2. Riss ihr dann den Stachel aus, war spitz wie 'ne Nadel, macht mir einen Degen draus, sah aus wie von Adel.
3. Zog ihr auch das Fell noch ab, macht mir eine Decke, lag darauf so weich und warm wie im Himmelbette.

*Text: 1. Str.: H. Lüdecke;*
*2. u. 3. Str.: J. Königs / H.-P. Lehmann*
*Melodie: aus Ungarn*

## VOR- UND ZWISCHENSPIEL

## BEGLEITUNG

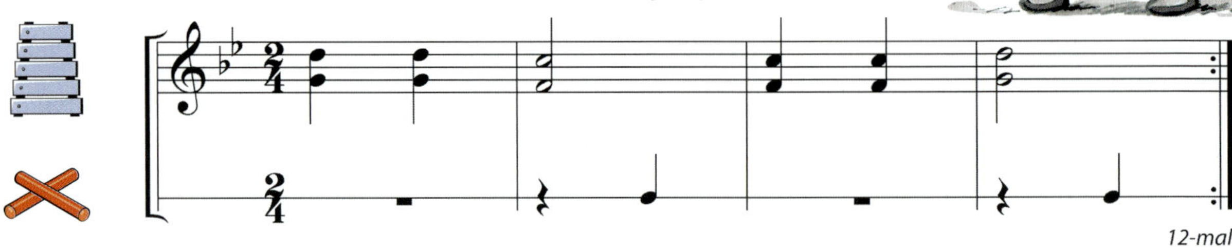


1. Singt das Lied (D 84) mit passendem Stimmausdruck in den Strophen (angeberisch, überheblich) und im Refrain (spöttisch, belustigt).
2. Übt die Begleitung ein. Spielt die Metallofonstimme einstimmig (obere Stimme) oder mehrstimmig.
3. Singt als Nachspiel den Refrain ohne Begleitung im Kanon.

# Sascha geizte mit den Worten

D 85, 86

2. Saschas Vater wollt' mit Pferden reich und wohlbehäbig werden;
viele drehten manche Runde, zehn Kopeken* in der Stunde.

3. Sascha liebte nur Geflügel, Rosse hielt er streng am Zügel,
tat sie striegeln oder zwacken an den beiden Hinterbacken.

4. Und die kleinen Pferdchen haben Sascha, diesen Riesenknaben,
irgendwo herumgebissen und die Hose ihm zerrissen.

* Eine Kopeke ist eine russische Münze.

*Text: 1. Str.: mündlich überliefert; 2.–4. Str.: A. B. Kraus*
*Melodie: aus Russland*

## BEGLEITUNG STROPHE

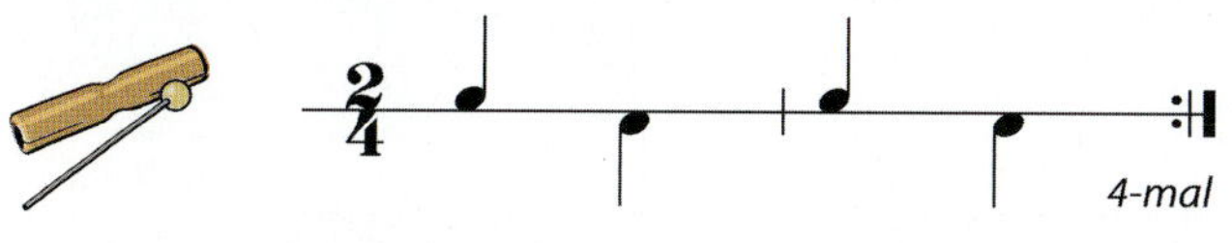


1. Singt das Lied (D 85) und sprecht über den Text. Malt Strophenbilder zum Lied.
2. Ordnet Spielsteine dem Melodieverlauf passend an. Hört und singt den Refrain (D 86) so oft, bis die Anordnung der Spielsteine mit dem Melodieverlauf übereinstimmt. Vergleicht eure Ergebnisse mit dem Notenbild.
3. Denkt euch für den Refrain eine Instrumenten-Begleitung aus.
4. Singt das Lied in verteilten Rollen, indem jeweils einer die Strophen singt (**Solo**) und alle den Refrain singen (**Tutti**). Nehmt das Lied auf und sprecht über das Ergebnis.

# Das Auto von Lucio

D 87

| Wörter | Geräusche | Bewegungen |
|---|---|---|
| Auto | brrrm | mit beiden Händen ein Lenkrad steuern |
| Lucio | mmm | mit der rechten Hand an die Stirn tippen |
| Loch | psss | mit dem Finger in die Luft pieksen |
| Reifen | blllp | mit den Händen ein rollendes Rad darstellen |
| Kaugummi | mamnamnam | mit dem Daumen den Kaugummi breitdrücken |

*Text und Spielidee: Gerhard Schöne*
*Melodie: aus Italien*

## BEGLEITUNG

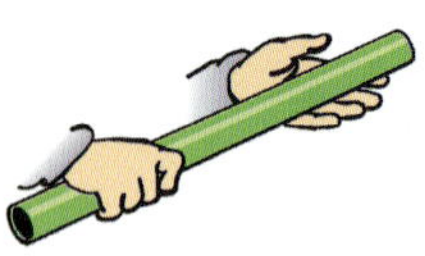

| Takt | 1 | 2 | 3 | 4 | 5 | 6 | 7 | 8 | 9 | 10 | 11 | 12 | 13 | 14 | 15 | 16 | 17 | 18 |
|---|---|---|---|---|---|---|---|---|---|---|---|---|---|---|---|---|---|---|
| A | | | | | | | | | | | | XX | XX | | XX | | | |
| G | XX | XX | XX | XX | XX | XX | XX | XX | XX | XX | XX | | | XX | | XX | XX | X |
| F | | | | | | | | | | | | XX | XX | | XX | | | |
| E | XX | XX | XX | | | | | XX | XX | XX | XX | | | XX | | | XX | X |
| D | | | | XX | XX | XX | XX | | | | | XX | | | | XX | | |
| C | XX | XX | XX | | | | | XX | XX | XX | XX | | XX | XX | XX | | XX | X |
| H | | | | XX | XX | XX | XX | | | | | | | | | XX | | |

**1** Singt das Lied (D 87) mehrmals und ersetzt bei jeder Wiederholung ein weiteres Wort mit einem Geräusch oder mit der passenden Bewegung.

**2** Erfindet eigene Geräusche und Bewegungen zu den Wörtern und setzt sie im Lied ein.

**3** Begleitet das Lied mit Boomwhackers.

# Es führt über den Main

E 1

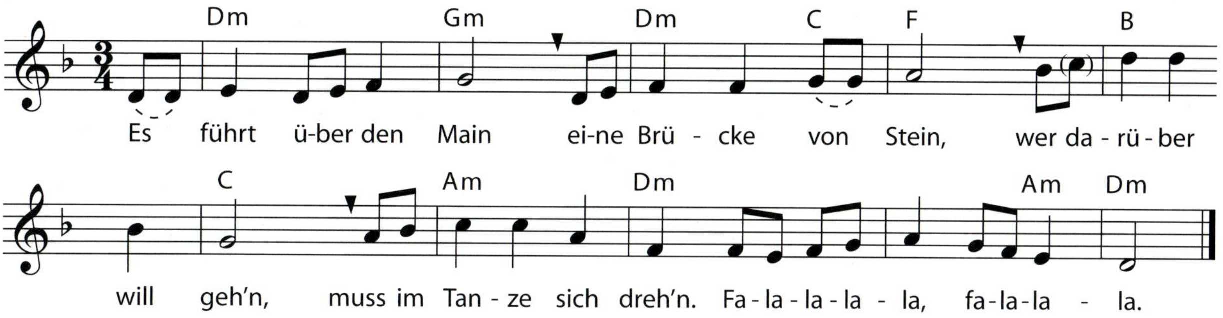


2. Kommt ein Fuhrmann daher, hat geladen gar schwer,
seine Rösser sind drei und sie tanzen vorbei. Fala …

3. Und ein Bursch ohne Schuh und in Lumpen dazu,
als die Brücke er sah, ei wie tanzte er da. Fala …

4. Kommt ein Mädchen allein auf die Brücke von Stein,
fasst ihr Röckchen geschwind und sie tanzt wie der Wind. Fala …

5. Und der König in Person steigt herab von seinem Thron,
kaum betritt er das Brett, tanzt er gleich Menuett. Fala …

6. Es führt über den Main eine Brücke aus Stein,
wir fassen die Händ' und wir tanzen ohn' End. Fala …

*Text und Melodie: Felicitas Kukuck*

1. Hört das Lied (E 1) und sprecht über den Text.
2. Sprecht den Liedtext im Melodierhythmus. Klatscht dabei den **Grundschlag** und geht dazu durch den Raum.
3. Wählt Kinder aus, die die Strophen 2 bis 5 während des Lieds pantomimisch darstellen.
4. Bereitet eine Aufführung vor.

# Schulhaus-Quiz

1. Betrachtet die unterschiedlichen Geräuschquellen des Schulgeländes.
2. Hört die Hörbeispiele (E 2 bis 12) und ordnet sie den Abbildungen zu.

## TRANSPORTFENSTER

## WERKZEUGE

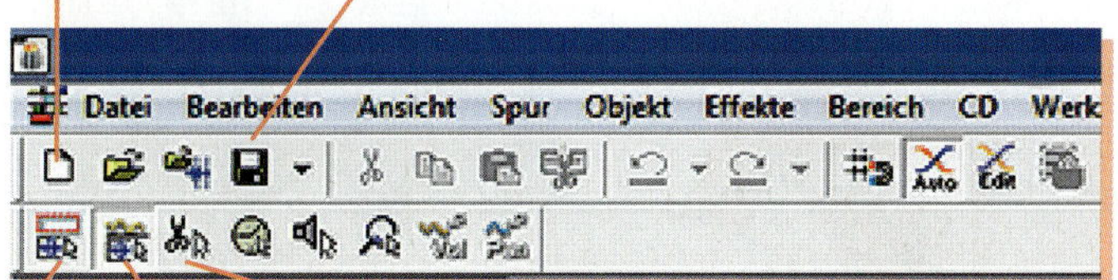


## EINE GERÄUSCHE-AUFNAHME SELBST GESTALTEN

Im Internet gibt es verschiedene kostenlose Aufnahmeprogramme.
Diese Programme funktionieren alle ähnlich.

Für die Bearbeitung eurer Aufnahmen geht ihr am besten so vor:

1. Importiert eure Aufnahme in das Aufnahmeprogramm. Klickt hierfür im Menü auf den Befehl „Importieren“. Eure Aufnahme erscheint jetzt als Tonspur.
2. Schneidet die Tonspur in sinnvolle Abschnitte.
3. Sucht für eure Aufnahme eine passende Lautstärke. Klickt dafür im Menü auf die Option „Normalisieren“.
4. Wiederholt die Schritte 2. und 3. für jede Tonspur.
5. Zieht mit dem Mauszeiger die Tonschnipsel in eine von euch gewählte Reihenfolge.
6. Speichert eure Ergebnisse.
7. Exportiert die Ergebnisse auf einen Datenträger (USB-Stick, CD, Smartphone).

**3** Wo befinden sich in eurer Schule interessante Geräuschquellen? Nehmt die Geräusche auf und stellt daraus ein eigenes Schulhaus-Quiz zusammen.

**4** Spielt eure Ergebnisse vor und lasst eure Klassenkameraden herausfinden, an welchen Orten ihr die Geräusche aufgenommen habt.

# Musik in der Werbung

E 13 bis 16

## VIER ERSCHEINUNGSFORMEN VON MUSIK IN DER WERBUNG

Überall in unserer Umgebung begegnen wir Werbung. Musik spielt dabei eine wichtige Rolle. Ob im Fernsehen, auf dem Handy oder im Radio – immer stoßen wir auf Werbung, deren Aussagen und Bilder mit Musik verknüpft sind.

Die Musik in der Werbung hat vier Erscheinungsformen:

1. Melodram = Die Musik begleitet den gesprochenen Werbetext.
2. Jingle = eine kurze, gesungene Werbebotschaft
3. Lied = Der gesamte Werbetext wird als Lied gesungen.
4. Audiologo = eine kurze Tonfolge

## EINEN WERBESPOT SELBST GESTALTEN

Für eine erfolgreiche Werbung muss man zuerst eine passende Zielgruppe dafür suchen. Das bedeutet, man muss sich überlegen, wen man mit seiner Werbebotschaft ansprechen möchte.

Wenn ihr eigene Werbespots erfinden wollt, müsst ihr so vorgehen:

1. Wählt ein Produkt und eine dazu passende Zielgruppe.
2. Schreibt einen Werbetext. Lasst den Text von einem oder mehreren von euch sprechen.
3. Überlegt, wie ihr den Werbetext musikalisch gestalten könnt.
4. Nehmt das Ganze auf.

**1** Hört die Hörbeispiele (E 13 bis 16) und entscheidet, um welche Art von Werbemusik es sich jeweils handelt.

**2** Bildet Gruppen und gestaltet eigene Werbespots. Verwendet dazu auch Instrumente (z. B. Keyboard: Begleitautomatik, Rhythmen, Geräusche, eigene Melodien).

**3** Nehmt eure Ergebnisse auf.

# Deine Musik, meine Musik, unsere Musik

E 17 bis 23

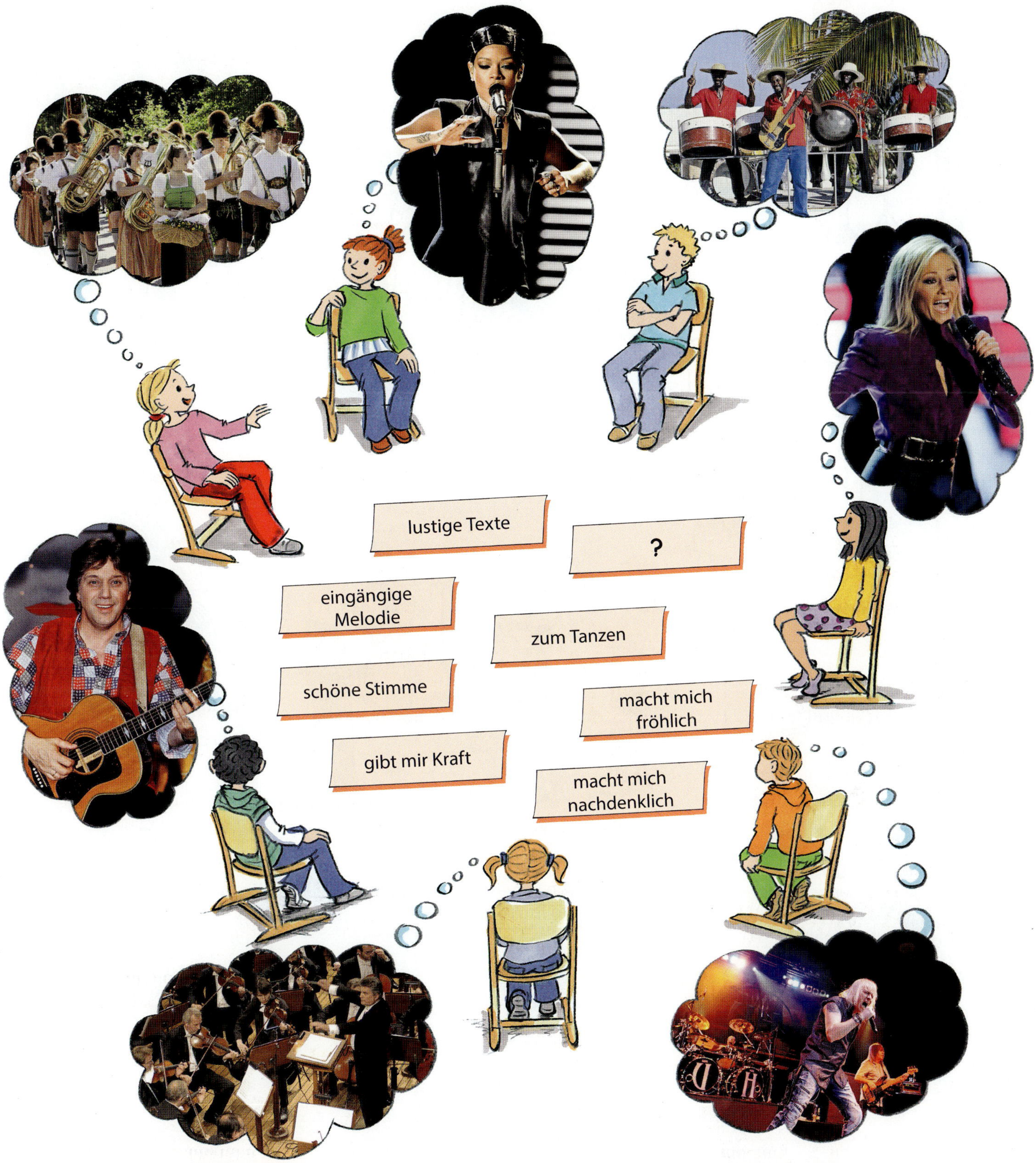


**1** Ordnet die Lieblingsmusik der Klasse 4a (E 17 bis 23) den Bildern zu. Begründet eure Entscheidungen.

**2** Hört in Gruppen eure eigene Lieblingsmusik und schreibt dazu passende Wortkarten.

**3** Stellt der Klasse eure Lieblingsmusik vor (CD, mp3, selbst singen oder spielen) und erzählt darüber (Musiker, Chart-Platzierung, Textinhalt).

**4** Wählt Musikstücke oder Lieder, die ihr gerne mögt. Singt oder spielt sie dann gemeinsam.

☆ **5** Befragt andere in eurer Umgebung über ihre Lieblingsmusik. Sammelt dafür bestimmte Fragen.

# Musik um uns

**Musikschule**

**Schülerband**

**Chor**

**Musikfachgeschäft**

**Straßenmusiker**

**Instrumentenbauer**

**Kirchenorgel**

?

Wann haben Sie mit dem Orgelspiel begonnen?

Wann ist euer nächster Auftritt?

Wie viel Zeit brauchen Sie für die Herstellung einer Gitarre?

Welche Instrumente können hier erlernt werden?

1. Erkundigt euch, wo in eurer Umgebung Menschen mit Musik zu tun haben.
2. Schreibt auf, was ihr fragen und beobachten wollt, und besucht diese Menschen vor Ort. Nehmt ein Aufnahmegerät mit und haltet damit eure Interviews und Beobachtungen fest.
3. Zeigt eure Ergebnisse in einer Ausstellung in der Schule.
4. Ladet auch Personen in euren Unterricht ein, die mit Musik zu tun haben. Befragt sie zu ihren Tätigkeiten.
5. Besucht ein Konzert eurer Interviewpartner (Schülerband, Konzert in der Musikschule, Chorkonzert …).

# Volksmusik

E 24 bis 34

1

**Zither – Alpenland**

2

**Dudelsack – Schottland**

3

**Balalaika – Russland**

4

**Sitar – Indien**

5

**Gender Barung – Java**

6

**Didgeridoo – Australien**

7

**Djembé – Westafrika**

8

**Baglama – Türkei**

9

**Charango – Andenhochland**

10

**Steeldrum – Karibik**

11

**Banjo – Nordamerika**

**1** Vergleiche die abgebildeten Instrumente mit dir bekannten Instrumenten und schreibe Stichwörter dazu auf. Untersuche dann mit einem Partner die Stichwortkarten. Stellt Klangerwartungen zu den Instrumenten auf und schreibt Stichwörter dazu. Ordnet zum Schluss den Bildern die Hörbeispiele (E 24 bis 34) zu und sprecht über eure Höreindrücke.

**2** Findet heraus, wo in eurer Umgebung diese und weitere Instrumente aus anderen Ländern gespielt werden.

**3** Informiert euch im Internet, im Musiklexikon oder durch Befragungen über die Instrumente und zeigt eure Ergebnisse in einer Ausstellung.

# Deutsche Nationalhymne

E 35

## DEUTSCHE NATIONALHYMNE

*Text: Hoffmann von Fallersleben    Melodie: Joseph Haydn*

## JOSEPH HAYDN

Der österreichische Komponist Joseph Haydn (1732 – 1809) hörte in London die englische Hymne. Sie gefiel ihm sehr. Nach seiner Rückkehr nach Wien nahm er sich vor, selbst eine Hymne für sein Land zu schreiben. So entstand das Lied „Gott erhalte Franz, den Kaiser".

Dieses Lied wird auch „Kaiserhymne" genannt. Die Hymne wurde 1797 zum Geburtstag von Kaiser Franz II. zum ersten Mal aufgeführt.

Der deutsche Dichter Hoffmann von Fallersleben schrieb zu diesem Lied 1841 das Gedicht „Das Lied der Deutschen". Das Lied wurde 1922 zur Nationalhymne von Deutschland erklärt.

**1** Singt die deutsche Nationalhymne (E 35). Sprecht über den Text und lernt ihn auswendig.

**2** Sprecht über die Bedeutung von Hymnen. Berichtet, wo sie euch schon überall begegnet sind.

## DAS KAISERQUARTETT

Joseph Haydn hat die Melodie von „Gott erhalte Franz den Kaiser“ in einem seiner Streichquartette, dem „Kaiserquartett“, verwendet. Für den 2. Satz dieses Stücks hat sich Haydn etwas ganz Besonderes ausgedacht …

### THEMA

### 1. VARIATION

### 2. VARIATION

### 3. VARIATION

### 4. VARIATION

*Joseph Haydn*

**3** Hört das **Thema** vom „Kaiserquartett“ (E 36) und vergleicht es mit der deutschen Nationalhymne (E 35).

**4** Beschreibt die **Partitur**-Ausschnitte und sprecht über Auffälligkeiten. Welches Instrument übernimmt das **Thema** in den jeweiligen **Variationen**? Überprüft eure Vermutungen beim Hören der **Variationen** (E 37 bis 40).

# Hymnen: Europa – Länder – Bundesländer

E 41 bis 45

Jeder Staat hat seine eigene Nationalhymne. Aber auch einige Bundesländer haben Hymnen. Auch Europa hat seit 1985 eine eigene Hymne. Sie entspricht dem Thema des letzten Satzes von Ludwig van Beethovens 9. Sinfonie, in der er das Gedicht „Ode* an die Freude“ von Friedrich Schiller vertont hat. Die Europahymne wird nur gespielt und nicht gesungen. So wird keine einzelne europäische Sprache bevorzugt.

## ODE AN DIE FREUDE (EUROPAHYMNE)

* Ode: feierliches Gedicht
** Elysium: die Insel der Seligen

*Text: Friedrich Schiller Melodie: Ludwig van Beethoven*

## LANDESHYMNE BAYERN

*Text: Michael Öchsner Melodie: Konrad Max Kunz*

1. Hört die Nationalhymnen von England (E 41), Frankreich (E 42), Italien (E 43) und die Europahymne (E 44). Welche Stimmungen lösen die Hymnen in euch aus? Sucht nach weiteren Nationalhymnen.
2. Singt die Landeshymne von Bayern (E 45) auswendig und sprecht über den Text.
3. Findet heraus, ob auch andere Bundesländer eine Hymne haben.

# Unser Sommerkonzert

PLANUNG

- Wer macht den Bühnenschmuck?
- Wer informiert den Hausmeister?
- ?
- Wer stellt eine Materialliste zusammen?
- Wer bedient die Soundanlage?
- Wer gestaltet die Einladungen?
- Wer kümmert sich um den Auf- und Abbau der Bühne?
- Wer macht die Ansagen?

1 Plant ein Sommerkonzert: Legt Aufgaben und Beiträge fest. Einigt euch auf ein Programm und einen Probenplan.

2 Nehmt eure Proben und dann auch die Aufführung auf.

# Baba Jaga und Wassilissa, die Wunderschöne

Wassilissa ist die einzige Tochter einer Kaufmannsfamilie. An ihrem achten Geburtstag verstirbt ihre Mutter. Auf dem Sterbebett schenkt sie ihrer Tochter eine verzauberte Puppe, die sie bei Problemen und Sorgen immer um Rat fragen kann.

Nach einiger Zeit heiratet Wassilissas Vater eine Frau, die zwei Töchter hat.

Weil die Töchter der Stiefmutter nicht so schön wie Wassilissa sind, beneiden ihre Stiefschwestern sie und quälen sie mit vielen schweren Arbeiten.

Als sie abends ihre Puppe füttert, erzählt sie ihr von ihren Sorgen. Die verzauberte Puppe erledigt daraufhin alle Arbeiten für sie.

Eines Tages muss ihr Vater für eine längere Zeit verreisen. Ihre Stiefmutter zieht mit den Töchtern in ein Haus, das in der Nähe eines Waldes liegt. Dort lebt die Hexe Baba Jaga. Reisende berichten, dass sie durch die Lüfte reitet und dafür einen Mörser* als Besen benutzt und diesen mit einem Stößel** antreibt. Baba Jaga wohnt in einer besonderen Hütte: Diese Hütte steht auf zwei Hühnerfüßen und ist von einem Zaun umgeben, auf dem Totenschädel mit brennenden Augen aufgespießt sind.

Um ihre Stieftochter los zu werden, lässt die böse Stiefmutter das Kaminfeuer absichtlich ausgehen und schickt Wassilissa anschließend zur Hexe Baba Jaga in den Wald, um Feuer zu holen. Sie hofft, dass Baba Jaga das Mädchen tötet.

Nach einer langen Wanderung kommt Wassilissa endlich zur Hütte der Baba Jaga.

Sie bittet die Hexe um Feuer. Diese sagt: „Wenn du hart für mich arbeitest, werde ich dir das Feuer geben." Wassilissa erzählt ihrer Puppe wieder von ihrer Not. Diese hilft ihr und erledigt alle Arbeiten.

Die Hexe ärgert sich, dass Wassilissa alles scheinbar mühelos geschafft hat. Deswegen gibt sie ihr noch mehr zu tun. Doch wieder hilft die Puppe dem Mädchen.

Am dritten Tag gibt ihr die Hexe endlich einen mit Feuer erleuchteten Totenschädel und schickt sie nach Hause.

* Mörser: Granatwerfer oder Reibschüssel zum Zerkleinern von Pflanzenteilen

** Stößel: Werkzeug zum Zerdrücken von Pflanzenteilen

**1** Lest das Märchen „Baba Jaga und Wassilissa, die Wunderschöne".

**2** Komponiert eine eigene Hexenmusik, die zu dem Hexenbild passt.

Als Wassilissa die Hütte ihrer Stiefmutter betritt, verbrennen die glühenden Augen des Schädels die Stiefgeschwister und die Stiefmutter. Davon erschreckt vergräbt Wassilissa den Schädel.

Sie geht in die Stadt auf den Markt, wo sie auf eine alte Frau trifft. Diese hat Mitleid mit Wassilissa und nimmt sie mit zu sich. Die Alte lässt sie bis zur Rückkehr des Vaters bei sich wohnen.

Um etwas Nützliches zu tun, will Wassilissa bei der Alten Stoffe weben. Aber ihr fehlt ein Webstuhl.

Wieder hilft ihr die Puppe und zaubert ihr einen wunderschönen Webstuhl. Daraufhin webt sie edle Stoffe, die sie auf dem Markt verkauft.

Als der Zar davon erfährt, dass ein wunderschönes Mädchen auf dem Markt selbstgewebte edle Stoffe verkauft, wird er auf sie aufmerksam. Er lässt sie von seinen Rittern suchen und lädt sie in seinen Palast ein. Er verliebt sich in Wassilissa und heiratet sie.

Als Wassilissas Vater zurückkehrt, ist er voller Freude über ihr Glück.

## MODEST MUSSORGSKI

Der russische Komponist Modest Mussorgski (1839 – 1881) war mit dem Architekten Viktor Hartmann befreundet, der ein Bild von der Hütte der Hexe Baba Jaga gemalt hatte. Beim Betrachten dieses Bildes wurde Mussorgski daran erinnert, wie die Hexe in russischen Märchen dargestellt wird, wenn sie durch die Lüfte fliegt. Er komponierte daraufhin ein Klavierstück, das den Hexenritt der Baba Jaga darstellt.

Auch der französische Komponist Maurice Ravel (1875 – 1937) beschäftigte sich mit Baba Jaga und bearbeitete das Klavierstück für großes Orchester.

## RHYTHMUSBEGLEITUNG „DIE HÜTTE DER BABA JAGA“

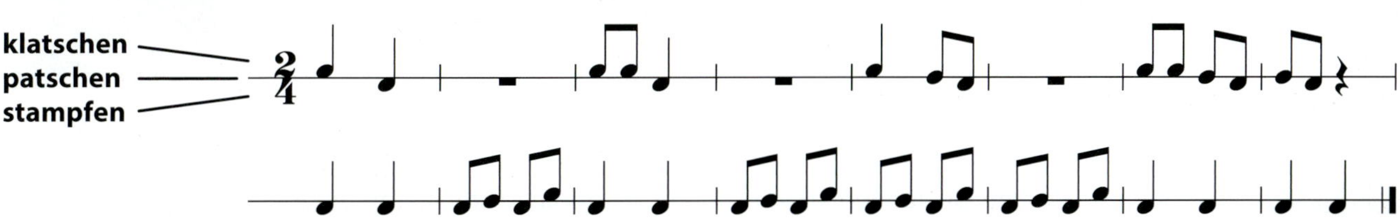


**3** Hört „Die Hütte der Baba Jaga“ von Modest Mussorgski (E 46) und eine Bearbeitung dieses Stücks von Maurice Ravel (E 47). Worin unterscheiden sich die beiden Fassungen? Wie wird die Hexe musikalisch dargestellt?

**4** Höre den Anfang der Ravel-Fassung (E 47) und achte dabei besonders auf den Melodierhythmus. Tippe den Rhythmus mit dem Finger auf dem Tisch mit. Übe dann mit einem Partner die Rhythmusbegleitung zum Anfang der Ravel-Fassung mit Körperinstrumenten ein. Spielt zum Schluss die Rhythmusbegleitung zur Musik mit drei Rhythmusinstrumenten, die unterschiedlich hoch klingen.

# Die Bremer Stadtmusikanten

E 48, 49

## VON DEN BREMER STADTMUSIKANTEN

### STROPHE 2

Da zogen sie weiter, tief in einen Wald. Da wurde es finster und auch ziemlich kalt.
Der Esel, der fror, und die Katz´ wollt nichts sagen. Der Hahn saß im Baum, und dem Hund knurrt der Magen.
Doch da schrie der Hahn: „Da muss etwas sein!" Ein Licht in der Ferne. Es ist noch ganz klein.
Da zogen sie hin und sie standen, o Graus, vor einem rabatzlauten Räuberhaus.

1. Singt das Lied (E 48) und achtet dabei auf Betonung und Ausdruck.
2. Erfindet ein eigenes Vor- und Nachspiel mit Instrumenten.
3. Denkt euch einen wilden Räubertanz (E 49) und eine Klanggestaltung mit Instrumenten und Stimmen für den Auftritt der Tiere aus.

## RÄUBERTANZ

## REFRAIN A

## STROPHE 3

Da sagte der Hahn, so was wäre verkehrt. Wir geben hier gleich unser erstes Konzert.
Der Esel schrie unten, ganz oben der Hahn. Hund und Katz' in der Mitte. Die Musik fängt an.
Die Räuber, die floh'n, und der Braten blieb liegen. Sie wollten doch nicht die Hucke voll kriegen.
Die Tiere, die setzten sich gleich an den Tisch. Und aßen und tranken ganz königlich.

## KLANGGESTALTUNG MIT INSTRUMENTEN UND STIMMEN

## STROPHE 4

Sie legten sich schlafen, und im Haus war es still. Und ein Räuber schlich 'ran, weil er nachgucken will.
Er zündet ein Streichholz. Doch das will nichts taugen. Es war keine Glut, war'n der Katz' ihre Augen.
Und dann an der Tür biss ihm einer ins Bein, ein and'rer schlug zu und vom Dach hört er's schrei'n:
Bringt mir den Schelm her, kikeriki. Und da lief der Räuber so schnell wie noch nie.

## REFRAIN B

Da sagte der Räuber: Hier weht kein guter Wind. Da muss man doch sehn, dass man was Besseres find'.
Denn die da drinnen sind schlimmer als wir. Ganz finstre Halunken. Ich glaub', es sind vier.

## SCHLUSS-STROPHE

Und am nächsten Morgen, da krähte der Hahn: Alle Mann aufstehn, die Reise fängt an.
Sie zogen nach Bremen und weit übers Land, und da wurde jeder … STADTMUSIKANT!

*Text und Melodie: Fredrik Vahle*

## VOR- UND NACHSPIEL

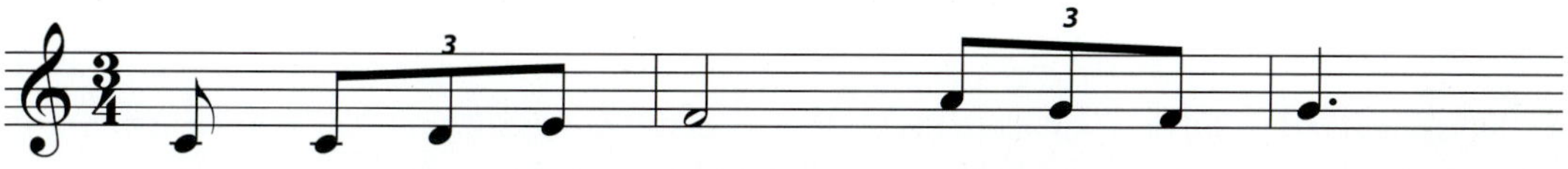


**4** Übt die **Szenen** ein. Stellt die Figuren dar, z. B. wie sie gehen, rennen, springen, schleichen … und sprechen, rufen, schreien, flüstern …

**5** Führt „Die Bremer Stadtmusikanten" auf. Bezieht euer **szenisches** Spiel, das Lied, das Vor- und Nachspiel, den Räubertanz und die Klanggestaltung in eure Aufführung mit ein.

# Der Zauberer Korinthe

E 50

2. Wenn jemand damit Briefe schrieb
und schmi und schma und schmollte,
dann schrieb er etwas anderes,
als was er schreiben wollte.

3. Einst schrieb der Kaiser Fortunat
mit Si, mit Sa, mit Siegel:
Der Kerl, der mich verspottet hat,
kommt hinter Schloss und Riegel.

4. Doch hinterher las man im Brief,
vergni, vergna, vergnüglich:
Der Kerl, der mich verspottet hat,
der dichtet ganz vorzüglich.

5. Da schmunzelte der Zauberer
Kori, Kora, Korinthe
und schwamm durchs ganze Tintenfass
und trank ein bisschen Tinte.

6. Ein andres Mal schrieb Archibald,
der Di, der Da, der Dichter:
Die Rosen haben hierzuland
so zärtliche Gesichter.

7. Er hat von Ros- und Lilienhaar
geschri, geschra, geschrieben;
doch als das Liedlein fertig war,
erzählte es von Rüben.

8. Da schmunzelte der Zauberer
Kori, Kora, Korinthe
und schwamm durchs ganze Tintenfass
und trank ein bisschen Tinte.

9. Heut schrieb der Kaufmann Steeneberg
aus Bri, aus Bra, aus Bremen
an seinen Sohn in Dänemark:
Du solltest dich was schämen!

10. Doch als der Brief geschrieben war
mit Schwi, mit Schwa, mit Schwunge,
da stand im Brief: Mein lieber Sohn,
du bist ein guter Junge!

11. Da schmunzelte der Zauberer
Kori, Kora, Korinthe
und schwamm durchs ganze Tintenfass
und trank ein bisschen Tinte.

12. Und wer das Lied nicht glauben will
vom Schri, vom Schra, vom Schreiben,
der ist wahrscheinlich selber schuld
und lässt es eben bleiben!

*Text: James Krüss Melodie: volkstümlich*

1 Singt das Lied (E 50) und vor allem die Zauberspruch-Zeile „Kori, Kora, Korinthe" mit passendem Ausdruck.

2 Erfindet einen Einleitungstext und lernt das Lied auswendig.

3 Gestaltet das Lied **szenisch**: Untersucht die Strophen nach Rollen, erstellt eine Materialliste und einigt euch auf einen Verlaufsplan. Teilt euch in eine Gesangs- und eine Pantomimegruppe ein.

4 Nehmt eure Proben auf und besprecht die Ergebnisse.

☆ 5 Führt eure Spiel-**Szene** auch als Schattenspiel auf.

# Das Märchen vom Feuervogel und vom bösen Zauberer

E 51 bis 54

Vor langer Zeit lebte in einem fernen Land der Prinz Iwan Zarewitsch. Eines Tages begegnete er einem wunderschönen, hell in der Sonne leuchtenden Vogel, dem Feuervogel.

## IM UNHEIMLICHEN GARTEN DES ZAUBERERS

Der Prinz wollte den Vogel fangen. Während er ihn verfolgte, geriet er in den unheimlichen Garten des bösen Zauberers Kaschtschei.

## TANZ DES FEUERVOGELS

Als der Feuervogel um einen Baum mit goldenen Äpfeln tanzte, gelang es dem Prinzen, den Vogel zu fangen. Er ließ ihn jedoch wieder frei, nachdem der Vogel ihm eine magische goldene Feder geschenkt hatte.

## REIGEN DER PRINZESSINNEN

Aus dem Schloss des bösen Zauberers kamen dreizehn Prinzessinnen, die dieser in seinem Reich gefangen hielt. Die Prinzessinnen begannen, um den Baum mit den goldenen Äpfeln einen Reigen zu tanzen. Als Prinz Iwan das sah, verliebte er sich in die schönste von ihnen, Prinzessin Zarewna. Doch die Prinzessinnen mussten bald ins Schloss zurück.

## HÖLLENTANZ DES ZAUBERERS

Deshalb brach Prinz Iwan in das Schloss des Zauberers ein, um Zarewna zu befreien. Als der Zauberer ihn entdeckte, geriet er außer sich vor Wut und tanzte mit seinen Untertanen einen wilden Höllentanz. Dabei versuchte der Zauberer, nach dem Prinzen zu greifen, um ihn in einen Stein zu verwandeln. Doch da schwenkte der Prinz schnell die goldene Feder des Feuervogels.

Der Feuervogel kam sofort herangeflattert und verriet dem Prinzen ein Geheimnis: Die Unsterblichkeit und die Zauberkraft des Zauberers sind in einem Lebens-Ei verborgen und werden dort gehütet. Der Prinz packte das Ei und zerschmetterte es. Da stürzte der Zauberer tot zu Boden. So konnte der Prinz die Prinzessin Zarewna und alle anderen Prinzessinnen befreien.

Prinz Iwan und Prinzessin Zarewna wurden ein glückliches Paar.

1. Erfindet eine Klanggestaltung zum Text. Setzt dabei auch die Gefühle der Figuren musikalisch um.
2. Hört vier Ausschnitte (E 51 bis 54) aus „Der Feuervogel" von Igor Strawinski und ordnet sie den Bildern zu. Schreibt eure Begründungen auf.
3. Versetzt euch in die Märchenfiguren. Wie gehen, rennen, stampfen, tanzen und hüpfen sie? Probiert aus.
4. Stellt das Märchen **szenisch** dar. Bezieht eure Klanggestaltung und die Musik mit ein. Denkt euch einen Feuervogeltanz, einen Reigen und einen Höllentanz aus.

## DIE GESCHICHTE VON „TABALUGA ODER DIE REISE ZUR VERNUNFT“

Tabaluga, ein junger Drache, hat genug davon, von seinem Vater Tyrion immer mit den Worten „Tu dies nicht! Tu das nicht!“ ermahnt zu werden. Denn Tyrion erwartet von ihm, dass er endlich vernünftig wird. Deshalb schickt er seinen Sohn auf eine Reise, auf der er die Vernunft suchen und finden soll.

Auf dieser Reise begegnet Tabaluga vielen unterschiedlichen Wesen. Jedes Wesen gibt ihm seine persönliche Lebensweisheit mit auf den Weg.

*Text: Gregor Rottschalk Melodie: Peter-Rudolph Heinen*

**1** Singt das Lied (E 55) und besprecht, was Tabaluga gerne machen möchte und was ihn an den Ermahnungen seines Vaters stört.

**2** Spielt das Gespräch zwischen Tyrion und Tabaluga nach. Erfindet dazu auch eigene Dialoge.

Auf seiner Reise begegnet Tabaluga dem Mond, einem Ameisenstaat, einem Riesen, dem Baum des Lebens und einem Salamander.

Die Ameisen singen bei ihrer Arbeit dieses Lied:

## ARBEIT IST DAS HALBE LEBEN

### STROPHE 1

Stell' dir vor, du wirst geboren, irgendwo frei wie der Wind,
wär' dein Leben nicht verloren, noch bevor es recht beginnt?
Nutzlos wären deine Tage, all dein Tun wär' ohne Ziel,
verstehst du jetzt, das ist die Frage, nur gemeinsam sind wir viel.

### REFRAIN

Arbeit ist das halbe Leben, dies liegt halt bei uns so drin,
Ordnung ist die and're Hälfte, nur mit Ordnung hat das Leben Sinn:
Gehorsam dienen, Pflicht und Macht. Alles muss geregelt sein,
wenn es geht auch Tag und Nacht, so nur kann der Staat gedeih'n.

### STROPHE 2

Pünktlich morgens aufzusteh'n und sich in die Schar zu reih'n,
die dann froh zur Arbeit geh'n, so muss die Gemeinschaft sein.
Straßen bau'n und reparieren, Hand in Hand und Frau und Mann,
und mit Sauberkeit sich zieren, dass man sich drin spiegeln kann.

### REFRAIN

### STROPHE 3

All das ist nur durchzuführ'n, schafft man Zukunft mit System,
Tag für Tag und Jahr für Jahr, das ist außerdem bequem.
Der Einzelne braucht nicht zu denken, wenn die Führung funktioniert,
dieses Glücksgefühl zu schenken, wird vom Staate garantiert.

### REFRAIN

*Gregor Rottschalk*

## BEGLEITUNG

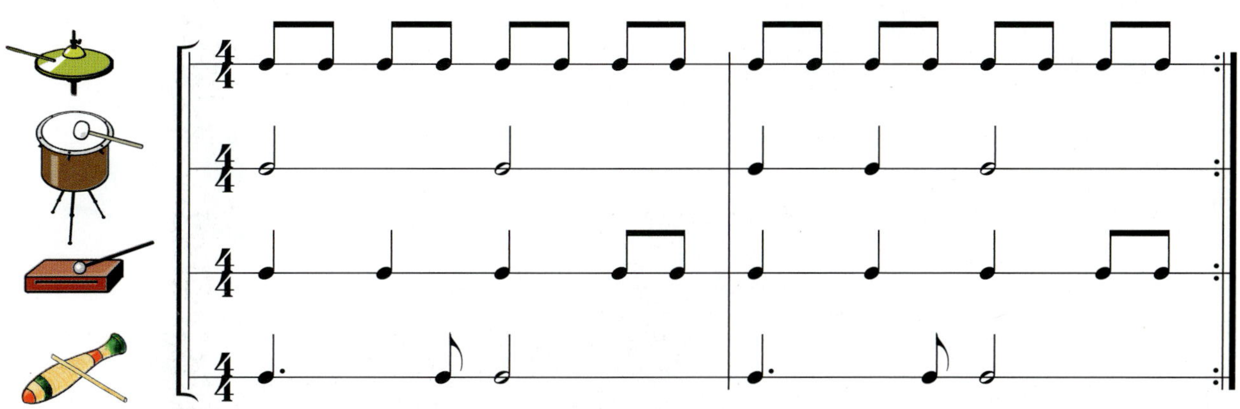

3 Hört das Lied (E 56). Welche Lebenseinstellung haben die Ameisen?

4 Sprecht die Strophen in verteilten Rollen als Rap zur Begleitung. Sprecht den Refrain gemeinsam.

E 57

Auf seinem weiteren Weg trifft Tabaluga auch die lustigen Delfine, die ihre eigene Anschauung von der Welt haben:

## DIE DELFINE

### STROPHE 1

Es ist wunderschön Delfin zu sein,
wer uns sieht, dem ist das klar,
denn wer lebt, soll sich des Lebens freu'n,
wozu ist es sonst da.
Wir Delfine leben stets im Meer,
immer munter, immer frisch,
wenn wir hungrig sind, dann essen wir.
Unser Lieblingsmahl ist Fisch.

### REFRAIN

Andere haben Probleme mit jedem neuen Tag,
so was kann uns nicht passieren,
denn ein altes Sprichwort sagt:

### STROPHE 2

Es ist wunderschön Delfin zu sein,
Sorgen kennt man bei uns nicht,
morgens baden wir im Sonnenschein
und des Nachts im Sternenlicht.
Wer nicht glaubt, dass das vernünftig ist,
so das Leben anzugeh'n,
na, der schau' sich mal die Haie an,
wie verbissen die das seh'n.

### REFRAIN

### STROPHE 3

Es ist wunderschön Delfin zu sein,
wer uns sieht, dem ist das klar,
denn wer lebt, soll sich des Lebens freu'n,
wozu ist es sonst da.
Wenn du fragst, was wohl vernünftig ist,
hör uns zu, wir sind sehr klug.
Sei wie wir, und lass das Grübeln sein,
denn das ist Selbstbetrug.

### REFRAIN

*Gregor Rottschalk*

**5** Singt das Lied (E 57) zur CD.

**6** Fasst auf einem Plakat die Vorschläge zusammen, die die Delfine Tabaluga machen.

☆ **7** Informiert euch im Internet oder in der Bücherei über Delfine.

Der Storch Arafron führt Tabaluga schließlich zu der zweihundertjährigen Meeresschildkröte Nessaja. Diese erzählt ihm ihre Lebensphilosophie:

## NESSAJA

### STROPHE 1

Ich wollte nie erwachsen sein,
hab immer mich zur Wehr gesetzt.
Von außen wurd' ich hart wie Stein
und doch hat man mich oft verletzt.

### REFRAIN

### STROPHE 2

Unten auf dem Meeresgrund,
wo alles Leben ewig schweigt,
kann ich noch meine Träume seh'n,
wie Luft, die aus der Tiefe steigt.

### REFRAIN

### STROPHE 3

Ich gleite durch die Dunkelheit,
und warte auf das Morgenlicht.
Dann spiel' ich mit dem Sonnenstrahl,
der silbern sich im Wasser bricht.

### REFRAIN

*Text: Rolf Zuckowski Melodie: Peter Maffay*

**8** Singt den Refrain des Lieds (E 58) zur CD.

**9** Warum ist es Nessaja wichtig, ein Kind zu bleiben?

**10** Vergleicht die unterschiedlichen Lebensweisheiten der Ameisen, der Delfine und der Meeresschildkröte Nessaja.

**11** Spielt Tabalugas Reise nach: Bildet zwei Gruppen, die die Ameisen und die Delfine darstellen. Entscheidet euch, wer die Einzelrollen Tyrion, Tabaluga und Nessaja spielt. Baut dabei auch die Lieder in das **szenische** Spiel ein.

# Das Orchester

## ORCHESTERFÜHRER FÜR JUNGE LEUTE

Benjamin Britten (1913 – 1976) schrieb 1946 einen „Orchesterführer für junge Leute“. Dieses Werk besteht aus drei Teilen: Thema, Variationen und Fuge.

**Thema:** Das Orchester spielt zuerst das Thema. Danach werden die Holzblasinstrumente, Blechblasinstrumente, Streichinstrumente und Schlaginstrumente vorgestellt. Dann wird das Thema vom ganzen Orchester wiederholt.

**Variationen:** In den 13 Variationen werden folgende Instrumente vorgestellt:

1. Querflöten, Piccoloflöte
2. Oboen
3. Klarinetten
4. Fagotte
5. Violinen
6. Violen
7. Celli
8. Kontrabässe
9. Harfe
10. Hörner
11. Trompeten
12. Posaunen, Tuba
13. Schlaginstrumente

**Fuge:** Zum Schluss setzen alle Instrumente wie bei einem Kanon nacheinander ein. Auf dem dynamischen Höhepunkt der Musik spielen die Blechblasinstrumente noch einmal das Thema.

1. Dirigent
2. Violinen I
3. Violinen II
4. Violen
5. Celli
6. Kontrabässe
7. Piccoloflöte
8. Querflöten
9. Oboen
10. Klarinetten
11. Fagotte
12. Hörner
13. Trompeten
14. Posaunen
15. Tuba
16. Pauken
17. Becken
18. Gong
19. Tamburin
20. Kastagnetten
21. Peitsche
22. Große Trommel
23. Triangel
24. Kleine Trommel
25. Holzblocktrommel
26. Xylofon
27. Harfe

**1** Hört das **Thema** (E 59), die **Variationen** (E 60 bis 72) und die Fuge (E 73) aus „Orchesterführer für junge Leute" von Benjamin Britten und zeigt die Instrumentenfamilien und Instrumente auf dem Bild an.

**2** Betrachtet das Bild und sprecht über die Instrumente, die Instrumentenfamilien, die Sitzordnung, den Dirigenten und unterschiedliche Orchesterbesetzungen.

**3** Erstellt mit Instrumentenbildern ein Kartenspiel (Quartett) und spielt das Spiel in Gruppen.

E 59, 73

1 Hört das **Thema** (E 59) oder die Fuge (E 73) aus dem „Orchesterführer für junge Leute" von Benjamin Britten und gestaltet mithilfe der Seite 180 einen Ablaufplan.

2 Nehmt die Sitzordnung eines Orchesters ein. Wählt einen Dirigenten. Setzt eure Ablaufpläne als **Partitur** ein. Verwendet auch Gegenstände als Instrumentenersatz.

3 Hört die Musik und ahmt die Spielweise der Instrumente nach.

# Die Geige beginnet

*Text und Melodie: Willi Geisler*

1. Übt alle fünf Melodien des Lieds (E 74 bis 78) ein.
2. Singt alle Stimmen gemeinsam (E 79), sodass sich ein **Quodlibet** ergibt. Legt einen Ablauf fest.
3. Zähle die im Text vorkommenden Instrumente auf. Merke sie dir oder schreibe sie auf. Ordne dann mit einem Partner die Schattenbilder den Instrumenten im Liedtext zu. Ahmt zum Schluss beim Singen die Spielweise der Instrumente nach.

# Bilder vertonen

**Joan Miró (1893 – 1983), Portrait III**

**Vincent van Gogh (1853 – 1890), Sternennacht**

**Gustave Callebotte (1848 – 1894), Dächer unter Schnee**

**Tipps für die Bildbeschreibung**

- Was ist im Vordergrund und was ist im Hintergrund zu sehen?
- Was ist oben, unten, links, rechts und in der Mitte zu sehen?
- Welche Farben sind zu sehen?
- Was steht still und was bewegt sich?

**1** Beschreibt die drei Bilder und sprecht darüber, wie sie auf euch wirken und was sie in euch auslösen.

**2** Legt euch auf ein Bild fest. Behaltet die Entscheidung für euch. Sucht euch zwei Rhythmus- und zwei Melodieinstrumente aus und vertont damit euer Bild in getrennten Räumen. Macht euch Gedanken über Instrumentenauswahl, Lautstärke, Tonhöhe, Tempo und Melodie.

**3** Spielt euch die Bildvertonung gegenseitig vor und findet heraus, welche Musik zu welchem Bild gehört. Begründet eure Entscheidungen.

# Zu Musik malen

**1** Beschreibt das Bild in den Händen des Jungen genau.

**2** Hört Ausschnitte aus der „Sonate für Viola und Kontrabass" (E 80) von Karl ditters von Dittersdorf, dem „Concerto for Orchestra" (E 81) von Elliott Carter und aus „Reflets dans l'eau" (E 82) von Claude Debussy. Schreibe deine Höreindrücke allein auf drei Wortkarten. Vergleiche dann mit einem Partner diese Höreindrücke. Unterstützt euer Gespräch durch erneutes Hören der drei Hörbeispiele. Welche Musik gehört zum Bild? Sprecht zum Schluss in der Klasse darüber und fasst eure Begründung zusammen. Hört abschließend das Hörbeispiel und zeigt am Bild den Verlauf der Musik an.

**3** Malt eigene Bilder zu den beiden anderen Hörbeispielen. Vergleicht eure Ergebnisse.

# Tanzen – Anregungen und Erklärungen

## WARM UP

Als Warm up wird die Aufwärmphase vor dem Tanzen bezeichnet. Das Warm up sollte immer mit Laufschritten zum Grundschlag der Musik beginnen. Darauf aufbauend werden unterschiedliche Schritte und Armbewegungen eingesetzt und zu einer bestimmten Abfolge zusammengefügt. Dies können Schritte und Bewegungen sein, die entweder in einem vorgegebenen Tanz vorkommen oder später zu einer eigenen Choreografie zusammengesetzt werden.

## MÖGLICHE SCHRITTE BEIM WARM UP

**Cat-Schritt:**
**rechts Ballen, rechts Hacke,**
**links Ballen, links Hacke**

**Hock-Tipp-Schritt:**
**in die Knie gehen,**
**Gewicht abwechselnd nach**
**rechts und links verlagern**

**V-Schritt:**
**rechts schräg vorwärts,**
**links schräg vorwärts,**
**rechts zurück, links zurück**

## FASSUNGEN

**Offene Fassung**

**W-Fassung**

**Zweihandfassung**

**Kreuzfassung**

**Kiekebuschfassung**

**T-Fassung**

## TANZRICHTUNGEN

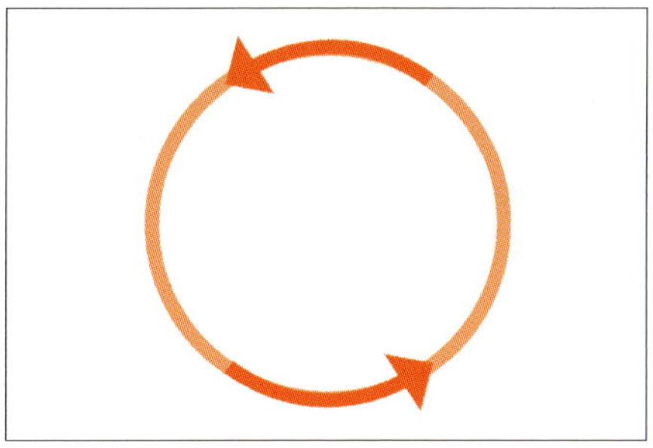

**in Tanzrichtung (gegen Uhrzeigersinn)**

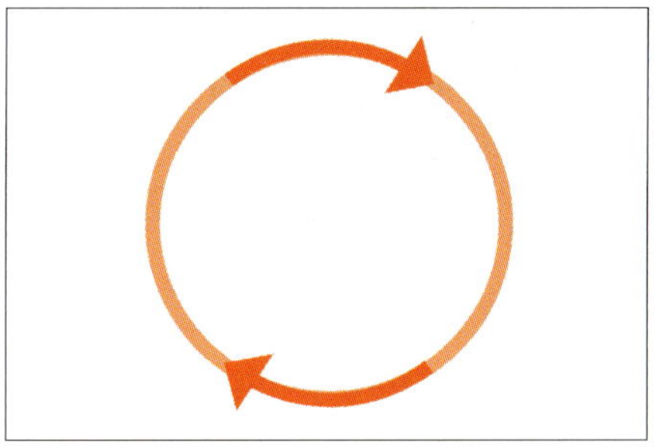

**gegen Tanzrichtung (im Uhrzeigersinn)**

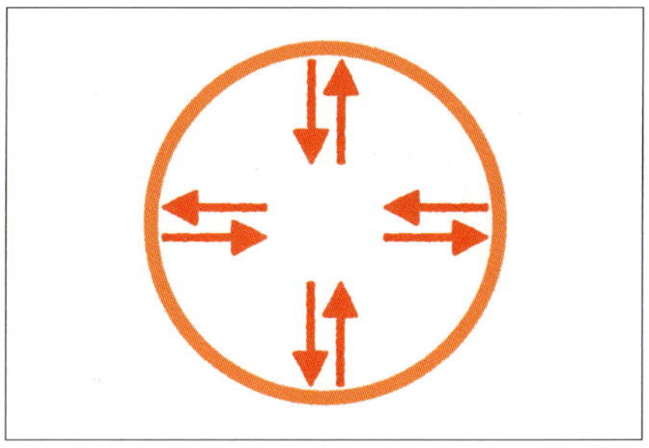

**in die Kreismitte und zurück**

## AUFSTELLUNGEN

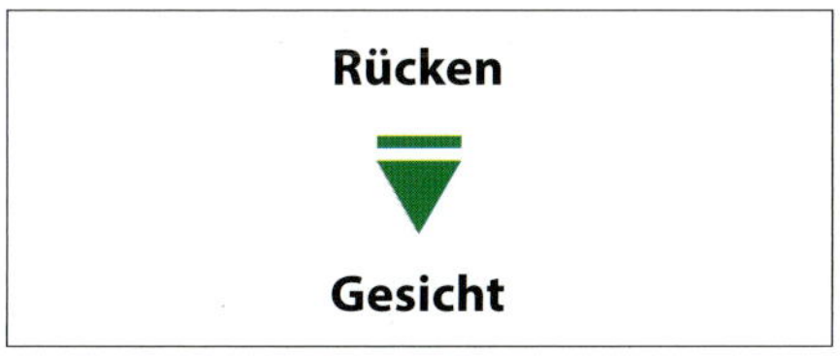


**Einzelaufstellung**

**Paaraufstellung**

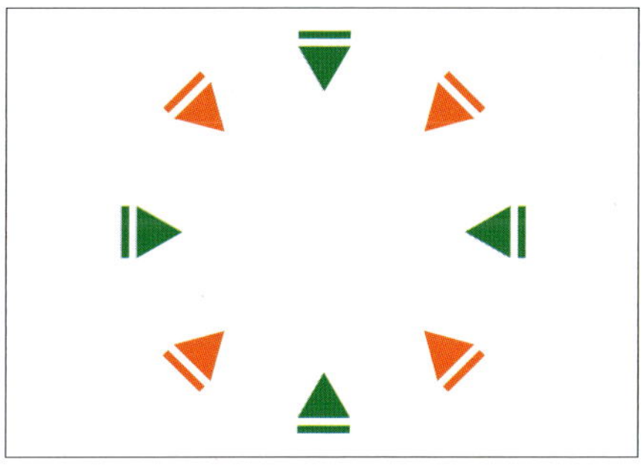

**Stirnkreis**

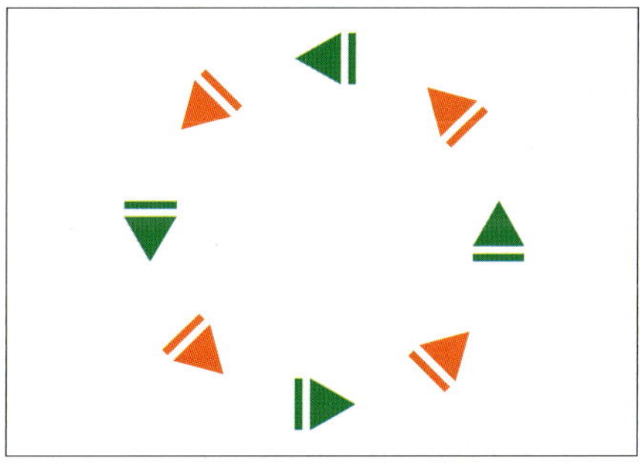

**Flankenkreis, in Tanzrichtung**

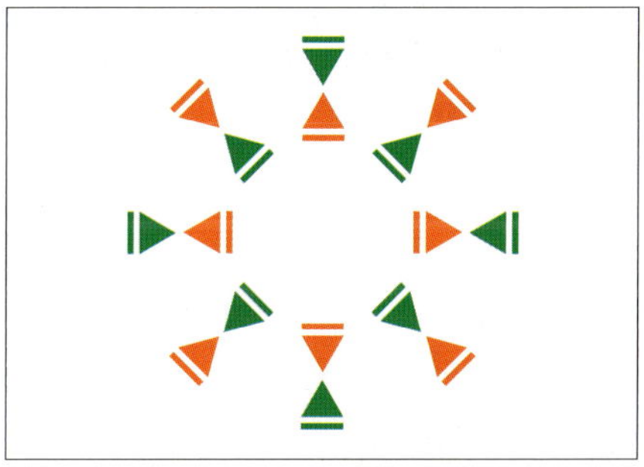

**Paarkreis, zugewandt**

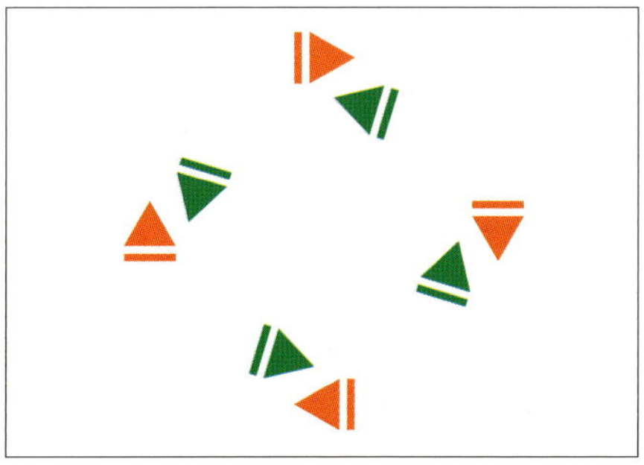

**Paarkreis, gegeneinander**

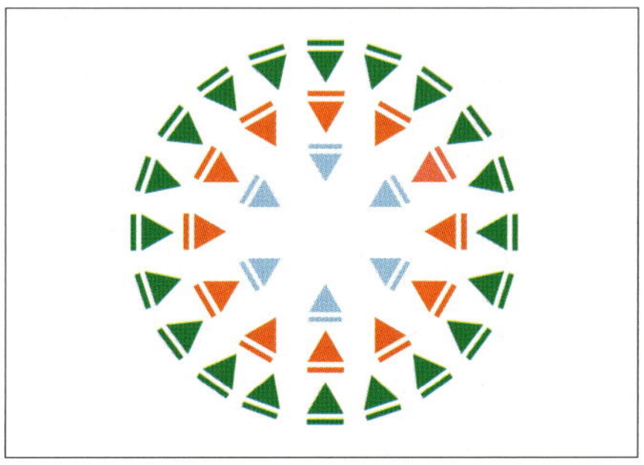

**Konzentrische Kreise**

**Reihe, nebeneinander**

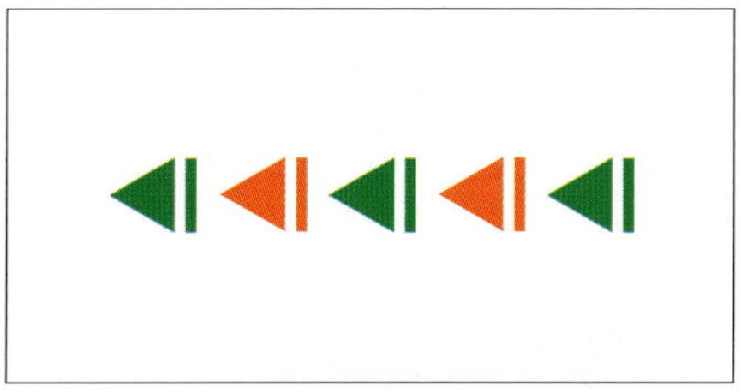

**Reihe, hintereinander**

**Formation**

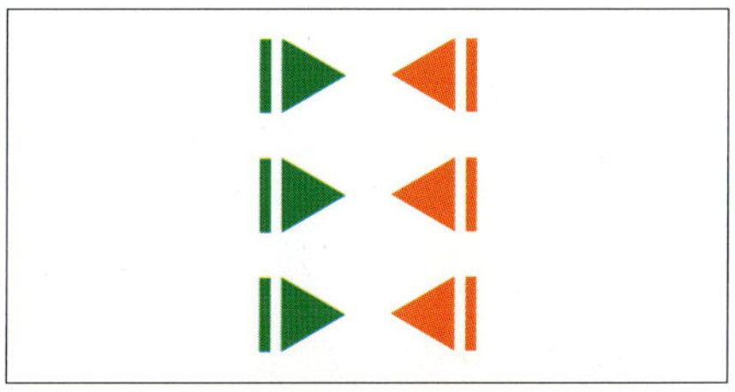

**Gasse**

**1** Denkt euch zu einer Musik eurer Wahl ein Warm up mit unterschiedlichen Schrittfolgen aus.

**2** Entwickelt mithilfe der Abbildungen eine eigene Tanzgestaltung.

# Lexikon

| | |
|---|---|
| **accelerando** | schneller werdend (Abkürzung: accel.) |
| **Arie** | **Solo**-Gesangsstück mit instrumentaler Begleitung |
| **Artikulation** | Gestaltung von einzelnen Tönen in Verbindung mit den Nachbartönen<br>(Beispiel: → **legato**) |
| **Auftakt** | Anfang eines Musikstücks mit unbetonten Noten Beispiel:   |
| **Bordun** | ein oder mehrere tiefe Haltetöne, die das Musikstück über mitklingen |
| **Choreografie** | Erfinden und Einüben von Bewegungen beim Tanz; festgelegter Tanzablauf |
| **Cluster** | Zusammenklingen mehrerer Töne, die nah beieinanderliegen („Tontraube")<br>Beispiele:  |
| **Couplets**<br>(sprich: Ku-pleh) | verschiedene **Themen** eines Musikstücks (wie Strophen), die sich mit einem → **Rondo** abwechseln |
| **crescendo** | lauter werdend (Abkürzung: cresc.) < |
| **decrescendo** | leiser werdend (Abkürzung: decresc.) > |
| **Duo** | zwei Instrumentalstimmen, die zusammen erklingen |
| **Dynamik/<br>dynamische Zeichen** | Lautstärke eines Tons<br>Beispiele: laut = forte, Abkürzung: ***f***, leise = piano, Abkürzung: ***p*** |
| **Fermate** | Haltezeichen, das eine Note oder eine Pause über ihren Wert hinaus ausdehnt 𝄐 |
| **Grundschlag** | Unterteilung der Zeit in gleichmäßige Schläge (wie der Puls einer Musik) |
| **Kantate** | Abfolge von **Solo-** oder Chorgesangsstücken, die von Instrumenten begleitet werden |
| **Klangdichte** | Anzahl und Lautstärke der Töne, die zusammen in einem Takt erklingen |
| **Klangfarbe** | Art und Weise, wie ein Ton gespielt wird und wie dieser klingt |
| **legato** | aneinandergebundene Töne (Abkürzung: leg.) |
| **Metrum** | musikalische Schwerpunkte in regelmäßigen Abständen innerhalb eines Musikstücks |
| **Motiv** | kleinste musikalische Einheit, charakteristische Tonfolge in einer Komposition<br>Beispiel:  |
| **Oktave** | achter Ton einer Tonleiter (vom Grundton an gerechnet) Beispiel:   |

| | |
|---|---|
| **Ostinato** | Folge von Tönen und Rhythmen, die gleichbleibend wiederholt werden |
| **Ouvertüre** | instrumentales Eröffnungsstück einer Oper, in dem die wichtigsten Themen vorgestellt werden |
| **Partitur** | Abbildung aller Einzelstimmen eines Musikstücks untereinander |
| **pizzicato** | gezupfter, kurz klingender Ton |
| **Präludium** | instrumentales Vorspiel |
| **Quinte** | fünfter Ton einer Tonleiter (vom Grundton an gerechnet) Beispiel: 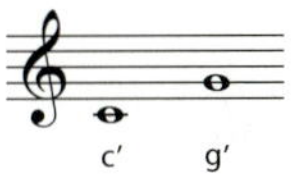  |
| **Quintett** | Musikstück für fünf Stimmen; fünf Musiker, die zusammen spielen |
| **Quodlibet** | gleichzeitiges Singen oder Spielen mehrerer Lieder oder Melodien |
| **Requisiten** | Gegenstände, die für eine Aufführung verwendet werden |
| **ritardando** | langsamer werdend (Abkürzung: rit.) |
| **Rondo** | besondere Form eines Musikstücks: A – B – A – C – A – D – A …; **Thema** eines Musikstücks, das regelmäßig wiederholt wird (wie ein Refrain) und sich dabei mit → **Couplets** abwechselt |
| **staccato** | kurze, abgehackt klingende Töne |
| **Solo** | Einer musiziert oder singt allein. |
| **Szene** | Abschnitt eines Theaterstücks oder einer Oper |
| **szenisch** | ein Musikstück mit Texten, Handlungen und Bewegungen gestaltet |
| **Thema** | Tonfolge, die den Grundgedanken eines Musikstücks darstellt |
| **Tonleiter** | Wenn man von C bis C (F bis F, G bis G …) acht Töne in bestimmten Abständen auf einem Melodieinstrument spielt, dann erklingt eine Tonleiter. Sie heißt C-Dur-Tonleiter, F-Dur-Tonleiter, G-Dur-Tonleiter … |
| **Tutti** | Alle musizieren gemeinsam. |
| **Variation** | Das **Thema** eines Musikstücks wird abgeändert, bleibt dabei aber erkennbar. |
| **Vortragsbezeichnung** | Tempobezeichnung für ein Musikstück (Beispiel: Lento) |

# Alphabetisches Verzeichnis der Lieder und Texte

# Quellenverzeichnis der Lieder, Musikstücke und Texte

| Seite | |
|---|---|
| 4 | Schön dich zu sehn, Musikverlag Helbling, Rum |
| 5 | Wenn einer sagt, ich mag dich (Kindermutmachlied), 1979 SCM Hänssler, D-71087 Holzgerlingen |
| 6 | Ich bin ich und du bist du, Rechte beim Urheber |
| 7 | Schule ist für alle da, Rechte beim Urheber |
| 8 | Zeig deinen Mut!, Musikverlag Helbling, Rum |
| 13 | Stimmübung, Carus-Verlag, Stuttgart; Kanon (Ding, dong, digidigidong), Schott Music GmbH & Co. KG, Mainz |
| 14 | Hört ihr den Ton?, Rechte beim Urheber |
| 15 | Anfang von „For unto us a child is born", Bärenreiter-Verlag Karl Vötterle GmbH & Co.KG, Kassel |
| 18/19 | Auszüge aus „Nacht" und „Sonnenaufgang", aus: Eine Alpensinfonie, F. E. C. Leuckart, München |
| 20 | Guten Morgen, MUSICJUSTMUSIC GmbH, München |
| 21 | Der Mond ist aufgegangen, Voggenreiter Verlag GmbH, Bonn; Herr, bleibe bei uns, Bärenreiter Verlag, Kassel |
| 22 | Ein Abend auf dem Lande, 1981 bei Editio Musica, Budapest; für Deutschland: G. Ricordi Bühnen- und Musikverlag GmbH, München |
| 24 | Bunt sind schon die Wälder, Cornelsen Verlag, Berlin |
| 25 | Hejo, spann den Wagen an, volkstümlich |
| 26 | Herbstblätter, aus: Cornelsen Verlag, Berlin |
| 27 | Der Winter, Auszug aus dem 2. Satz, Chester Music, London |
| 28 | Unser Schneemann, Fidula-Verlag, Boppard/Rhein |
| 29 | Der Winter ist vorüber (L'inverno e passato), Edition Hieber im Allegra Musikverlag, Frankfurt M. |
| 30 | Es tönen die Lieder, volkstümlich |
| 31 | Ich lieb den Frühling (I like the flowers), mündlich überliefert; Ich lieb' den Sommer, Rechte beim Urheber |
| 34 | Lachend, lachend, lachend kommt der Sommer (Kanon), Voggenreiter Verlag, Bonn; Sommer-Rhythmical, Fidula-Verlag, Boppard/Rhein |
| 37 | Sommerkinder, MUSIK FÜR DICH Rolf Zuckowski OHG (Sikorski Musikverlage), Hamburg |
| 38 | An meinem Fahrrad ist alles dran, MUSIK FÜR DICH Rolf Zuckowski OHG (Sikorski Musikverlage), Hamburg |
| 39 | Ferien, Rechte beim Urheber |
| 40 | Große Uhren schlagen ding (Große Uhren gehen tick tack, tick tack), Fidula-Verlag, Boppard/Rhein |
| 41 | Mitspielsatz zu „Die Uhr", Mildenberger Verlag GmbH, Offenburg |
| 44 | Sprechvers „Bim bam brommel", mündlich überliefert |
| 46 | Lied „Dubi dua", Mildenberger Verlag GmbH, Offenburg |
| 48 | Tumba, aus den Niederlanden |
| 54 | Viel Glück und viel Segen, Bärenreiter Verlag, Kassel |
| 55 | I-A-Osterhase, Rechte beim Urheber |
| 56 | Faschings-Polonaise (Polonäse Blankenese), Roba Music Verlag GmbH, Hamburg |
| 59 | Thema aus dem 3. Satz des Hornkonzerts Nr. 2, Breitkopf & Härtel KG, Wiesbaden |
| 62 | Meine kleine Eisenbahn, Helbling Verlag GmbH, Esslingen |
| 63 | Echolied, Fidula-Verlag, Boppard/Rhein |
| 64 | Auszug aus „La Réjouissance", Ernst Eulenburg & Co. GmbH, Mainz |
| 65 | Auszug aus „Norwegischer Tanz Nr. 2", op. 35, Publishing Phoenix Music |
| 66 | Fang mit mir den Regenbogen, Kontakte Musikverlag, Ute Horn, 59557 Lippstadt |
| 69 | Zu Hilfe (Der Hilferuf des Tamino), Bärenreiter Verlag Karl Vötterle GmbH & Co. KG, Kassel |

| Seite | |
|---|---|
| 70/71 | Der Schneemann, Bärenreiter-Verlag Karl Vötterle GmbH & Co. KG, Kassel |
| 72 | We're walking in the air, Highbridge Music Ltd.; EMI Music Publishing Germany GmbH, Berlin |
| 74 | Viele Kerzen leuchten, Kontakte Musikverlag, Ute Horn, 59557 Lippstadt |
| 75 | Kleine Kerze, komm und leuchte, Kontakte Musikverlag, Ute Horn, 59557 Lippstadt |
| 77 | Jede Kerze bringt, Kontakte Musikverlag, Ute Horn, 59557 Lippstadt |
| 78 | Leuchte hell, mein Licht, Mildenberger Verlag GmbH, Offenburg |
| 79 | Weihnachten, aus: Interpretationen. Gedichte von Joseph von Eichendorff, Philipp Reclam jun. Verlag GmbH, Ditzingen; Was soll das bedeuten, aus Schlesien |
| 80 | Stern über Bethlehem, Gustav Bosse Verlag, Kassel |
| 82 | Was macht der Weihnachtsmann im Sommer?, Rechte beim Urheber |
| 83 | Adoración al Niño Jesús, aus Bolivien |
| 85 | Viel Glück und viel Segen (nur Text und Rhythmus), Bärenreiter Verlag, Kassel |
| 86 | Tomatensalat, mündlich überliefert; Drehe dich im Kreis, Mildenberger Verlag GmbH, Offenburg |
| 88 | Der radelnde Elefant, Musikverlag Helbling, Rum |
| 89 | Komm, du kleine Miezekatze, Rechte beim Urheber |
| 90 | Die Seeleute singen den Seeschlangensong, Gustav Bosse Verlag, Kassel |
| 92 | Probier's mal mit Gemütlichkeit (The bare necessities), 1964 by Wonderland Music Co. Inc.; für D/A/CH: Chappell & Co. GmbH & Co. KG, Hamburg |
| 94 | Es war einmal ein Wasserhahn, Aktive Musik Verlagsgesellschaft mbH, Dortmund |
| 95 | Die Regenmänner Klimperklein, Tonos Musikverlags GmbH, Darmstadt |
| 99 | Thema der „Moldau", Breitkopf & Härtel KG, Wiesbaden |
| 101 | Auszüge aus: Der Fliegende Holländer, Adolph Fürstner Verlag, Berlin |
| 103 | Singend begrüßen wir uns heut (Lied), Musikverlag Helbling, Rum |
| 106 | Bienenumsummt / Nachts am Berge / Sonne, Sonne, aus: Rhythmen und Reime, Verlag Freies Geistesleben und Urachhaus GmbH, Stuttgart |
| 108 | Hey, mach die Glotze aus (nur Text), Rechte beim Urheber |
| 110 | Anfang von „Halleluja": Thema, Carus-Verlag, Stuttgart |
| 111 | Anfang von „Alla Hornpipe" (Wassermusik), Musikverlag Holzschuh, Manching |
| 113 | Anfang der 5. Sinfonie, Ernst Eulenburg & Co. GmbH, Mainz |
| 114 | Anfang der „Wut über den verlorenen Groschen", Helbling Verlag GmbH, Esslingen |
| 117 | Anfang der „Träumerei", Musikverlag Wilhelm Halter GmbH, Karlsruhe |
| 125 | Der Mond ist fort (nur Text), Schott Music GmbH & Co. KG, Mainz |
| 126 | Leit, Leit, Leitl müaßts lustig sei, aus der Oberpfalz |
| 127 | Draußa em Wald, aus Schwaben |
| 128 | Jovano, Jovanke, volkstümlich |
| 129 | Samiotissa, aus Griechenland |
| 131 | Adama Ve Shamayim, aus Israel |
| 132 | Epo i tai tai, aus Neuseeland |
| 133 | Simama kaa, aus Tansania |
| 134 | The wheels on the bus, Ökotopia Verlag, Münster |
| 135 | Drei-Töne-Boogie, Yamaha Music Central Europe GmbH |
| 136 | Cadiz, Fidula-Verlag, Boppard/Rhein |

# Quellenverzeichnis der Lieder, Musikstücke und Texte

**Seite**

137 I ali´i nō ´oe, aus Hawaii

146 Das Lied vom Müll, Aktive Musik Verlagsgesellschaft mbH, Dortmund

147 Nach dieser Erde (Babylon), Benny Bird Company Inc. / Music Corporation of America Inc.; für D/A/CH: Universal / MCA Music Publishing GmbH, Berlin

148 Auszug aus „Der Traumzauberbaum" (nur Text), Rechte beim Urheber

149 Regenlied, Rechte beim Urheber

151 We are the world (nur Text), 1985 by Mijac Music / Brockman Music / Brenda Richie Publ.; für D/CH/GUS/Osteuropäische Länder: NEUE WELT MUSIKVERLAG GMBH, Hamburg

152 Jetzt fahr'n wir übern See, mündlich überliefert

153 Head and shoulders, mündlich überliefert

154 Der Müller hat ein Mühlenhaus, Verlag Herder, Freiburg

155 Kommt an Bord (Yellow Submarine), Text: Mildenberger Verlag GmbH, Offenburg; Melodie: Sony/ATV-Tunes LLC; Sony/ATV Music Publishing (Germany) GmbH, Berlin

156 Fing mir eine Mücke heut, 1. Str.: Walter de Gruyter & Co., Berlin; 2. u. 3. Str.: Möseler Verlag, Wolfenbüttel

157 Sascha geizte mit den Worten, Fidula-Verlag, Boppard/Rhein

**Seite**

158 Das Auto von Lucio, Buschfunk Produktion, Berlin

159 Es führt über den Main, Möseler Verlag, Wolfenbüttel

166 Deutsche Nationalhymne, Hoffmann und Campe Verlag GmbH, Hamburg

167 Auszüge aus Kaiserquartett, Thema und Variationen, Helbling Verlag GmbH, Esslingen

168 Ode an die Freude (Europa-Hymne), Yamaha Music Central Europe GmbH; Landeshymne Bayern, traditionell

172/173 Von den Bremer Stadtmusikanten, Aktive Musik Verlagsgesellschaft mbH, Dortmund

174 Der Zauberer Korinthe, Kirsten Rickmers-Liebau (Erbenschaft James Krüss)

176 Tabaluga, Edition 2000 RED ROSTER, Musik Edition Discoton GmbH, Berlin

177 Arbeit ist das halbe Leben (nur Text), Edition 2000 RED ROSTER, Musik Edition Discoton GmbH, Berlin

178 Die Delfine (nur Text), Edition 2000 RED ROSTER, Musik Edition Discoton GmbH, Berlin

179 Nessaja, 1985 by Red Roster Musik Peter Maffay, Musik Edition Discoton GmbH, Berlin

183 Die Geige beginnet, Voggenreiter Verlag, Bonn

**Bildnachweis**

Umschlag: © Karlheinz Arian Kolster, Titisee-Neustadt; S. 5: Mädchen © Imgorthand, iStockphoto.com; Junge im Rollstuhl © fatihhoca, iStockphoto.com; S. 17: Richard Strauss © DEA PICTURE LIBRARY, gettyimages.com; S. 22: Abendstimmung © mauritius images / Jeff O'Brien; S. 23: Bartók Béla 1927 © commons.wikimedia.org; Phonograph © Oleg Gerasymenko – Fotolia.com; Béla Bartók Recording Songs in Transylvania © Alfredo Dagli Orti/The Art Archive/Corbis, corbisimages.com; S. 27: Antonio Vivaldi © mauritius images / United Archives; S. 41: Spieltechnik rechte Hand, Spieltechnik linke Hand © Patrick Roddelkopf, Berlin; S. 50: Tanzschritte Waka Waka © Patrick Roddelkopf, Berlin; S. 53: MVK VF 20481 Cheyenne © F. A. Rinehart, Weltmuseum Wien; S. 58: Blechblasspieler © Evelyn Rudolf, Offenburg; Trompete © scalaphotography – Fotolia.com; S. 59: Matthias Berkel © Wolfgang Bein; S. 60: Holzblasspieler © Evelyn Rudolf, Offenburg; Mundstücke © Patrick Roddelkopf, Berlin; S. 64: Royal Fireworks © commons.wikimedia.org; S. 65: Edvard Grieg © akg-images; S. 69: Wolfgang Amadeus Mozart © akg-images / IAM; S. 81: Sternentanz © Patrick Roddelkopf, Berlin; S. 88: Kazoo © Lawrence Manning / Corbis; S. 99: Nymphenreigen und Burg Vyšehrad © Patrick Roddelkopf, Berlin; S. 108: Lisa Holz © Carina Bahnzhof; S. 109: Germaine Tailleferre © Privat Collection / Roger Viollet, Paris / The Bridgeman Art Library; Instrumente © Karlheinz Arian Kolster, Titisee-Neustadt; S. 110: Georg Friedrich Händel © akg-images; Händel am Cembalo © akg-images; S. 111: Händel auf der Themse © akg-images; S. 112: Ludwig van Beethoven – Briefmarke © rook76 – Fotolia.com; Vier Hörrohre © im Besitz des Beethoven-Hauses Bonn, um 1910 – Anonyme Fotografie der von Johanna Nepomuk Maelzel angefertigten Hörhilfen; S. 113: Theater an der Wien (Bildausschnitt) © akg-images; S. 115: Menuett © akg-images; S. 116: Clara und Robert Schumann © mauritius images / United; S. 117: 100-D-Mark Vorderseite © Eva Kahlmann – Fotolia.com; Familie Schumann © akg-images; S. 118: Annette Focks Portrait © Daniel Biskup; Annette Focks dirigiert © Thomas Schloemann; S. 119: Szenenbilder Die drei ??? © Studio Hamburg Filmproduktion GmbH; S. 120: Gustav Holst © Bettmann / CORBIS; S. 123: Isao Tomita © Miachel Ochs Archives/Gettyimages.com; S. 124: Carl Orff © Condé Nast Archive/ Corbis; S. 128: Mazedonien © mauritius images / Photonenstop; S. 132: Maori © mauritius images / Rene Mattes; S. 136: Cadiz © mauritius images / PhotoNewZealand; S. 137: Israel „IZ" Kamakawiwo'ole © Courtesy of Mountain Apple Company HAWAII / Big Boy Records; S. 138: Ukulele, Gitarrenspieler © Patrick Roddelkopf, Berlin; S. 139: Plektrum, E-Gitarre © Patrick Roddelkopf, Berlin; Laute © gettyimages / Marc Broussely; Harfe © Berchtesgaden – Fotolia.com; S. 140: Geige ganz, Geige Ausschnitt, Bogen, Frosch © Patrick Roddelkopf, Berlin; Geigenbau © seen – Fotolia.com; S. 141: Straßenmusiker © akg-images; Kontrabass © mauritius images / Jo Kirchherr; David Garrett © Winkelbohrer / commons.wikimedia.org; S. 142: Klavier © Tiler84 – Fotolia.com; Klavierstimmer, Keyboard © Patrick Roddelkopf, Berlin; Flügel © Karlheinz Arian Kolster, Titisee-Neustadt; S. 143: Johann Sebastian Bach © mauritius images / André Pöhlmann; Orgel-Thomaskirche © mauritius images / Josef Beck; S. 144: Schlagzeug © mauritius images / DK images; Cajón © Manuel Bendig / pixelio; S. 151: Hände © cpauschert – Fotolia.com; S. 161: Screenshots © MAGIX; S. 163: Rihanna © gettyimages / Kevin Winter; Helene Fischer © gettyimages/Franziska Krug; Rolf Zuckowski © gettyimages / Franziska Krug; Klassik © mauritius images / Profimedia; Uriah Heep © mauritius images / ib / Thomas Frey; Calypso-Band © mauritius images / CVT; Volksmusik © mauritius images / Steve Vidler; S. 165: Weltkarte © Jim Vallee – Fotolia.com; Zither © MUE – Fotolia.com; Dudelsack © photlook – Fotolia.com; Balalaika © blacklionder – Fotolia.com; Sitar © rdnzl – Fotolia.com; Gender Barung © Tropenmuseum / commons.wikimedia.org; Didgeridoo © Alexander Morozov Fotolia.com; Djembe © paulmz – Fotolia.com; Baglama © boostb – iStockphoto; Charango © Sergii Shcherbakov – Fotolia.com; Steel Drum © corbis / www.fotosearch.de; Banjo © Dmitry Vereshchagin – Fotolia.com; S. 166: Frauenfußball-Nationalmannschaft © John Berry, gettyimages; Joseph Haydn © commons.wikimedia.org; S. 167: Streichquartett © Karlheinz Arian Kolster, Titisee-Neustadt; S. 170: Wassilissa © commons.wikimedia.org; Baba Jaga © commons.wikimedia.org; S. 171: Wassilissa und der weiße Ritter © commons.wikimedia.org; Modest Mussorgski © Piniricc65 / commons.wikimedia.org; S. 184: Portrait III © mauritius image / age; Sternennacht © commons.wikimedia.org; Dächer unter Schnee © commons.wikimedia.org